普通高等学校应用型教材

经济学

市场调查与预测

吕亚荣　编著

中国人民大学出版社
·北京·

图书在版编目（CIP）数据

市场调查与预测/吕亚荣编著．-- 北京：中国人民大学出版社，2021.4
普通高等学校应用型教材．经济学
ISBN 978-7-300-29184-0

Ⅰ.①市… Ⅱ.①吕… Ⅲ.①市场调查-高等学校-教材 ②市场预测-高等学校-教材 Ⅳ.①F713.52

中国版本图书馆 CIP 数据核字（2021）第 055227 号

普通高等学校应用型教材·经济学
市场调查与预测
吕亚荣　编著
Shichang Diaocha yu Yuce

出版发行	中国人民大学出版社		
社　　址	北京中关村大街 31 号	**邮政编码**	100080
电　　话	010－62511242（总编室）		010－62511770（质管部）
	010－82501766（邮购部）		010－62514148（门市部）
	010－62515195（发行公司）		010－62515275（盗版举报）
网　　址	http://www.crup.com.cn		
经　　销	新华书店		
印　　刷	北京溢漾印刷有限公司		
规　　格	185 mm×260 mm　16 开本	**版　　次**	2021 年 4 月第 1 版
印　　张	15.5	**印　　次**	2021 年 4 月第 1 次印刷
字　　数	370 000	**定　　价**	36.00 元

出版说明

应用型本科教育对于满足中国经济社会发展对高层次应用型人才的需要以及推进中国高等教育大众化进程起到了积极的促进作用。人们已经越来越清醒地认识到，实践教学是培养学生实践能力和创新能力的重要环节，也是提高学生的职业素养和就业竞争力的重要途径。许多非研究型院校师生反映，市场上现有的经济学教材大多重理论轻实践，难以满足应用型本科院校的人才培养需要。根据这些院校的特点和培养目标，他们认为在教材内容上不仅要包含本领域的基本理论问题，让学生对基本概念、基本原理有完整的掌握，还要包含本领域的实践问题，让学生掌握一定的实务操作方法，以应对未来工作的挑战。本着这一要求，中国人民大学出版社组织高校的一线教师和专家、学者，设计推出了这套“普通高等学校应用型教材·经济学”。本系列教材突出了以下几点：

第一，教材内容深入浅出、详略得当、结构合理、难度适中，数据翔实可靠，引用案例新颖，力求体现当前经济学领域的最新发展。

第二，根据应用型本科的人才培养目标，教材强化了各项业务的操作规程和实践做法，通过对案例的分析和点评让学生对实务操作有一个真切的体验。

第三，压缩了教材的篇幅，学生可以通过网络获取学习资料、练习题等相关内容，从而减轻了学生的负担。

我国应用型本科教育理念还未完全确立，对应用型本科的教育思路、教学规律、专业建设、教学方法、人才培养模式等关键问题尚未透彻理解和深刻把握，对建设应用型本科院校及专业的路径和方法还处于摸索当中，因此在本系列教材的编写方面，出版社并没有提出过于严格的要求，只是在教材的定位、篇幅、编写体例上提出了一些原则性的建议，具体的编写工作则实行主编负责制，由作者全权处理各教材的编写工作，并对各自编写的内容负责。

本系列教材的出版凝结了所有参编教师、专家和学者的辛劳与智慧，凝结了他们对应用型本科人才培养的探索和追求，在此一并表示感谢！

真诚地期待广大教师、学生和其他读者的批评及意见。

中国人民大学出版社

前言

市场调查研究方法是科学方法论在经营管理学科的具体应用，是科学认识市场经济现象、探求客观真实世界的工具。为此，培养具有科学逻辑思维和善于发现、提出、分析和解决问题的经管人才是学习市场调查研究方法的重要意义。

市场调查研究方法课程的授课对象是经管专业的在校大学生，他们的理论学习课程和统计、计量等方法课程安排得比较多，但是市场实践和企业经验不够丰富，对市场经济现象往往局限于感性认知，缺乏敏锐的问题意识，提出真问题的能力有待加强。只有找到真问题，才能把理论知识、方法、技术与客观实践有机结合，才能在未来的职业生涯中有立身的本领和长远的发展。因此，本教材试图启发学生的逻辑思维，锻炼学生发现和提出问题的能力，将所学的分析技术应用于解决问题等方面。在编写教材之前，出版社亦希望本教材能从经济学研究逻辑上强调市场调查研究理论和实操方法的结合，这与我编写本教材的初衷是吻合的。正是在这样的思路下，我完成了本教材的编写任务。

和其他社会科学研究方法一样，市场调查研究方法也是关心想什么事、这个事是什么样的、如何去理解这个事、怎样去解决这个事的研究过程、内容和技术。本教材的编写参考了国内外众多学者的作品，从中汲取了大量的营养，同时，我也结合了我长期指导学生科研训练和教授市场调查研究方法课程的经验，尝试把市场调查研究方法关心的上述问题写清楚，也为学生进行专业思考、学术研究提供简单而有效的帮助。

本教材从逻辑上看，整体内容和各章节均注重从理论上讲道理到实践上可操作，使学习者能够尽量做到融会贯通。从内容上看，教材第 1 章和第 2 章注重问题意识培养和经济研究范式构建；第 3、第 4、第 5 章介绍了案头调研、访谈方法、观察方法等传统方式，同时注重对大数据、网络信息、线上访谈、线下访谈、机器观察等内容进行融合；第 6、第 7、第 8、第 9 章介绍了定量数据搜集技术的理论和应用，包括概念化、操作化、量表、问卷、抽样等实用内容；第 10、第 11、第 12、第 13 章介绍了数据资料的编码、录入、清理和常用的统计分析技术，关于市场预测的方法主要介绍了回归分析预测方法。

本书可以作为经济和工商管理类专业学生的学习教材，也可以作为市场调研人员、营销人员、经营管理人员的参考工具书。

本书使用的数据资料有的是我自己调查的数据，有的是为教材编写特别设计的数据，有的是 SPSS 自带的样本文件数据，部分数据经过了改编。因此，本书所有数据仅为教材和学习服务，不代表真实的市场情景。教材配有数据资料可下载，用于模拟练习和课后作业使用。

特别感谢中国人民大学出版社王晗霞老师对我的信任、支持和帮助，也特别感谢各位前辈作者提供的大量作品和成果，为撰写教材提供了丰富的参考成果。

尽管我自认为已尽最大努力去写好这本教材，但是由于水平所限，错误和疏漏在所难免，敬请读者和同行朋友批评指正。

吕亚荣

2021 年 1 月

目录

第 1 章

市场调查研究概论

本章内容

市场调查研究是描述和分析社会经济现象的科学方法。本章介绍了市场的基本含义、市场和政府的关系；介绍了市场调查研究的内涵、外延、原则和作用，特别是市场调查研究类型的划分对开展调研活动具有指导作用；介绍了市场调查研究中应该遵循的伦理和道德，这是调研人员需要遵循的基本准则。

学习目标

了解市场是什么，理解进行市场调查研究的重要性；掌握市场调查研究的内涵，把握探索性调研、描述性调研和解释性调研以及定性调研、定量调研的特点和适用性；深刻认识市场调查研究中遵循科学研究伦理和道德的内容和重要性。

市场的起源至少可以追溯到冰川时代后期的群落间相互贸易，其历史悠久。但是只有当社会发展到一定阶段，产生了生产、分配等经济问题，需要通过买卖双方的大量交换来完成的时候，现代人描述的市场概念才得以产生。因此，关于市场以追求利润最大化为目标、通过供求变化来指挥要素资源配置等假设都是调查、研究、分析现代社会市场经济现象的前提。

1.1 关于市场的认识

1.1.1 市场的含义

《现代汉语词典》将“市场”解释为“商品交易的场所”和“商品行销的区域”。可见，市场可以理解成具有物理概念的地域，日常生活中使用的超市、集市、农贸市场、小商品批发市场等概念，都是指商品交易的特定场所。农村地区有“赶集”的日子，比如有些地区每月逢 4、8 尾数的阴历日是约定俗成的赶集日，七里八乡的人会集中到一个中心村的宽阔地带买卖商品，俗称“赶集”。这里的“集”是一个固定的场所，是一定区域范围内的人们都知道的可以在赶集的日子里买卖东西的地方。当然，这样的“集”可以设置在不同的地点，形成不同的交易场所。城市地区则有各类便民市场、购物中心等。交换和买卖是市场中交易双方经济行为和经济关系的直接体现。

市场也被认为是资源配置的一种方式。在社会主义市场经济中，市场在国家宏观调控下对资源配置起决定性作用。在市场中，买者、卖者、商品、价格、竞争、利益、规则等交织在一起，相互作用，推动着市场发展、衰退和再发展的进程，这种内在于市场要素配置过程的作用被称为市场机制，成为经济发展中的市场力量。市场机制的核心是基于价格的竞争机制。市场通过价格竞争机制，调节市场主体的供求关系，促进市场资源要素的合理配置。

1.1.2 市场和政府的关系

当然，经济体中进行资源配置的方式不仅有市场一种方式，传统和政府也是资源配置的方式。传统是指依据世代相传的文化、习惯、规则等非正式制度进行的资源配置方式。比如，老字号企业产品秘方传承安排、干旱季节村民抓阄决定水资源分配顺序等，皆是采用传统方式配置资源的表现。政府除了具有管理职能，也具有一定的经济职能，政府部门可以安排资源进行道路、水利等基础设施建设，也可以购买各类社会服务。

总体来看，经济发展过程中以市场来配置资源是主要的方式。市场中的经济形态主要为个人和企业，其经济角色是生产者和消费者；市场配置的资源要素主要为土地、劳动、资本、技术、信息等；市场机制是使经济主体和资源要素相互联系和相互作用的内在力量。政府和市场在资源配置中的关系可见图 1.1。

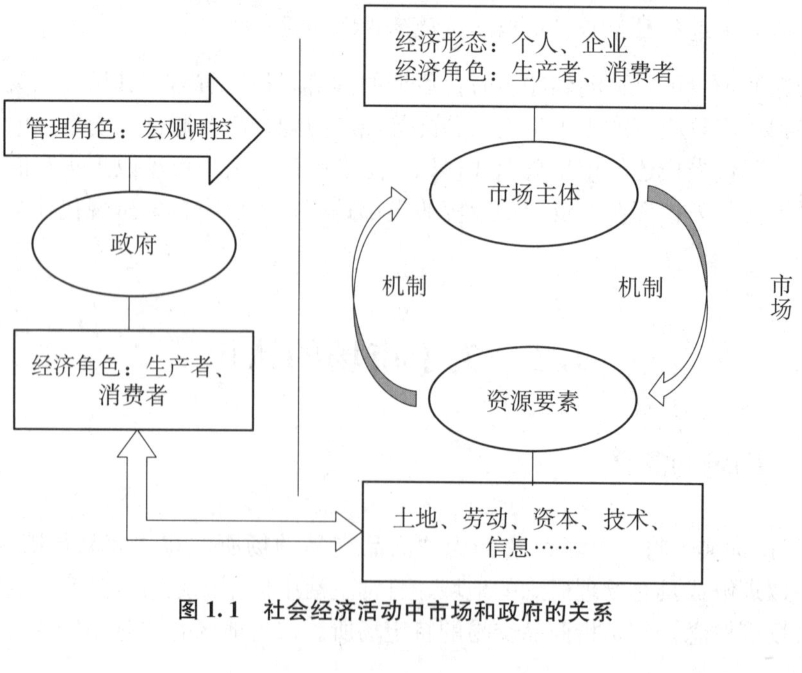

图 1.1 社会经济活动中市场和政府的关系

通过社会经济活动中市场和政府在配置资源中的关系可以看出，经济运行要良性发展，一方面，政府作为管理者需要关注市场发展状况，以便进行宏观调控和管理；作为资源配置的主体之一，则需要了解政府应该生产什么和消费什么。另一方面，市场作为资源配置的方式通过市场主体来配置资源，生产者需要了解消费者需要什么，如何利用和配置市场要素才能获取收益，消费者则会向市场传递需要什么、想购买什么、价格是否合适等信号，进而通过价格和竞争机制、供求关系相互作用和变化引领市场不断创新发展。为此，不管是作为管理者和承担经济角色的政府，还是作为市场主体的企业和个人、生产者和消费者，要想在市场经济中发挥自己的能力和作用，要使市场作为资源配置的方式发挥更大的作用，必须了解市场规律、把握市场发展变化趋势、掌握更多关于市场的信息，那么市场调查研究就是必不可少的，掌握有效的市场调查研究方法对于市场主体和利益相关者而言都是非常有益的。

1.2　关于调查研究的认识

1.2.1　调查研究的含义

在汉语中，“调查研究”四个字的含义深厚。《辞海》对调查研究的解释是：“调”是指计算；“查”是指调查；“研”是指研究、审查；“究”是指穷尽、彻底推求。《现代汉语词典》对“调查”的解释是“为了了解情况进行考察（多指到现场）”，对“研究”的解释是“探求事物的真相、性质、规律等”。按照如上解释，可以看出，调查研究是一种有目的、有意识地收集资料和分析资料的活动。

在社会经济管理领域，调查研究是社会科学工作者根据工作需要，按照一定的程序，利用科学的方法和技术，收集社会经济相关资料并进行分析的科学活动。如果说调查属于社会经济活动经验层面的认识，那么研究则属于社会经济活动理论层面的认识。研究利用调查阶段得到的感性材料，采用科学的逻辑推理方法，对社会经济现象的本质及其发展规律进行理性认识和分析，从而达到升华理论的目的。因此，从社会经济活动的调查到研究是一种由感性认识活动上升到理性认识活动的过程。这也恰恰反映了调查活动和基于调查进行的研究活动的不同。没有研究的调查缺少理论深度，只能看到社会经济中存在的一些表象问题；没有调查的研究无目的性，理论的适用性没有得到检验，对解决现实问题的作用不够。因此，社会经济现象和问题的调查与研究必须结合起来，使经验得到理论解释，使理论得到实践的检验。

1.2.2　调查研究的原则

调查研究是一种科学的认识活动。针对社会现象的调查研究属于社会科学研究范畴。社会是一个复杂的系统，包括社会、经济、政治、文化等多方面内容，涉及个体、企业、组织、群体、社区、政府等多层次对象，具有复杂性。其中，社会经济管理活动和现象的调查研究是社会科学研究的重要内容之一。为了能够发挥调查研究的科学价值，调查研究人员需要把握和遵循系统性、客观性、科学性的原则。

（1）系统性原则。

系统性原则是指在人类活动的各个领域，与之发生关系的客体、事物并不是孤立地存在着，而是以系统形态出现的相互联系的整体。同时，系统又不简单等于各孤立要素之和，系统的整体特性和功能是各要素在孤立状态下所没有的，而只有当它们作为整体存在时才表现出来。在调查研究中，要注意把握考察对象的整体性，不能就事论事；要基于考察对象是一个系统有机体的视角，把调查材料整合起来进行研究分析，综合考虑整体与局部、共性与个性、一般与特殊、宏观与微观等多方面的关系，在各种联系中对现象或事件进行系统分析。

（2）客观性原则。

客观性原则是指实事求是的科学研究原则。社会科学研究本身不具有统一的标准，研究结论也不尽相同，这体现了社会科学研究百花齐放、百家争鸣的特点。但是无论观点上有何种争议，都要求科学工作者以客观事实为基础，在充分占有资料的基础上，认真分析调查研究中可能存在的误差，尽量得出客观的结论。这一客观性原则要求调查者、研究者对客观事实采取实事求是的态度，而不能带有个人的主观偏见或愿望，更不能任意歪曲或虚构事实。

（3）科学性原则。

科学性原则是指社会科学调查研究所选择的问题是基于经验和理论的真问题，调查研究的程序、方法、形式等是合理的、符合逻辑的。通过科学的实践调查活动，可以正确反映社会经济的实际情况；采用科学的研究方法才能对现象背后的规律进行挖掘探索。例如，调查程序的设计要科学。从确定调查题目、阅读参考文献、设定研究假说、设计调查问卷或提纲，到进行试调查、正式调查等，各个环节都是不可缺少的。如果调查程序不完整，则可能出现资料收集不充分、误差比较大或者失真等情况，必然造成数据分析不准确、不科学等问题。如果依据不科学的研究结果来制定社会经济发展战略或者企业经营策略，则将带来严重的不良后果或重大损失。可见，坚持科学性原则是非常重要的。

市场活动是社会经济活动的重要内容和组成部分。针对社会经济活动开展调查研究的基本理论和方法同样适用于针对市场的调查研究活动。市场调查研究活动与一般的社会经济调查研究的不同在于调查研究问题上的差异，而不是调查研究方法上的差异。因此，市场调查研究是社会经济调查研究的一个层面，是调查研究方法在市场调查研究中的应用。

1.3 市场调查研究的内涵

市场调查研究（简称市场调研）有广义和狭义之分。

广义市场调研是指基于不同任务需要，调研人员有目的、按程序、采用科学方法搜集、加工和分析市场信息，进而客观描述市场情况、探究市场经济内在规律，为政府宏观调控、市场主体决策提供科学依据的过程。从广义视角来看，但凡与市场经济管理活动相关的调查研究活动，都可以归为市场调研的范畴，既可以包括基于国家和国际视角宏观层面的市场调研活动，也可以包括基于企业微观层面的市场调研活动；既可以服务于政府宏观调控的需要，也可以服务于企业经营管理决策的需要。开展广义市场调研的主体可以是政府部门、社会组织、企业、团体、学术研究人员、专业调研机构等。

狭义市场调研是指基于管理学中企业为进行营销活动而开展的调查研究工作，有时也称作营销调研。营销调研的目的是将产品、服务、理念销售出去，从而由营销主体或者其委托的调研机构开展针对行业情况、消费者、营销渠道和方式等的资料搜集和分析工作；依据分析，营销主体可以进行企业诊断、市场判断，为经营决策和管理创新提供参考依据。

1.4　市场调研的外延

市场调研的外延是通过市场调研的类型反映的。依据不同的分类标准，市场调研可以划分为不同的类别（见表 1.1）。

表 1.1　调研类型内容导读

分类标准	类型	分类标准	类型
从调研的目的来看	理论性调研	从调研的对象来看	市场主体调研
			市场客体调研
	应用性调研		市场环境调研
从调研搜集数据的时间维度来看	横向调研	从调研的频次来看	一次性调研
	纵向调研		经常性调研
	混合调研		周期性调研
从调研的深度来看	探索性调研	从调查资料的形式与分析资料的方法相结合的角度来看	定性调研
	描述性调研		
	解释性调研		定量调研

1.4.1　理论性调研和应用性调研

从调研的目的来看，市场调研可以划分为理论性调研和应用性调研。

（1）理论性调研。

理论性调研是指通过对市场相关问题的调查和研究，向人们提供有关市场经济活动和发展的一般过程和一般规律的认识，从而完善和丰富与市场相关的经济理论，并为指导社会经济发展实践提供依据。此类调研也被称为经验性理论调研，调研人员通过对经济问题的调查，搜集和积累丰富的经验性材料，然后利用科学研究方法和思维方法，从中抽象和提炼出理论。理论性调研的目的重点在于：一是探求社会经济现象和发展的规律性，从而建立、丰富和完善经济学科相关理论；二是不仅建立相关经济学科理论，而且还要建立指导市场经济发展实践的应用理论。

（2）应用性调研。

应用性调研是指为了解决社会经济活动中的具体问题而进行的调查研究。通过应用性调研，企业可以了解和把握行业市场情况，了解消费者对企业产品、服务的满意度，把握消费者的需求偏好、消费心理和态度、消费水平和能力等，而且还可以运用已有的经济理论、行为理论等来解释企业调研中发现的问题和现象，从而为解决企业面临的问题或者为制定企业更为高远的发展目标提供指导。

当然，正如社会经济活动往往相互联系、相互作用一样，市场调研的理论性调研与应用性调研也很难截然分开，因为一项调研可能具有双重任务。实际上，许多理论性调研本身就具有应用的目的。应用性调研能够为理论性调研提供大量感性材料，而理论性调研可以为应用性调研指明方向，有助于应用性调研成果在实践中得到恰当、充分、准确的应用，它们之间是相互促进、相互补充的关系。

1.4.2 横向调研、纵向调研和混合调研

从调研搜集数据的时间维度来看，市场调研可以划分为横向调研、纵向调研和混合调研。

(1) 横向调研。

横向调研也叫横断调研、横剖调研或截面数据调研，是在同一时期（或时点）选取不同的调查对象进行调查，从而对于某一时期（或时点）的调查对象有一个全面的认识或了解，进而推断调查对象总体情况的方法。

例如，为了了解 2019 年中国葡萄酒行业的市场销售情况，调研人员搜集了这一年我国其中 31 个省区市的葡萄酒销售数据，基于这一年份的数据资料为 31 个，属于截面数据，这样的调研称为横向调研。横向调研比较节省时间和经费，易于实施，调研结果具有很好的概括性，反映的调研结果的时效性比较强。

(2) 纵向调研。

纵向调研也叫纵贯调查或时间序列调研，是对调查对象在不同时期或时点的特征进行调查，从而对调查对象在未来的发展趋势进行判断、预测和分析。

例如，调研人员想了解和分析葡萄酒行业在过去 20 年的发展变化情况，搜集了 2000—2019 年我国葡萄酒的总销量数据，依据时间序列 20 年的数据资料，调研人员可以建立预测模型，对我国葡萄酒行业未来的销售量进行分析预测。在这样的调研中搜集的资料是纵向资料。纵向调研涉及的时间跨度比较大，资料需要时间上的连续性。纵向调研在进行预测分析和相关分析时采用得比较多。

(3) 混合调研。

混合调研又称时间序列截面数据调研。通常来讲，横向调研和纵向调研所获取的数据都是一维的，而混合调研所获取的数据是二维的。从截面上看，混合数据包含了若干个截面个体的数据，同时，从纵向上看，混合数据也包含了每个个体在时间层面上的数据。

依据不同时间上所观测到的截面个体（调查对象）是否相同，可以将混合数据进一步分为面板数据和混合截面数据两大类。

面板数据主要是对同一组截面个体的特征进行连续多年的观察而获取的数据。例如，搜集我国其中 31 个省区市 20 年的葡萄酒销售量数据，所获得的数据是 31×20＝620 个葡萄酒销售量数据。

混合截面数据主要是通过对不同组个体若干年某些指标或数据的整理而获得的。例

如，连续 5 年开展对 200 个消费者的消费水平调查，但是在不同年份调查时很难跟踪到一一对应的原始调查对象，此时我们 5 年累计获得的 1 000 个消费者数据被称为混合截面数据。

相对于横向调研和纵向调研而言，混合调研获取资料的难度更大。就分析方法而言，混合调研的分析方法更为复杂。当然，随着社会经济的发展，各种混合数据越来越多，同时伴随着计算机技术、统计学、计量经济学的发展，人们采用混合数据进行研究的情况也越来越多。

1.4.3 探索性调研、描述性调研和解释性调研

从调研的深度来看，市场调研可以分为探索性调研、描述性调研和解释性调研。

（1）探索性调研。

探索性调研是一种试图对调研对象进行初步认识或了解，从而获取对调研对象某些特征或问题的认知，从而为今后更加深入、全面地研究某些社会现象或问题提供基础积累和前进方向的调研类型。

探索性调研比较注重探索，之所以如此，可能是因为研究者打算研究的问题或现象比较特殊，或者比较新奇，或者研究者本人对打算研究的现象或问题不是非常熟悉，了解也比较少，所以在进行深入研究之前，调研者需要先行进行初步探索。

一般来讲，通过探索性调研，调研人员可以形成关于调研对象的某些特征或问题的感性认知，甚至可以提出关于所要研究的现象或问题的初始命题或假说。同时，通过探索性调研，调研人员可以确定对于所要调查的现象或问题进行下一步深入调查研究的可能性、方向性和方法性等几个关键点。因此，在这种意义上，学者们一致认为探索性调研是一种先导性的调研类型。

探索性调研根据探索的具体目的，在搜集资料上通常采用的方法有参与观察方法、无结构式访问方法和以评价调查问卷质量为目标的问卷访谈调查方法等。探索性调研对象的规模通常比较小。探索性调研所搜集的资料一般不是用来进行推论性研究的，也不是用来检验某种理论假说的，而主要用来“探测”某类现象或问题的基本范围、内容或特征，给人们一个大致的轮廓或印象。

（2）描述性调研。

描述性调研是一种试图发现具有某些特征的总体单位的分布状况的调研类型。描述性调研重在对调研对象的分布状况的描述，清楚了解调研对象是谁、何时何地发生了何事就可以了，而不关注调研对象为什么会出现这样的情况。

描述性调研的主要目的是搜集资料、提供信息、发现问题。通过描述性调研，调研人员试图从纷繁复杂、内容庞大的现象中描述出调研对象所具有的主要规律和特征。例如，在关于消费者的消费态度和行为的市场调研中，调研人员可以通过调查数据描述消费者的态度和行为，也可以对消费者进行细分，描述不同消费者的态度和行为差异，但是对于消费者为什么会出现这样的差异不做分析和解释。

描述性调研通常需要采取严格的随机抽样方法来选择研究对象，并且研究样本的规模要比探索性调研中的规模大得多。描述性调研的资料搜集主要以封闭式问题为主，以自填、邮寄或结构式访谈等方式进行问卷调查，所得的资料必须经过统计处理，得出以数量

形式为主的各种结果，并要将这些结果和结论推论到总体中去。

当调研人员在描述调研对象的时候，需要注意准确性和概括性两个方面的特点。准确意味着描述能够准确反映调研对象的实质；概括意味着提纲挈领地描述关于调研对象的主要方面或主要特征，而不是面面俱到或冗长累赘。初涉调研的学生或研究人员要体会和把握这一点。

（3）解释性调研。

解释性调研是试图在认识到经济现象或问题“是什么”“什么样”的基础上，进一步弄明白“为什么”的一种调研类型。

解释性调研的目标是回答“为什么”，也就是说，通过调研，调查者试图解释经济现象或问题发生或存在的原因，并进一步分析和说明经济现象或指标间存在相关关系或因果关系的合理性，因而解释性调研更加追求对经济现象和问题解释上的理论创新。

解释性调研在研究方案的设计上与描述性调研一样，具有系统性和周密性，同时，它比描述性调研更为严谨，针对性也更强。解释性调研的方案设计通常是从理论假设出发，经过深入实地，搜集经验材料，并通过对资料的分析来检验假说，最后达到对经济现象或问题进行理论解释的目的。

解释性调研的内容不要求具有广泛性，不要求面面俱到，但是它特别注重研究内容的适用性和针对性。它要求调研内容必须紧紧围绕所要验证的研究假说开展。

通过上述分类可以看出，因为侧重点不同，调查研究的类型呈现多样性。同时，各种不同类型的调研又不是纯粹地仅仅具有某一种特征，一项调研可能既具有理论性，也具有应用性；既可描述现象和问题，也可解释现象和问题。因此，在对实际问题的调研过程中，各种调研方法的应用要结合进行。例如，在以解释性调研为目的的社会问题研究中，为了使调研设计更加符合实际情况、更好地达到目标，可以在实地调研之前有针对性地进行探索性调研。三种调研类型之间的关系和特点见图 1.2。

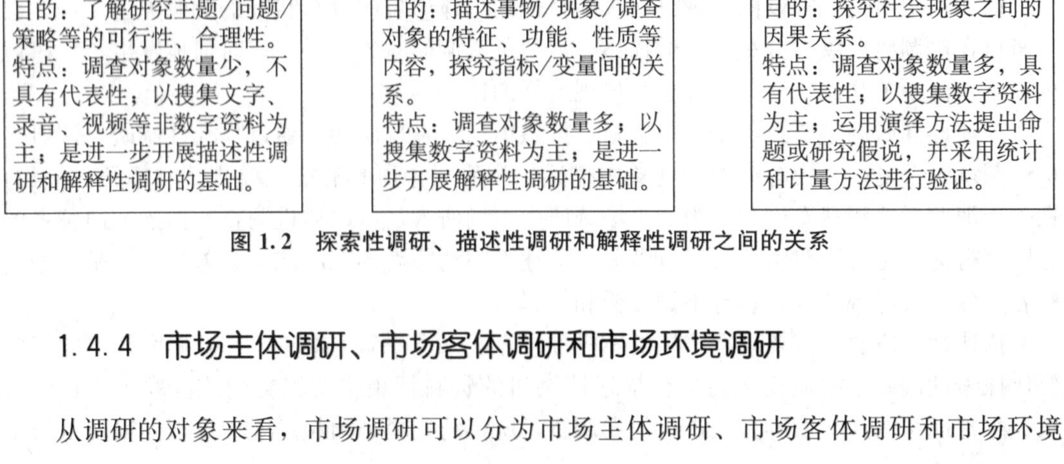

图 1.2 探索性调研、描述性调研和解释性调研之间的关系

1.4.4 市场主体调研、市场客体调研和市场环境调研

从调研的对象来看，市场调研可以分为市场主体调研、市场客体调研和市场环境

调研。

（1）市场主体调研。

市场主体调研主要是指针对市场上从事生产、交换和消费等各类经济活动的个人和组织所进行的调研。如果从产业链视角来看，从上游至下游诸环节涉及原材料供应商、生产加工企业、流通商、储运商、销售商和消费者等诸多市场主体；从调研对象的形式上看，可以是消费者个体，也可以是企业、学校、社团等各类组织。市场主体调研的主要目的是了解主体的经营状态、发展策略、竞争地位、行为态度等。

（2）市场客体调研。

市场客体调研主要是针对市场上生产、交换和消费等经济活动所涉及的产品和服务等进行的调研。市场客体可以包括生产所需要的各类要素，如原材料、资金、土地等，也可以包括专利、技术、金融等各类服务。围绕着产品和服务可以开展关于市场供求规模和价格、市场范围和地域、营销方式和购销渠道等方面的调研。

（3）市场环境调研。

市场环境调研主要是针对市场上生产、交换和消费等经济活动所涉及的法律文化、经济环境、产业政策、行业标准、区域地理等进行的调研。市场环境既可以给企业发展带来机会，也可以给企业发展带来威胁，关于市场环境的调研是企业开展经营活动、发展市场业务的基础，这对于经营主体制定发展战略、开拓市场机会具有重要的作用。

1.4.5　一次性调研、经常性调研和周期性调研

从调研的频次来看，市场调研可以分为一次性调研、经常性调研和周期性调研。

（1）一次性调研。

一次性调研是指为了特定的目的而只对调查对象开展一次调查研究的活动。例如，为了新产品开发而开展的特定时间、特定环境下的调研；再如，为了某一个工程项目的规划设计而开展的调研。

（2）经常性调研。

经常性调研是指对固定调查对象的长时间、不间断的跟踪调查研究活动。调研往往采用稳定的数据信息采集平台或者固定的信息采集渠道完成对调查数据的搜集。例如，针对线上销售或者线下销售的天或月或季度的销售记录的信息搜集；针对固定客户或者消费者的产品满意度调查；针对特定产品的经常性质量抽查等。

（3）周期性调研。

周期性调研是针对固定的调查内容或调研对象所采取的固定间隔时期的连续调查研究活动。与经常性调研相比，周期性调研的时间间隔比较长，频率相对低一些，但是因为调研周期固定，容易形成连续的调研资料，对经济发展、企业决策的分析和指导价值大。

1.4.6　定性调研和定量调研

从调查资料的形式与分析资料的方法相结合的角度来看，市场调研可以分为定性调研和定量调研。

（1）定性调研。

定性调研是指调查搜集的资料形式以非数字资料为主，研究者以调查对象的口述记录、观察笔记、图片、视频、音频等为分析依据，探究社会经济现象的本质属性或特征，以求深入解释现象发生的原因。

定性调研要求研究者具有良好的科学抽象和概括能力、概念理解和应用能力、理论分析和解释能力。定性调研的对象以小样本为主，追求深度调查和分析。应用的调查方法多以观察法、无结构或半结构化访谈法、文本记录评阅等为主。定性研究的语言倾向于围绕案例和其所处的社会和文化背景进行研究。

（2）定量调研。

定量调研是指调查搜集的资料形式以数字资料为主，研究者以调查对象的统计数据、大样本调查数据等为分析依据，采用统计学、计量经济学等量化分析方法和计算机工具，对数据进行描述，对变量间关系的假说进行检验。

定量调研强调数据的标准化、结构性、大规模和代表性。应用的调查方法多以问卷调查、统计调查、实验方法等为主。定量调研强调“将关键概念操作化为变量”“对变量进行分解细化”“对变量进行数量化测量”等，在此基础上调研人员关注数据搜集的技巧，也就是通常的社会调查方法，并依据这些数据对关键的抽象概念（在操作中被称作变量）间的关系进行检验，此时会用到定量分析技巧，包括变量间关系的一般模式确认、假说检验、市场预测分析、统计软件使用等多方面的技巧。定量调研的语言倾向于使用“假说”“变量”，调研人员往往会从分析变量间相关关系向分析变量间因果关系推进。

定性调研和定量调研是各有特点、相互补充的两种调研类型（见表 1.2）。在一项调研工作中通常是两种调研类型结合起来使用。

表 1.2　定性调研和定量调研的特征比较

	定性调研	定量调研
调研目标	侧重对社会经济现象的性质、内因、动机、机理的解释	侧重对社会经济现象研究假说的验证以及对目标总体的推断
样本要求	小样本	大样本
调研人员	需要掌握非数字资料的搜集技巧，懂得一些心理学、社会学、行为学、营销学、定性调查等方面的知识	需要掌握数字资料的搜集技巧，懂得一些问卷设计和调查、统计和计量经济学、计算机分析技术等方面的知识，对调研数据要求高
分析特点	主观、归纳、概括、抽象	客观、演绎、统计、计量
可重复性	较难模仿和重复操作	容易模仿和重复操作
调研类型	探索性、解释性	描述性、解释性

1.5　市场调查研究的作用

不管市场调查研究采用何种类型，总体来看，调查研究的作用是按照调研目的，搜集社会经济的相关信息，从而为企业管理者、市场营销者、政府管理部门、理论研究者等不同信息需求主体提供可靠、有用、有效、及时的信息，并对信息进行整理、筛选、分析、判断，为宏观经济管理、企业经营发展、消费者营销理论等提供理论和实践研究。

对政府管理部门而言，政府进行调查研究可以了解当前的社会经济运行状况，从中发现需要解决的社会经济问题是什么，为什么会出现这样的问题，进而如何解决这样的问题。调查研究一方面有助于了解社会经济现象，另一方面也注重分析社会经济现象中变量与变量之间的关系，探究和剖析社会经济现象发生、发展、变化的内在机理，从而为政府宏观调控提供依据。另外，良好有序的市场环境的维护和完善，也是政府的重大责任，也需要通过调查研究才能把握。

对学术研究者而言，市场调查研究则是开展学术研究的基础工作，通过科学的调查方法搜集资料，利用科学的研究方法分析资料，按照研究范式开展学术研究，对于探究经济现象背后的机理具有重要作用。

对企业而言，调查研究可以帮助其了解企业所在行业过去、现在的情况，可以对企业的产品价格、质量、包装与其他同类产品进行比较，可以对企业产品研发、技术创新路径做出判断和预测、可以对影响消费者消费态度和行为的因素进行分析，进而帮助企业更好地适应、利用和开拓市场。

1.6　市场调查研究中的伦理和道德

在《现代汉语词典》中，伦理是指“人与人相处的各种道德准则”，道德是指“社会意识形态之一，是人们共同生活及其行为的准则和规范”。道德通过人们的自律或通过一定的舆论对社会生活发挥其约束作用。伦理是对善恶、正当与不正当的道德判断；道德是对人的行为品质的善恶、正邪的评价和分析。可见，伦理和道德都是一种规范，是处理人类行为的价值判断。

在日常生活中，伦理和道德因为都涉及什么是对、什么是错、什么是好、什么是坏、什么是善、什么是恶的问题，所以两者经常被混用。但从哲学、伦理学、道德学等不同学科专业研究的视角，这两个概念之间既有区别又有联系。本章节不讨论哲学、伦理学等专业知识，学习者只需要把伦理和道德看做是一定区域内、行业内、群体中人们所形成的共识即可。这些共识体现为社会中的人与人、人与自然长期互动中形成的风俗习惯和伦常秩序，人们愿意并长期遵守这些风俗习惯，从而将其转化为个体内在的品性和德行。

科学研究是社会活动的构成之一。在科学研究中存在研究者与被研究者、研究者与研究者等不同主体之间的关系。研究者在面对调查研究对象和面对科学研究共同体时，都应该遵循科学研究的伦理和道德，因此，研究者对科学研究中所达成的“得体”与“不得体”的共识进行了解是非常有必要的。市场调查研究属于科学研究的范畴，在市场调查研究中也同样要遵循科学研究的伦理道德规范。

1.6.1　针对调查研究对象的伦理道德原则

（1）尊重调查对象的参与意愿。

可以通过沟通、交流、给予经济补偿等多种途径使调查对象自愿参与到调查中来，不能采取威胁、命令等方式强迫他人参与调查。

在搜集和使用个人资料信息时，要征求调查对象的同意，特别是访谈资料、隐私资料，在搜集资料和使用资料的时候都要获得调查对象的授权许可，调查对象具有知情权。一般在调查开始的时候就需要确认调查对象同意被搜集资料并授权使用。即使调查对象参与了问卷调查或者项目实验，调研人员也需要继续保持对他们的尊重，维护他们的权利。

（2）调查研究对参与者无害。

匿名与保密原则可以体现调查研究对参与者权益的保护和尊重。

匿名是指对资料进行加工处理之后，研究者和读者都不可能将所搜集到的资料与回答者对应起来。匿名强调不能针对特定的个体获取特定的回答，因此可以通过移除所有可识别信息而达到匿名的效果。① 在调查过程中，做到完全的匿名有时是不可能的，但是在资料分析阶段要尽量做到匿名。

保密是指调研人员知道特定调查对象及其回答，但是承诺不会将其身份和答案公开。若真正做到这一点，这样的调研活动就算是达到了保密的要求。② 例如，调研人员在引用调查资料的时候，需要对调查资料进行加工，将涉及隐私的个人或企业名称采用 A、B、C 等字母来代替，不能简单地使用名称缩写；将涉及商业机密的成本、利润等绝对值数字，通过计算成本占销售额的比例、利润增长速度等相对指标，转化为不涉密的分析信息。

调查研究不能给参与者带来心理、生理、声望、荣誉、物质等方面潜在的和实际的损害。任何可能给参与者带来损害的调查方法、技术手段、信息使用方式等，都是违背伦理和道德的。

调查研究不能采用诱导性的方式对调查数据产生偏离性的影响。采用任何诱导性的提问、暗示性的话语等，都是不符合研究伦理和道德规范的。

1.6.2 针对利益共同体的伦理道德原则

（1）维护学术规范上的严谨性和科学性。

对学术共同体来讲，研究者在提供研究分析报告的时候，必须对数据来源、调查手段和方法、分析技术和过程等进行说明，以证明调查是科学的，研究是依据真实性和完整性的数据进行的科学研究，从而为研究结果的可靠、可行提供依据。这要求保证调查资料的真实性和完整性。

调查数据不能虚构、造假，不能为达到某种目的或获取利益而对原始数据进行人为加工和篡改。数据记录应当与数据获得同步，不管是采用录音、录像还是问卷填答等资料搜集方法，数据记录都必须及时、精准。

调查数据的保存必须完整，对于涉及机密的数据要特别慎重地保存，不能泄密。不能未经同意将数据用于约定用途之外的其他目的，或者把数据转交、透露给其他机构或个人。

---

① 伊冯娜·麦吉温．市场调研实务．4版．李桂华，等译．北京：机械工业出版社，2017：27.

② 艾尔·巴比．社会研究方法．13版．邱泽奇，译．北京：清华大学出版社，2020：151.

（2）尊重学术共同体中的研究同行。

调查研究是一项严谨的科学研究工作。在研究中，研究者难免会参考借鉴其他研究者的已有研究成果，在这个过程中要注意：

1）使用他人的数据要注明来源。使用他人未正式发表的数据，必须事先获得数据所有者的同意，并且要明确注明数据来源。在发表论文或以其他形式展示调查研究成果时，如果引用相关文献或他人的资料、论点，必须如实标注出处。

2）严厉杜绝学术不端行为。学术不端行为主要是指科学研究活动中的各类造假、抄袭、剽窃等违背科学研究者共识的行为。捏造数据或结果、抄袭他人作品、侵害他人著作权、故意省略参考文献的标注、发表他人未公开的作品、将他人的研究计划据为己有或者透露给他人、一稿多投、对参与评审项目故意拖延审查或设置障碍，等等，这些行为均属于学术不端行为。科学研究工作者都必须严格要求自己，严厉杜绝学术不端行为。

（3）保证公众等对调研报告信息的全面和准确把握。

在向公众公布调研报告时，故意省略调查研究背景、调查研究中的不足、干扰性的因素等，都是违背调查研究伦理道德的行为，容易对公众行为产生负向影响。因此，调研人员有必要对调查研究中的缺陷、不足、调研中的一些意外或者负面的发现和问题进行说明，以期让公众对调查研究报告的内容有更为充分的了解和判断。

市场调查研究不仅需要调查研究方法和技能方面的知识，而且很多调查研究涉及专业知识，而被调查对象往往处于专业知识弱势，在这个过程中，需要调研人员注重自身的素养。如果每一位调研人员在调查过程中都能够严格遵守科学研究的伦理道德，那么就会在科学研究活动中树立良好的风气，真正发挥科学工作者的创新能力，促进科学研究的繁荣发展。

思考题

1. 如何理解市场？如何理解市场和政府之间的关系？
2. 什么是调查研究？如何理解市场调查研究？
3. 简述理论性调研和应用性调研的含义和特点。
4. 简述横向调研、纵向调研和混合调研的含义和特点。
5. 简述探索性调研、描述性调研和解释性调研的含义、特点和适用性。
6. 简述市场主体调研、市场客体调研和市场环境调研的特点。
7. 简述一次性调研、经常性调研和周期性调研的特点。
8. 简述定性调研和定量调研的特点和适用性。
9. 简述市场调研的作用。
10. 市场调研中调研人员应该遵循哪些调研伦理道德原则？

第 2 章

市场调查研究程序

本章内容

市场调查研究程序体现了研究者遵循科学研究范式从事研究的完整过程。本章介绍了市场调查研究程序的完整框架；介绍了确定调研主题和问题的方法、原则和意义；介绍了采用初步探索方法明确选题的过程；介绍了提出研究假说的演绎方法和研究假说的表达方式；介绍了调研方案设计的原则和要点；介绍了调研方案预调研、落实和撰写调研报告等相关环节。

学习目标

掌握市场调查研究程序；掌握调研主题和问题的关系、选题的方法和原则，学会选题；了解初步探索的方法，识别调研问题和管理决策问题之间的差别；掌握研究假说提出的方法和表达的方式，特别要注重学习演绎方法在提出假说中的作用；把握调研方法设计的要点。

市场调查研究程序是调研人员开展调查研究工作的基本流程。基于调查研究的目的，市场调查研究程序有一定的差异性，但总体来讲，每一项市场调查研究工作都必须完成整个调研程序，才算调研工作结束。

2.1 市场调查研究程序

市场调查研究程序包括准备、资料搜集、资料分析、总结、反馈等几个重要阶段（见图 2.1）。

准备阶段主要确定研究主题和问题，是整个调查研究工作中最重要的部分。首先确定调研主题，进行初步探索调研，进而明确调研问题，然后根据调研问题进行理论解释和概念澄清，如果想要进行解释性研究，则提出研究假说，对具体问题进行可操作化处理；如果不想进行解释性研究，而是进行描述性研究，反映社会经济问题的现象和情况，则不必提出研究假说。[①] 根据研究确定的研究问题和提出的研究假说，确定调研类型和方法，并设计调研方案，随后进行预调研，修正和完善调研方案，形成科学合理的正式调研方案。

资料搜集阶段是开展调查的阶段，该阶段的任务是按照调研方案设计的调查类型和资料搜集方法开展资料搜集工作。

资料分析阶段是利用各种逻辑分析方法、统计和数理分析方法，对搜集到的各类资料进行分析研究的阶段。

总结阶段是撰写调研报告、开展调研活动工作总结的阶段，通过报告展示研究成果，或者向工作委托人汇报完成的任务，实现成果应用。

反馈阶段是调研工作完成之后，调研人员针对之前确定的调研主题进行回头看，反思调研任务的完成情况和调查研究中的不足，以期未来进行提升和改进。下面我们从调研程序中选择几个重要的调研环节进行详细介绍。

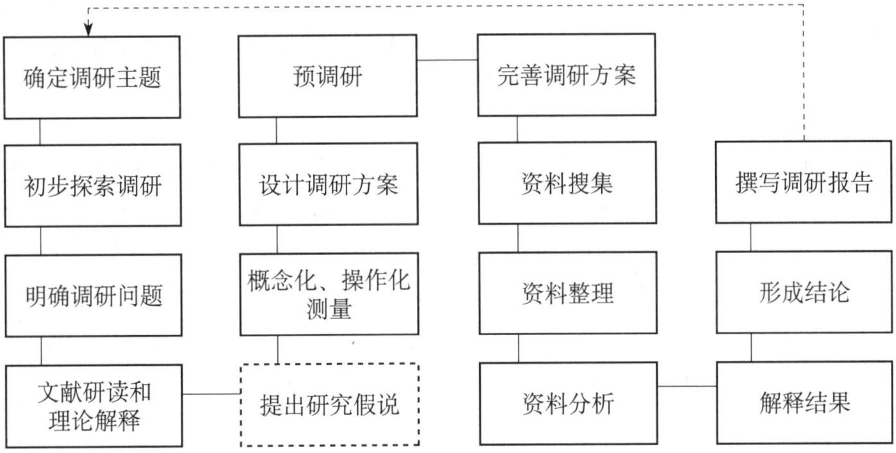

图 2.1　市场调查研究程序

2.2　确定调研主题和问题

确定调研主题是调查研究的关键性工作。从调查研究的一般程序上看，选择和确定调研主题是一项社会经济调查活动的起点，起点的优劣、高低直接决定后续工作的难易、得失。因此，调研主题的确定是开展调研工作的方向。

2.2.1　调研主题的含义

调研主题是指社会经济研究所涉及的现象领域或问题领域。在实际工作中，从社会经济大量的现象、领域，根据研究者的兴趣、需要，一般会先确定一个调查研究的领域，也

① 基于这一点，我们将图 2.1 中的“提出研究假说”标识为虚框，表示其在不同方法下的可选性。

就是主题。例如，品牌、消费者行为、行业发展、家庭消费、产品定价等概念所表达的都是范围比较大、内容比较多的主题，包含着多个更小的研究问题。选择主题意味着我们对某个领域的调查研究比较感兴趣，打算在这个领域深入进行调研活动。

2.2.2 调研问题的含义

调研问题是指调查主题内比较细小的、具体明确的问题。在确定调研主题的基础上，从大主题中找到更为具体的、小的研究问题就是一项调查研究的首要工作，这样才能使调查研究聚焦在主题之下的具体问题上，围绕问题才能开展有价值、可操作、可测量的调查研究工作。研究问题是研究主题中某一项调查研究任务或活动的具体化和明确化。

例如，“品牌”是研究主题，该主题下的具体研究问题可以有多个：消费者对企业产品品牌了解吗？购买该品牌产品的消费者情况如何？品牌形象对消费者的消费态度及消费行为有影响吗？宣传方式对消费者品牌认知会产生影响吗？哪些因素会影响消费者品牌满意度和消费者忠诚度？可见，关于品牌研究的具体问题比研究主题要小，容易把握，且从小处入手也容易操作。调研人员可以根据研究目的和需要选择任何具体问题进行调查研究。

再如，“消费者行为”主题下的具体研究问题可以从宏观和微观两个角度来提出。从宏观角度，可以把消费者作为一个整体，提出“疫情之后我国消费支出水平和结构的变化及影响因素”“政府发放消费券对消费行为是否有影响、影响程度有多大”“市场结构对居民食物消费多样性的影响”等问题。从微观角度，可以针对个人、企业、组织等消费主体提出“消费者对牛奶安全性的态度是否影响其购买行为”“影响消费者线上和线下消费行为差异性的因素”“体验营销对消费者产品购买行为的影响”等问题。

2.2.3 调研选题的来源

研究者应该基于个人兴趣和专业素养选择课题。学校的学生经常依赖于老师的项目、专家的帮助和指导来选择课题。专业调研机构往往基于客户委托、为了解决实际问题、基于社会经济活动实践来确定选题。研究人员可以依据相关文献资料的积累，在学习、思考和综合所获取的经验知识和理论知识的基础上，凭借自身敏锐的问题意识提出研究选题。

（1）社会经济活动的实践。

在社会经济发展过程中会出现各种各样的社会经济问题，当这个问题成为促进或制约社会经济发展的关键时，从总结经验或解决问题角度出发研究所面临的问题就非常必要。

例如，当企业两种产品的市场销售量出现较大差异的时候，企业可能就需要去调查为什么会出现这样的差异性，研究一下发生这种情况的原因。再如，在社会经济发展过程中，中小企业经常面临着“贷款难、贷款贵”的问题，那么如何解决企业发展资金不足的问题，就需要开展针对中小企业的调研。因此，社会经济发展实践是调研选题的主要来源，而实践中出现的问题和积累的经验则成为调研的主要内容。

（2）调研人员的知识积累和问题意识。

调研人员因为积累了丰富的学科知识而对各类社会经济问题的发展具有敏感性和问题意识，善于从各类纷繁复杂的现象中找寻关键的、前瞻性的问题。因此，对于各类学科知识的学习和掌握非常重要，并且在知识积累中应注重自我意识的培养。

随着社会经济的发展，社会、经济、管理等学科快速发展，同时各类交叉和边缘学科的相关理论和研究方法也不断发展，这为研究社会经济问题提供了更多的视角，研究的深度和广度也可以进一步扩展。因此，在发现问题、确定问题上，对理论知识的学习与对社会经济实际情况的深入了解相结合，对于确定符合实际情况的、有理论和实际研究价值的课题非常有帮助。

例如，自 2000 年以来，随着我国经济的快速发展，人们生活水平不断提高，乳制品消费日益增加，市场不断扩大。但 2004 年发生的阜阳劣质奶粉事件、2008 年发生的三鹿三聚氰胺事件等，使人们对乳制品市场的食品安全问题日益关注。作为调研人员，能够在公共安全事件中做出深思、发现值得研究的问题，就是具备了问题意识的表现。法律工作者可能从这样的事件中提出“如何建立健全食品安全法律法规”的问题；公共管理者可能提出“如何加强政府对市场上食品安全的监管”的问题；经济学者可能提出“消费者如何搜集、识别食品安全信息”“食品安全标签对消费者购买行为是否有影响”“公共安全事件发生后消费者对国产奶粉和进口奶粉的态度是否变化”的问题；管理学者可能提出“如何建立品牌信任”的问题；媒体研究者可能提出“公共安全事件中舆情应对方式”的问题。为了调查研究如上问题，调研人员对乳制品市场应该有所了解。比如从乳制品的产品类型来看，乳制品包括液体乳、乳粉、炼乳类、干酪类、乳冰激凌类及其他，每一个类型下还可以分为细类。从消费者市场细分来看，消费者可以被分为从婴幼儿到老年人各个年龄段的消费者；从乳制品消费的档次来看，消费者的消费水平可以被分为高、中、低等不同档次；从乳制品的来源来看，乳制品可被分为国内自产和国外进口的。以上从不同角度的分类，可以看成是调研人员的知识积累。

以上列举的食品安全问题的研究角度不同，而且各个研究涉及的学科领域也不同，不仅涉及社会问题，而且涉及经济问题、行政问题、企业管理问题等。因此，如果想深入研究此问题，必须多角度、多学科交融地来调查、分析和研究，这样才能使研究更加深入和系统。

（3）文献资料。

在实践中，不论是偶然的、非系统观察积累的经验，还是有计划的、系统观察积累的经验，都可以成为选择课题的基础。研究者既可以通过观测真实世界里企业、个人、组织等主体的各种行为、现象，也可以通过研读学术报告、文章、书籍等文献资料来获得选择研究课题的灵感和思路。

文献资料虽然具有历史性的特点，但是丰富的历史文献资料可以让我们了解以往的调研成果，可以为调研课题的选择和设计研究思路提供参考。任何调研都应当建立在前人的研究成果的基础上，这样才能避免盲目性和重复性，少走弯路；同时根据前人的经验也能得到有益的启示。查阅文献还可以了解与调研课题有关的理论和方法，为正确选题提供依据。

当然，课题的选择和确定是一个学习和研究的过程。之所以这样说，是因为课题的选择必须经过查阅资料、初步探索及研究思考等环节才能最终确定下来，因此，课题的确定实际上也凝聚着课题研究人员的智慧。

2.2.4 调研选题的原则

选择一项调研课题需要考虑多种因素，一般应遵循需要、可行、适当、创新的原则。

（1）需要。

需要是指当前社会经济发展中迫切需要解决的理论和现实问题，或者虽然当前不是非常迫切，但是具有潜在的理论价值和应用价值的问题等都是需要进行研究的问题。费孝通先生就曾根据经济发展的需要提出了“如何发展小城镇”的研究课题，取得了巨大的成果，对于推动我国小城镇的建设和发展起到了重要作用。再如，随着网络经济和数字经济的发展，利用互联网进行营销成为企业适应时代发展的迫切需要，很多企业减少了线下门店数量，建立线上销售平台，开展互联网营销，有的企业甚至完全开展网上营销。基于这样的市场发展背景，企业如何利用互联网开展营销、互联网市场营销创新方式等，都是需要进行研究的课题。

（2）可行。

可行是指调查是能够进行的、能够依据调查者和调查对象的现实条件完成的调查研究工作。这里的条件主要有：能够投入调研的经费、人力和其他物质条件；能够得到社会各部门、被调查地区和单位的主管部门及调查对象的支持与协助；调研人员应具备必要的专业能力和实践经验等，并对课题有初步的了解和设想。只有这些条件均较成熟的课题，才是好的有可能完成的调研课题。有些调研课题尽管具有重要的现实意义或理论意义，但如果调研条件不成熟或不具备，那么此选题也不能被认为是恰当的选题。

（3）适当。

适当是指调研课题所研究内容的大小与调研目标、调研力量等情况要相适应。如果调研目标是要解决一个比较小的问题，那么过于宽泛的调研内容只会造成资源浪费，即使资料丰富，对于解决目标问题也是无用的，甚至是不利的，容易造成对调研目标的偏离。选题也要根据自身拥有的实力，包括调研人员数量、调研经费多寡等情况进行确定，若调研题目太大，超出调研力量所及范围，就无法完成调研工作。调研课题要与调研目标和所要解决的实际问题相适应，要与研究力量和研究能力相适应。对于缺乏经验或缺乏专业知识的调研人员来说，研究课题应简单、浅显一些，从小问题开始，逐步积累经验，然后再扩大调查研究的内容和范围，由浅入深、由简单到复杂。

（4）创新。

创新是指调研课题应具有创新性和独特性，要能够提供新知识、新方法、新观点、新材料。如果选择的调研课题只是简单重复别人早已做过的调查，那么这样的课题是没有研究价值的，也是没有意义的。当然，对创造的理解应具有较广泛的含义，有些课题尽管别人已做过，但仍可以从一个新的角度去研究。例如，改变调研地点、变换调研时间、在老问题的基础上提出新的问题与假说的扩展性课题等。总之，只有那些包含一定新颖性、独特性、先进性的课题，才真正具有调查意义。

2.2.5　调研选题的意义

（1）选题直接决定着调查研究的方向和水平。

调研课题的选择，可以称作选题，实际上就是提出问题。对研究者来讲，“提出一个问题往往比解决一个问题更重要”，因为选题不仅是社会调查目的的集中体现，而且是调查者的指导思想、社会见解、学术创造力及学识水平的具体反映。选择合意的研究课题是顺利开展社会调查研究工作的基础。

课题选择者（调查研究者）从纷繁复杂的社会经济问题中选择出具有理论价值、实践价值及前瞻性的课题，实际上是一个比较难的工作。要注意从新的理论视角提出问题，不要选择那些陈旧的课题，要特别关注和发现那些与当前社会主义市场经济体制改革发展切实相关的课题。一个好的选题能把握社会经济发展的脉搏，能反映现实生活中的重大理论问题或实际问题，具有时代意义和现实意义，这样的课题的价值和效用就比较大。

（2）选题决定着调研方案的设计，进而决定了调研的过程。

不同选题的调查内容、方法、对象和范围各不相同，从而调查人员的选择、调查队伍的组织、调查工作的安排也不相同。例如，在市场调研中，企业委托专业调研机构开展“针对消费者的产品满意度调研”和由企业的市场调研部门自己组织开展“企业产品市场竞争力调研”这两个题目显然在调研者、调查对象、研究内容、调查方法等方面都是不同的。前者以消费者为调查对象，主要调查内容是消费者对所购产品是否满意，实施这项调研工作的主体是企业委托的专业调研机构，从调查方法上来看，可以选择在商场随机抽查购物者，采用问卷调查的方法开展面对面的访谈调查，也可以选择通过网络发放问卷的方式进行网络调查。后者以企业产品为调查对象，调查内容可能涉及本企业及同行业其他企业的产品价格、成本、销量等，实施这项调研工作的主体是企业的市场调研部门，可以采用搜集统计数据的文献调查方法，也可以利用企业数据库，抑或可以购买专业市场调研机构的数据库。

2.3　调研选题的初步探索

初步探索是连接调研主题和调研问题、帮助调研人员确定具体研究问题的必要环节。一项调查研究必须从具体的问题着眼才能有抓手，才能使调研活动落实下去。因此，调查研究者必须从宽泛的主题开始，逐步缩小到从主题中选择一个或两个自己感兴趣、能够把握和操作的问题。研究人员在接受一项调研任务时，通常只是笼统地了解了调研的目的、范围和对象，一般通过研读文献资料，实地经验性调查、人员访谈、网络调查等形式进行初步探索，进一步明确调研问题，把调研任务有针对性地转化为所要回答的具体问题，体现的是社会经济现象中的两个或多个概念（或变量）间的关系。从主题到问题是研究者不断探索和挖掘调研主题和问题的过程。在这个过程中，针对调研主题和问题的初步探索是必不可少的。

2.3.1 初步探索的方法

调研课题的初步探索一般采用查阅文献、咨询、实地考察和网络探索的方法。

（1）查阅文献。

查阅文献一般是利用图书馆和资料室的检索工具，如书刊目录、分类索引等，找出与调研课题有关的论文、调研报告和书籍等。另外，也可以到调研地区、企业去查找或借阅有关资料，比如基层的统计资料、调查地区和企业的历史材料、档案资料等。

摘录文献资料的方法主要有卡片法、笔记法和复印法等。卡片法是将一段资料的主要内容摘录到一张卡片上，卡片上一定要注明资料的来源及分类的题目，以方便将来查找和使用。笔记法与卡片法相似，主要是将不同的资料记录在笔记本或活页纸上。复印法则比较省时省力。不管哪种方法，一定要注明出处，包括作者、书名或刊物名、页数、出版社、出版时间等，以利于核对和引用。

（2）咨询。

咨询即商量、询问的意思。既要向理论造诣深厚的专家、教授请教，又要向具有丰富实践经验的实际工作者学习；既要向上级机关的领导者请教，又要向基层的干部和群众学习。咨询对象主要是熟悉这一课题领域的专家或研究人员及掌握第一手资料的知情人等。

（3）实地考察。

实地考察要求直接接触调查对象，取得第一手资料。实地考察的人员不宜太多，但社会经济调查的领导者、组织者，特别是调查方案的设计者必须亲自参加。实地考察的对象和范围不宜太广，应尽可能选择具有代表性的地区或单位作为考察的重点，采用解剖麻雀的方法，进行比较深入的调研。通过实地考察，将提出的问题与研究解决问题的方案结合起来，以形成自己的研究假说及调研方案。

（4）网络探索。

在信息化经济时代，网络成为重要的信息载体。通过网络搜索信息更加方便且成本低，既可以查询到权威机构发布的统计资料，也可以利用免费网络调查软件或工具，直接搜集调查对象的一手资料，直接查询市场中各类企业的背景和经营信息，这些信息为确定调研问题提供了有利条件和帮助，是信息化时代调研人员要掌握的信息搜集和探索的重要工具。

在实际调研活动中，以上方法往往是结合使用、交叉使用、轮换使用的。其中，实地考察具有特别重要的意义，是市场调查研究的初步探索中经常采用的方法。

2.3.2 初步探索的目的

初步探索的目的不在于证实什么，而在于确定市场调研问题，寻求解答问题的途径，它并不直接回答调研课题所要解决的问题。选题的初步探索进一步明确了调查研究的意义和价值，是开展后续调研工作的基础。在初步探索中要注重以下两方面的问题：

（1）区别经营管理问题和市场调研问题。

前文中我们谈及的调研问题都是指市场调研问题，与经营管理者需要解决的经营管理问题是不同的。

表 2.1　经营管理问题向市场调研问题的转化表达

经营管理问题	可能提出的市场调研问题
● 是否采纳某项技术?	“采纳某项技术的成本-收益分析”调研
● 如何提高顾客的品牌忠诚度?	“顾客体验和价值认知对顾客品牌忠诚度的影响”调研
● 是否开拓新的区域市场?	“体验营销对新市场上消费者购买力的影响”调研
● 如何提升产品线上营销规模?	“软文表达对顾客购买态度和行为的影响”调研
● 是否采用网络广告进行促销?	“消费者对网络广告的认知对其购买行为的影响”调研
● 政府是否应该发放消费券?	“消费券对经济激励的乘数效应评估”调研

初步探索可以用来获得很多针对概念、指标和变量的理解，能够对提出研究假说、设计调研指标、提出调研方案等提供客观依据；也可以更好地帮助调研人员了解实际情况，增加感性认识；能够对确定调研问题的同类研究、相关研究及其进展情况进行跟踪分析，进而了解研究动态，并选择合适的调研问题的切入点，进一步明确研究方向。在实际研究活动中，社会科学研究者会将调研任务和调研问题转化为调研课题或项目，并通过设计项目书和研究计划书等形式展示出来。

经营管理问题主要是当企业面临着经营管理困境或者试图寻找市场机会的时候，决策者想解决什么问题、打算采取何种行为和策略，其关注点放在企业是否行动、如何行动上，而市场调研问题则是为经营决策服务的，当经营管理者在采取决策行动之前需要某些数据资料作为企业决策的依据或支撑时，就产生了搜集和分析资料的诉求，此时经营管理问题就转化为市场调研问题。

调研人员的任务之一就是要正确识别企业决策者的经营管理问题，并将经营管理问题转化为市场调研问题，初步探索有助于调研人员将经营管理问题向市场调研问题转化。图 2.2 展示了这个转化过程。

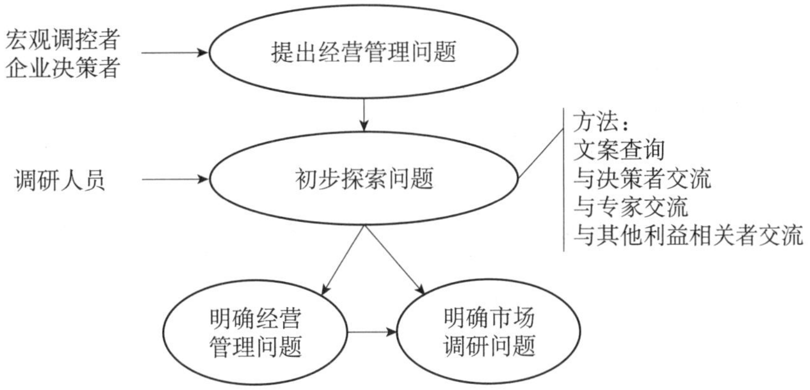

图 2.2　明确市场调研问题的过程

（2）确定市场调研问题时要注意可操作性。

一是要避免所选择的调研问题是无法验证的或者是非科学的。例如，“某公司采取破产清算的策略是否合适”，这样的问题显然是无法验证的问题；“一根缝衣针的针尖上站着多少个天使”，这是一个不属于社会科学研究领域的问题，是无法进行验证的。市场调查研究是经济管理研究的主要方法，是以实证主义哲学为基础的研究，强调对社会经济现象的观察和测量，通过量化数据对世界进行科学客观的认识。因此，市场调查研究应选择可以通过调查搜集资料并进行分析的课题。

二是要避免选择的调研问题停留在主题层面，不具体或者仅仅是概念的组合。例如，“企业管理问题研究”“技术与创新”“经济制度研究”等，这类问题不够具体，没有将研究主题具体化为研究问题，或者仅仅是关键词的组合，这样的选题不利于调研人员进行操作，很难确定研究方向和研究方法。

专栏 2.1

为经营管理决策服务的市场调研问题

按照选题的原则可知，好的研究问题应该是需要、可行、适当和创新的问题，也是能够为经营管理决策提供依据的问题。基于这样的原则，我们应设计和发展一个精确的研究思想（提出研究假说），在这个思想的指引下开展研究能够带来有效的、可信赖的、可解释的、有用的结果。

好的调研问题是需要不断修正和调整的。在初步提出问题、试调研、最终确定问题的过程中，调研问题得到不断的凝练，研究目标得以明确，最终确定的问题是研究者最后决定放在研究报告中并利用方法和手段能够解决的问题。通常，调研人员需要时刻关注市场调研问题与经营管理问题的关联，既要突出市场调研的科学性、有效性和可信性，也要强调其服务功能。在市场调研中我们需要注意以下方面：

经营管理问题是什么？

需要的决策依据是什么？

市场调研能够为决策者提供何种支持？

市场调研问题是什么？

如何通过调研搜集资料、获得证据？

如何显示证据是科学有效的？

如何分析调研资料和结论？

应提出怎样的经营管理决策建议？

从问题到答案可能带来何种争论？

调查研究中的不足有哪些？

经营管理问题的解决是目标和结果，市场调研问题的完成是经营管理决策的前序工作，是决策的依据。

2.4 提出研究假说

2.4.1 什么是研究假说

研究假说（hypothesis）是研究者思想的呈现，是研究者在已有的科学理论和经验事实基础上，对所研究问题的规律或原因做出的一个或一系列富有逻辑的推测性论断，是可检验命题的具体表述。

命题是关于概念的特征或概念间关系的陈述。命题中的概念是对事物或现象的高度概括，是使用一个名词来描述特定的、大家一致认可的表象、行为和观念等。命题中的概念可以是被直接或间接观察到的，例如“消费者性别”“广告形式”“产品价格”“外观设计”等；也可以是不能被直接或间接观察到、但是可以利用各种方法测量出来的，例如，“消费者福利”“购买态度”“产品价值体验”“客户满意度”等。

假说是命题的特殊形式。研究假说表达中的概念必须是具体的，是可观察、可测量、可操作的，因此假说中的概念通常被称为变量。也就是说，研究假说是表述待检验的变量间关系的论断。

变量是概念的特殊类型，是具有一个以上不同取值的概念。只有一个固定不变取值的概念被称作常量。根据研究中变量之间的关系，我们一般把变量分为自变量、因变量和中介变量。变量间的关系通常有相关关系、因果关系、虚无关系。一个变量通常由多个属性构成。

2.4.2　演绎研究假说

（1）科学轮。

归纳和演绎是辩证逻辑中最基本的逻辑方法，也是一种辩证的思维方法。演绎法，又称演绎推理，是从一般原理、原则出发，推断出个别性结论的逻辑方法。归纳法是从个别的、特殊的知识中概括出一般性知识的逻辑方法。

图 2.3 所示的科学轮展示了归纳法和演绎法完美结合的科学研究逻辑。在科学轮中，垂直虚线将科学轮划分为左右两半，右半部分是“从理论演绎出假说，进而开展实践调研活动”的逻辑路径；左半部分是“从实践调研活动中发现问题、总结经验，进而归纳概括为理论”的逻辑路径。平行虚线将科学轮划分为上下两部分，上半部分是“科学研究中理论学习和思考的内容”；下半部分是“科学研究中实践调查研究的活动”。

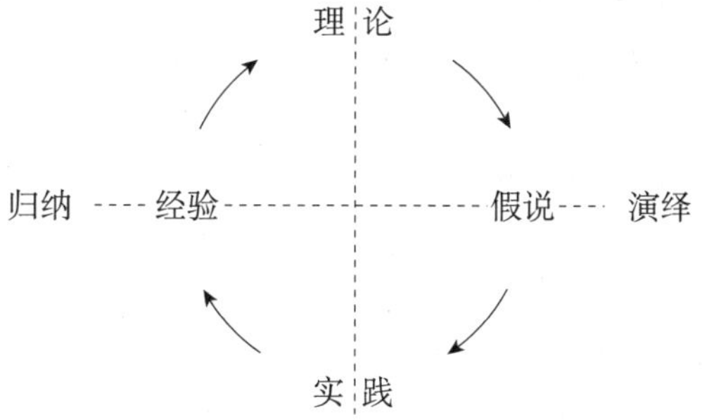

图 2.3　科学轮

（2）演绎法。

根据客观事物之间的关系，演绎法可分为纵向演绎和横向演绎两种。

纵向演绎是层层深入的方法。例如，某企业根据企业规则及市场变化情况制定出企业生产目标和生产任务；企业各部门根据企业总体目标和任务安排本部门的具体生产目标和生产任务，这就是纵向演绎。

横向演绎是从同一个判断引申出多方面的认识。例如，“大量使用农药对人类社会发展不利”，根据这一判断，可以横向演绎出如下一些认识：“大量使用农药会使害虫的天敌被大量杀死”“大量使用农药会使有毒物质在农作物体内积累，危害人体健康”“大量使用农药会使有毒物质散布在空气中，污染环境”等。在思考问题的过程中，纵向思维和横向思维既可以分开使用，也可以合起来使用。再如，“消费者对产品的态度对其购买行为有影响”是一个命题，表达了一般性的消费者态度与其购买行为之间的理论逻辑关系。其中所涉及的“消费者态度”是不能直接进行观测的变量。在这个命题基础上，我们可以演绎出一个具体的、希望可以用经验事实予以检验的研究假说，我们可以将提出的假说描述为“消费者对生鲜食品线上销售的态度对其网购行为具有显著影响”。

在这个假说中，“消费者对生鲜食品线上销售的态度”是主观的，需要调研人员通过设计量表对消费者的态度进行测量，体现该变量的可测量、可操作性特征；当然，通过量表测量的消费者态度可以是分值 1～10 分或者 1～5 分，也可以简单地就是二分类的“愿意和不愿意”。总之，其测量结果反映此变量是由多个属性构成的。

“消费者购买行为”这一变量也可以通过设计问卷进行调查，问题可以是“在过去 1 个月内您是否通过网络购买过生鲜食品”或者“在过去 1 个月内您通过网络购买生鲜食品的次数”，这样的问题可以对消费者购买行为进行定量化测量。研究假说的检验实际上就是搜集数据，利用一定的量化分析方法，对变量间是否存在关系和关系是否显著进行验证。

（3）归纳法。

在人类的认识活动中，人们总是先接触到个别事物，而后推及一般，又从一般推及个别，如此循环往复，推动认识不断深化。归纳法可分为完全归纳法和不完全归纳法。

完全归纳法是指列举调查研究对象所属各个单位的属性，从中发现各单位之间的共同性或类似性。完全归纳法的前提是包含调研对象全体。因此，完全归纳法的结论是可靠的，带有必然性。但是，完全归纳法只适用于成员数量有限的事物，否则这种方法就不适用了。

不完全归纳法是指通过对调查研究对象的部分成员具有的共同属性加以考察，从中推论出该类对象都具有此共同属性的方法。不完全归纳法主要有两种形式，即简单枚举法和科学归纳法。

简单枚举法是根据某类对象中部分成员具有的某种属性，且没有发现相反事例，从而推论出该对象都具有某种属性的归纳法。简单枚举法的结论是建立在直接经验基础上的，具有一定的可靠性；但是其结论具有或然性，是一种初步假定，如果发现一例与结论相反的情况，结论就会被推翻。

科学归纳法是基于对某类对象及其属性之间的因果关系或其他内在关系的认识，推论出该类事物的所有对象都具有某种属性的归纳法。科学归纳法建立在对调查研究对象科学分析的基础上，其结论具有必然性。要正确应用科学归纳法，除了前提必须真实外，关键在于要运用科学的分析方法，正确揭示出对象与属性之间的必然联系。

在思维加工过程中，归纳和演绎是两种既互相对立、又互相联系的思维方法。归纳是认识的基础，它在经验的范围内，在从个别调查资料概括出一般性结论的过程中起着重要的作用。但是，归纳不是万能的。在理论思维阶段，特别是在建立理论体系的过程中，演绎是重要的推理方法。

2.4.3　研究假说的表达方式

（1）根据研究假说反映的变量间关系而采取的表达方式。

条件式陈述：如果 X，则 Y。例如，如果增加高速铁路的里程建设（X），那么就可以缩小区域间的收入差距（Y）。

差异式陈述：X 不同，则 Y 不同，或者 X 不同，则 Y 相同。例如，不同年龄（X）的消费者的网络购物行为也不同（Y）；或者表述为，虽然消费者的年龄不同（X），但网络购物行为相同（Y）。

函数式陈述：$Y=f(X)$。例如，随着受教育水平（X）的提高，人们的收入（Y）也随之提高。

（2）根据研究假说推断的适用范围而采取的表达方式。

特定假说：推断特定范围、特定对象关系的假说。例如，从收入水平上看，深圳制造业务工者的收入比天津制造业务工者的高。这个假说只适用于对深圳、天津两地制造业务工者的收入分析，不能推广到其他地区。

一般假说：推断一般范围、一般对象关系的假说。例如，从制造业务工者的收入水平上看，男性务工者的收入比女性的高。这个假说所涉及的男性和女性属于一般的类别，其结论可以推广到一般的同类型的务工者上。

虚无假说：推断某种不存在的、无倾向关系的假说，在统计学上也称为零假说。尽管零假说假定两个变量间没有关系，但实际上隐含了假说检验。拒绝零假说意味着证实了假说。例如，从制造业务工者的收入水平上看，男性务工者的收入与女性务工者的收入无差异。这一零假说如果被拒绝，则证实男性和女性务工者的收入水平有差异。

选题阶段的初步探索为提出研究假说奠定了基础。研究者通过前期的理论和实践准备，对社会经济调查所要研究的问题有了明确认识，并在此基础上提出研究假说，明确研究问题，从而使所要研究的问题具体化、明确化，对研究中所涉及的各个概念进行明确的界定，为后续设计研究方案以论证研究假说提供方向和目标。

2.4.4　不是所有的调研类型都需要提出假说

当然，值得注意的是，并不是每一类调研都需要提出研究假说。以学术追求为主的调研通常是在研究假说的指引下开展的。以实践为目标的调研不必然提出研究假说，但是也经常要做统计检验推断。

例如，探索性调研一般以设定研究理论假说为最终目标，而不是初始目标。因此，当调研者仅对感兴趣的社会经济问题进行初步考察或了解的时候，其目的仅仅是了解社会经济的实际情况，并试图建立不同现象之间的联系。如果研究达到一定的程度，那么调研者才可能设定出解释这些现象和联系的研究理论假说。探索性调研经常被使用在研究者对问题认识不多、了解较少的情况中。另外，如果某些问题属于社会经济发展进程中的新问题、新事物，对其发展方向、发展前景、发展机制的研究较少，则需要调研人员进行探索和发现。

再如，描述性调研的目的是对某些社会经济现象、问题或研究对象的总体进行描述。描述性调研通常关注的是“是什么”“怎么样”的问题，而不太关注“为什么是这样”的问题，因此，纯粹的描述性调研一般也不需要建立明确的研究假说，而是通过描述变量及变量间的关系来反映社会经济现象的内在关系并进行统计检验，这是常用的描述性调研方法。

描述性调研和探索性调研虽然都不以设定理论假说为目标，但是二者在调研方法上仍有很大差异。主要的差异在于：描述性调研在内容的全面、完整、系统等方面都比探索性调研要求得更高；描述性调研的对象数量比探索性调研要求得要多；在搜集数据的方法上，描述性调研更注重系统数据的获取，从而可以做定量的描述性分析，探索性调研则作为先导性调研，尝试性研究的成分比较大，以获取感性认识和进行定性分析为主要目的。

解释性调研是在探索性调研、描述性调研的基础上进一步对社会经济现象和问题进行“为什么是这样”的理论解释和实证分析。为了解释社会经济现象或问题的原因，通常研究者需要从研究假说出发，经过调查者的实地调查、收集资料，并采用一定的统计方法进行资料分析，从而达到检验假说、对社会经济问题或现象进行理论解释和创新的目的。因此，与上述两种调查研究的出发点不同，解释性调研更加注重调查研究的适用性和针对性，要求调研的内容和获取的资料必须紧紧围绕调研人员所要验证的研究假说。

2.5 设计调研方案

调研方案是指通过对一项调查研究的程序和实施过程中的各种问题进行详细、全面的考虑而制定出来的总体计划和切实可靠的调查研究大纲。当明确了调研问题，对研究对象、研究内容和关键概念有了清晰的认识之后，精心设计一份可以执行和落实调研活动的方案是必要的。调研方案相当于一项工程的设计图和施工方案，如果事先有了这个比较周密和精细的规划，考虑各种问题就比较全面，实施过程就会比较顺利。设计调研方案一般包括制定调研计划，分解调研课题，将所要调研的概念具体化、操作化，并说明研究中的各个细节及所采取的各种策略等一系列工作。

2.5.1 调研方案设计的基本原则

（1）全面。

调研方案的设计必须周到，兼顾各种可能出现的情况和问题，提出尽可能详细的解决办法。如果调研方案考虑得不周到，就会给实际调研带来很大的困难，一旦调研工作开始，修改方案几乎是不可能的，特别是涉及面广、牵涉人员较多的大型调查。因此，在设计调研方案时，怎样强调方案的全面、完整、翔实都是不过分的。

（2）可行。

调研方案的设计必须从社会经济和市场发展的实际情况出发，根据调研活动的主客观条件有针对性地进行设计。只有符合实际情况的调研方案，才能在实地调研中真正发挥作用。从调研的主观条件来讲，调研方案要考虑到人员自身的业务水平、调研能力及个人兴趣。如果调研人员调研经验丰富，则调研目标选择的难度可大一些；但如果调研人员调研经验不足或很少，则调研题目不宜太大，理论性也不易过强。从调研的客观条件讲，调研范围大小、被调研对象多少等都取决于调研方案对调研人员多少、调研时间长短及调研经费多少的考虑。另外，还有其他客观条件影响调研方案的设计，如被调研对象素质高低、调查地点选择的位置、调查环境状况等。只有对这些主客观条件都予以充分考虑，才能制定出切实可行的调研方案。

（3）经济。

调研方案设计应尽量充分发挥调研活动所支配的人力、财力和物力的效能，争取用有限的调研资本获得最大的调研效益。在制定调研方案时要体现经济原则。从调研经费的安排、调研时间的部署等各方面统筹兼顾、系统安排，使调研工作在有限的投入水平下做得更好、更完善。在使用抽样方法的调查研究中，以样本数据来估计总体参数、推断总体结论时，人们希望估计量的误差越小越好，但是误差大小与样本量的大小密切相关，误差越小，对样本量的要求越大，对调查费用的要求越多。因此，调研人员需要平衡调研费用支出和研究精度之间的关系。

以上设计原则只是调研方案设计时的一种指导性原则，在真正考虑调研方案设计的时候则要经过反复、全面、系统的考虑。

2.5.2　调研方案的设计要点

调研方案是调研工作最重要的计划文件。一般来讲，调研方案的设计要点主要包括确定调研目的和意义、开展案头调研工作、确定调研范围和对象、确定调研内容和方法、确定调研地点和进度、调研经费预算和准备、调研人员安排和培训等（见图 2.4）。

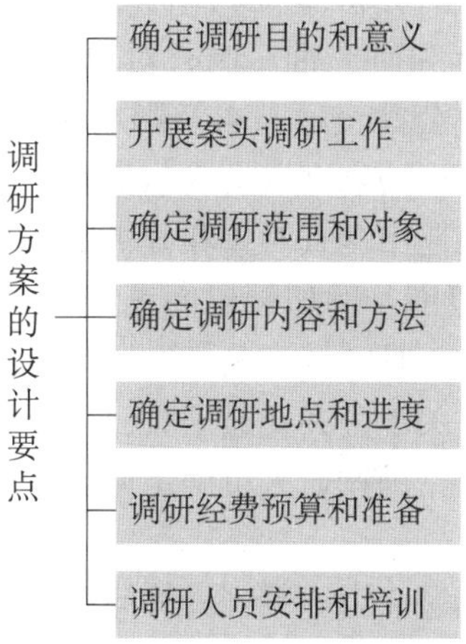

图 2.4　调研方案的设计要点

（1）确定调研目的和意义。

任何一项调研工作都具有理论或应用价值，那么在此次调研方案的设计中必须交代调研的目的和意义是什么，在理论和应用方面有哪些作用，同时还要说明本方案要解决什么样的社会问题，这些问题是怎样形成的，是从哪些角度出发提出来的，解答这些问题会导致哪些新的发现。市场调查研究方案的设计也是如此。研究者无论是为政府、企业或客户中的谁完成调研，都需要明确调查研究的目的和意义。

（2）开展案头调研工作。

案头调研工作是指坐在办公桌前就可以完成的工作。这类工作以搜集文献资料、分析文献资料为主，因此，在社会经济调查研究方法中，这类工作也称为文献研究。文献回顾是案头调研的一项主要任务。大多数研究者在设计调研方案之前就已经开始了文献回顾的工作。

文献回顾是调研方案设计中不可缺少的一部分。通过研读文献，研究者可以清楚地、全面地了解和把握以往学者们所从事相关研究的视角、方法、观点、贡献和不足，进一步明确自己所要研究的主题和问题，清晰把握自己研究中所使用的理论和方法、所提出的待检验假说，以及分析问题的框架。通过借鉴前人研究的观点、方法，研究者可以修补和完善其研究的不足，使自己的研究能够有深度、有创造、有贡献。当研究者对大量的文献进行筛选、阅读、批注、综述的时候，其所研究的问题和想法就会逐步清晰明朗。

人们对于文献回顾的认知有时候比较狭隘，简单认为文献回顾的对象是前人研究的成果，以文本形式为主；而实际上文献回顾还包括调研人员对于各类数据库、政府统计数据、互联网数据等数字资料的搜集和整理，这也是案头工作的重要内容，将在后面的章节中进行介绍。

（3）确定调研范围和对象。

调研方案必须对调研范围和被调研对象做出明确说明。也就是说，调研方案要明确在哪些地区、乡村或社区进行调研，还要明确调研对象是个人，还是组织或群体，以及调研对象的规模。同时，研究者有必要了解调查所涉及区域的自然和人文特点，寻找有助于开展调研活动的社会资源，这样才能为顺利开展调研活动创造条件。

需要说明的是，问题研究中的分析单位和调查对象一般是一致的，但有时候也不一致。分析单位通常是指研究什么和研究谁。调查对象一般是实际观察或询问的个体或单位。例如，我们研究“城市住户公共交通需求及影响因素”时，分析单位是“住户”，但是在实际调查时，我们可以分别询问家庭成员，包括妻子、丈夫、子女等个体，他们被称作调查对象。显然，在此研究问题中调查对象和分析单位是不一致的。

另外，我们需要界定调研范围。例如调研问题必须界定公共交通是指什么，是指地铁、公共汽车还是其他公共交通工具？城市是指大城市、中等城市，还是小城市？公共交通需求是指哪些方面的需求，是关于公共交通工具、公共交通设施，还是公共交通服务的需求？对这些问题的界定有利于帮助调研人员确定调研范围。

（4）确定调研内容和方法。

调研内容是为了解答调研问题而由一系列具体问题构成的研究体系，也称作调研内容框架。调研方案需要对调研内容给予明确的说明，明确要调查的具体的社会经济问题有哪些。例如前文中提及的关于公共交通需求的研究就是主要的研究内容。为此，细化研究内容，使研究具有可操作性，就成为调研人员的主要工作。为此，可以将调研内容进一步细化。仍以前文提及的例子来说明可以对研究内容进行细化的几个方面：

①关键概念的界定和测量。

②确定调查研究的类型和方法：明确是描述性调研还是探索性调研，是采用抽样调查

类型还是采用非抽样调查类型，是采用问卷调查、访谈调查还是网络调查方法。

③调查当前住户的公共交通需求情况，包括住户周边是否有地铁、公交车的线路数量、被访者使用的主要公共交通工具、每周使用公共交通工具的天数、每日使用公共交通工具的时间、对公共交通工具内部设施服务的评价、每周使用公共交通工具的成本、使用地铁遇到的问题、是否有私家车。

④分析影响公共交通需求的因素：明确家庭收入、工作距离、是否有小孩等因素对公共交通工具的选择是否有影响。

⑤搜集被调查对象的特征，包括年龄、性别、工作性质、家庭收入、家庭人口数量、是否有孩子、是否有老人、受教育程度、住所的地理位置、工作单位的地理位置等特征。

一般来讲，这些调研内容会通过调研提纲、调研问卷、调研指标等反映出来，是调查研究方法和具体问题的综合。同时，调研方案还要说明调查研究的类型和方法，对调查研究拟采用的调查类型，如普查、抽样调查、个案调查、典型调查等，做出选择。在将调研内容与调研方法结合起来的基础上，确定针对不同的调研内容，是采用问卷调查，还是采用实地访问调查，确定资料分析是采用定性分析方法，还是采用以定量分析为主的方法，以使其适合调查研究的需要。调研方案内容和调查类型、方法的细化对于进一步明确调查研究的重点、厘清调查研究的思路都是有帮助的。

（5）确定调研地点和进度。

在确定调研范围的基础上，将具体的调研地点确定下来，如某村、某县或某省等，然后将其中具体的调查对象再确定下来，再按照具体的调查方法进行调查；而每一个调查活动都涉及调查时间的问题，因此，必须在调研方案中确定大致的调研起始和结束的时间。这样，调研过程中每一阶段、每一步骤需要的时间，即调研进度，就可以确定下来。

在制定进度计划时，根据调研每一阶段的研究内容以及每一具体步骤所需的时间，对调查活动进行统筹安排，包括调查搜集资料的时间安排和资料搜集后整理分析的时间安排。一般来说，调研时间较短的，如民意测验，可以在一两天就完成问卷的发放和回收工作，然后很快就可以公布调研结果；而实地调研和蹲点调研都需要较长或长期的实地调研和生活才能了解情况，才能分析和研究问题。

（6）调研经费预算和准备。

在设计调研方案时，应详细地对调研经费的开支做出预算，特别是要对调研经费的使用范围做出明确规定，并对经费使用做出规划、安排。调研经费一般包括以下支出项目：调研人员的差旅费（包括交通、住宿、通信、差旅补助等费用）；课题资料费（包括书籍、统计资料、文献购置费及复印费等）；调研问卷的印刷费；文具费；调研资料处理费（包括计算机使用费）；调研人员和协作人员的劳务费；网络调查服务费等。问卷调研一般需要设计和印刷问卷，而且需要大量调研人员或差旅费，因此所需调研经费较多。调研的物质手段主要是指调研工具、设备及资料加工整理的手段，如录音机、照相机、计算机等；在另外一些情况下，还可能需要卡片、表格等。

（7）调研人员安排和培训。

根据调研任务的实际情况确定调研人员，并根据调研需要进行人员培训。在选择调研人员时，一定要选择具有如下特点的调研人员：工作责任心强，愿意到基层开展调研，不怕苦、不怕累，具有一定的科学理论知识或社会实践经验。同时，整体的调研队伍应该注意其人员结构。一支结构合理的调研队伍，要有能够谋划全局的领导者和组织者，要有具备相当理论水平和实践经验的研究人员，要有懂数学的数理统计人员和电子计算机专业人员；要考虑男女的性别搭配和年龄搭配。

一旦选定调研人员，就要对这些人员进行培训。培训可以采用集中讲课、阅读、讨论，以及示范和模拟等方法。培训内容包括一定的理论知识及调研方法、调研技巧等方面的讲解。总之，调研人员安排是调研任务能否成功、决定调研结果预期如何的一个关键方面。

调研方案通常要写成一份比较周密、翔实、规范的调研书面文件。因此，以上几个方面的内容必须认真安排、设计，以保证调研工作有计划、有步骤地顺利进行。

2.6 方案预调研和完善

2.6.1 预调研

预调研是在调查研究方案设计出来之后、在正式调查研究之前的一个环节。预调研通常是选择小范围、小规模的调查对象进行调查，其目的是针对调查研究方案的科学性、可行性、与社会经济实际情况的相符程度等进行调查判断，目的是发现方案设计中存在的问题，修正和完善调研方案，为正式调查研究做准备。

预调研的主要作用是：了解所设计的具体调研问题是否与社会经济的实际情况相符；进一步明确该项调查研究的意义；判断是否能够利用方案中设计的调研类型和方法获得资料；检验调研方案中设计的调查问卷或者量表的信度和效度。

2.6.2 完善方案

经过预调研，调研人员可以对之前设计的调研方案进行修正和完善，这样就可以将正式的调研方案确定下来，特别是将调研方案中的调查类型和搜集资料的方法进一步确定下来。因为不同的调查类型和调查方法对搜集资料的程序和要求各不相同，所以在调查类型和方法确定下来后，我们可以开展下一步更加细致、具有可操作性的工作。例如，如果采取抽样调查，那么我们需要确定样本框的规模、抽样的具体方法、抽样的标准等。如果采用问卷调查，那么我们需要设计调查问卷，这是一项比较烦琐、任务比较重的工作。在后面的章节中我们将对抽样调查方法和问卷设计等内容进行详细介绍。

2.7 落实调研方案

一项调查研究活动的主要任务就是调研人员按照调研方案科学、完整地完成从资料搜集、资料整理、资料分析、形成结论、撰写调研报告到应用成果的整个过程。

2.7.1　资料搜集

资料搜集环节实际上是依据调研程序中确定的调查方法获取各类资料的过程。这个过程的关键问题是资料搜集要科学、准确、全面和完整。因此，资料搜集的过程直接决定了调研人员分析问题、认识问题的准确程度、深度和广度。调研人员在此环节必须认真、谨慎，严格按照已经确定的调查类型和调查方法的操作程序，尽可能保证获取资料的程序是准确的和完整的，从而保证获得的资料是准确的和科学的。当然，不同的调查方法对资料搜集的要求也各不相同，资料搜集的技巧也有差异。

2.7.2　资料整理

在资料被利用于分析研究之前，整理资料也是不可缺少的一环。调研人员需要做资料整理，才能符合分析的要求。当然，利用不同调查方法获得的资料在整理的便利程度上有所不同。例如，有些从统计年鉴或是现成的数据库中获取的二手资料，在整理时就方便一些；而有些资料是从实地调查和访问中获得的，这些资料在整理时就麻烦一些。如果是数据型资料，可能会出现需要对缺失数据进行调整的情况，还需要检查数据准确性，需要进行统计分组、汇总等。例如，在问卷调查资料的整理中，我们需要完成从问卷到数据库的转换。这一过程具体包括问卷的核对、问卷题条的编码、制作录入模板（录入库）与测试、录入数据、核对数据、清理数据、筛选有效样本、分组、汇总等。如果是录音、录像等资料，需要转化为文本资料，如果是直接搜集的访谈资料，需要对资料进行审查、补充和分类等。经过整理的数据才可以直接用于数据分析。以上内容在后续章节中会进行更为详细的介绍。

2.7.3　资料分析

对于调研人员来讲，分析数据资料的过程就是一个对资料数据进行挖掘、开发的过程。依据资料的数学特性，研究人员需要采用不同的方法，或者对理论假说进行验证，或者对资料进行比较、综合、归纳，从而对研究问题或现象进行解释和说明，促进理论的升华或形成新的理论。

对于文字资料、录音、录像等数字特征较弱的资料，研究人员一般采用比较分析、逻辑分析、历史分析、系统分析等方法来深入探究研究对象的行为、事件发展的规律等内在的本质特征，这属于定性分析的范畴。

对于问卷调查资料、统计年鉴资料等数字特征较强的资料，研究人员一般可以采用描述分析、统计分析、数学（计量）模型分析等方法来深入探究研究对象的行为、社会经济发展中不同特征或属性之间量的变化规律，这属于定量分析的范畴。

只要所采用的研究方法对资料的分析能够达到自洽、科学，那么研究人员就可以根据自己的专长选择资料分析的方法。因此，在现实的科学研究中，你常常会发现对于同一份资料，不同的研究人员使用不同的方法进行分析，得出的结论可能相同，也可能不同，这都是正常的。

2.7.4 形成结论

在资料分析结束后，调研人员要对呈现的结果进行解释，并形成结论。在实际调研工作中经常会出现注重分析结果的展示、忽视对结果的解释的现象，分析方法服务于调研人员对社会经济现象的解释和纷繁复杂现象的内在规律的探索，因此，对于资料分析的结果，调研人员要注重去解释，并明确提出研究的结论。

2.7.5 撰写调研报告

撰写调研报告是调研工作完成的标志之一。调研报告通常包括两部分：一是调研工作的总结报告，主要是对调查研究过程中的人员、资金、工作计划安排等进行总结，为今后的调研工作提供经验。二是调研题目的分析报告，主要是调研成果的集中体现。调研报告中一般要包括调研方法、调研过程、调研结果和结论及政策建议等内容，是对研究问题的系统阐述和说明。

2.7.6 应用成果

调研报告完成后的主要任务是能够将调研成果应用到实践领域或理论领域。应用方式主要有公开出版、学术讨论和交流、政策论证、内部简报或汇编等。调研报告应该被充分利用起来，以更好地为企业管理和社会经济发展服务。

一项调研项目或课题的理论和实践价值往往是通过成果应用的深度和广度来反映的。就深度而言，调研成果的采用率、转载率、引用率是最好的体现研究成果深度的指标，是成果被同行和专家、政府部门认可程度较高的证明；就广度而言，调研成果的发表范围越广，会议讨论层次越高，调研课题的应用就越广。特别是如果一项调研成果能够得到政府相关部门的认可和政策应用，那么这样的调研成果的深度和广度都将得到进一步扩大。当然，对于调研成果最终的评估必须以实践为基础，在实践中应用调研理论和检验结论。

市场调查研究本身就偏重实践应用，目的是解决政府部门、企业等主体面对的市场经济管理问题，因此，在撰写了调研报告之后，调研人员在解答市场调研问题的同时，必然要回应经营管理问题，实现调研的应用价值。

思考题

1. 简述调查研究的基本程序。
2. 从消费者态度、意愿、行为等角度，考虑如何选择和确定调查研究的主题和问题。
3. 简述经营管理问题和市场调研问题之间的关系。
4. 简述市场调研过程。

5. 什么是研究假说？研究假说的表达方式有哪三种？

6. 简述科学轮中归纳和演绎方法的逻辑。

7. 什么是调研方案？简述调研方案设计的要点和原则。

8. 请你试着选择一个与企业、产品、市场相关的问题，并根据问题提出一个或两个研究假说；围绕着问题和研究假说的论证，设计一个研究方案。

第 3 章

案头调研

本章内容

案头调研实际上是文献调研。本章介绍了文献的类型和特点，特别介绍了纸张载体和非纸张载体的文献类型；介绍了搜集文献的要求和方法，重点介绍了互联网检索方法，特别是可免费使用的网络共享资源、需付费使用的数据库资源、涉密内部数据库和网络大数据等资源的使用；介绍了文献信息的筛选和整理过程，强调了文献资料的评价和综述撰写方法；介绍了案头调研的作用，并对该方法进行了评价。

学习目标

认识案头调研的重要性，了解文献的类型和特点；掌握互联网检索方法；掌握文献综述的写作方法；了解案头调研的作用和案头调研的优点与不足。

案头调研，也可称作文献调研，是在书桌前完成搜集、研读和分析文献资料的方法。文献调研是进行社会经济调查的基础性工作，是所有调研工作开始之前的必要工作。在确定调研问题、明确调研内容和方法时，搜集、整理和分析二手资料都是非常必要和有用的。社会科学工作者都十分重视对文献的搜集和利用，因为开展任何一项社会调查工作，都离不开对前人科研成果的调查和了解，对调研课题相关资料掌握得越多，越能深入全面地把握当前所要研究课题的广度和深度。市场调查也不例外。

3.1　文献的类型

文献是指以文字、数字、图像、符号、声频、视频等方式记录和储存人类各种知识和情报信息的资料，是案头调研的对象。文献是他人研究成果的体现，调研人员参考、借鉴、利用的文献被称作二手资料，与调研人员亲自实地调查搜集的一手资料来源不同。无须到实地进行调查，在办公室、图书馆利用网络搜索和图书馆查询借阅等方法就可以获得文献，因此将文献调研称为案头调研。文献种类很多，按照不同的分类标准，可以分为不同的类型。

3.1.1　按文献载体形式分类

按照文献载体形式的不同，文献可以分为纸张载体文献和非纸张载体文献。

（1）纸张载体文献。

纸张载体文献也称作书面文献，在现代，书面文献的载体形式是纸张，包括各种公开发行或不公开发行的报刊、书籍、科研报告、会议文献、各种数字统计资料等。在古代，书面文献的载体形式可能还有兽皮、骨头、竹子、树皮等各种形式，对于查阅古籍资料的人来讲，这些历史承载物都是价值连城的文献，具有非常重要的研究价值。具体来说，社会经济调查中经常涉及的文献有：

①图书：包括专著、教科书、年鉴、辞典、手册、目录、索引等。

②期刊：也称杂志，是社会经济调查研究中非常重要的文献信息来源，特别是那些与调研主题和问题紧密相关的学术期刊，信息丰富、发文质量高、被转载和引用比率高的期刊，是更为重要的信息源。

③报纸：出版周期短、时效性强，信息更新及时。阅读报纸能够使调查者更好地把握社会经济中的热点和焦点问题。

④会议文献：在国内外学术会议上公开交流、出版的论文集或册子，是非正规文献的一种。[①] 这类文献通常会反映当前社会经济问题研究中的前沿信息，使研究人员可以及时了解当前社会经济研究中的热点、难点问题和研究方法等信息，是及时了解社会经济研究动态和趋势的最为重要的路径。相对于专业期刊而言，会议文献所提供的信息更为重要和接近现实的情况。

⑤学位论文：包括学士论文、硕士论文和博士论文三类。这类文献通常是作者在老师的指导下完成的，它所提供的信息具有文献的系统性、研究的独创性等特点，是了解相关专业研究方向、内容和方法的重要文献。

⑥标准文献：经过公认的权威机构批准的、以特定文件形式出现的标准化工作成果。

⑦专利文献：包括专利说明书、专利公报、专利分类表及相关的法律性文件等。

⑧科技档案：包括课题任务书、研究计划和大纲、合同、实验记录、研究总结、工艺流程和设计施工的图纸和记录、验收文件等。这些文件是科研和生产的重要依据，通常被保存在各类档案部门。

⑨政府出版物：政府出版物的形式多样，包括政府法令、方针政策、规章制度、决议、指示、政府统计数据等。对于进行实际问题研究和分析的学者来讲，这类文献具有重要的价值。对政策的关注非常重要，因为企业经营管理决策必须与政策导向一致才能有利于企业发展。

---

① 非正规文献一般是指不公开发表、具有一定保密性质、较难获得、具有重要参考价值的文献。这些文献一般能够反映科研进程和社会经济发展中的关键问题、真实情况和发展趋势，是不可忽视的文献信息来源。

（2）非纸张载体文献。

非纸张载体文献是指承载信息的载体不是纸张，包括缩微文献、视听文献和电子文献等。

①缩微文献：以感光材料为载体，利用光学记录技术，使书面文献缩小很多倍的文献形式，如缩微平片、缩微胶卷等。其特点是体积小、存储量大，便于保存和传递，需要借助专门的设备才能阅读。

②视听文献：运用录音、录像和摄影技术直接记录声音与图像的文献形式，包括电影、电视、录像、录音、唱片、照片、绘图等，其特点是直观、生动、形象。

③电子文献：以数字代码方式将图、文、声、像等信息存储到磁、光、电介质上，通过计算机或类似设备读取的文献，也称作机读文献。目前电子文献种类多、数量大、内容丰富，包括电子图书、电子期刊、光盘数据库、网络数据库、联机数据库、网络新闻等。其特点是信息存储量大、保存时间长、占用空间小、查阅摘取方便、更新和传播速度快、可共享，能够节约人类的物质资源，但必须利用计算机才能阅读。

实际上，电子文献可以将所有的书面文献、视听文献、缩微文献等资源电子化、网络化。而且，随着互联网的普及和信息技术的发展，电子文献越来越丰富。特别是自媒体时代的人们越来越追求个性，自己制作各类电子文献，通过微信、抖音、QQ 等各种媒介途径发布出来，这可以反映市场主体的消费态度和消费行为，这些网络资源承载的信息都是调研人员可以搜集和分析的资源。

当前我国信息服务机构主要有图书馆系统、科技信息服务系统、专利文献服务系统和档案馆系统等，它们之间有着密切的联系，也有各自不同的服务重点与服务对象。另外，广泛存在的各个互联网公司提供的搜索引擎，也是调研人员搜集信息的重要渠道。在有关互联网检索的内容中我们将进一步介绍互联网资源中可免费使用的网络共享资源、需付费使用的数据库资源、企业或公司内部数据库以及网络大数据等。

3.1.2 按文献内容加工程度分类

按文献内容加工程度的不同，文献可以分为零次文献、一次文献、二次文献、三次文献等。

（1）零次文献。

零次文献是指未经正式发表或尚未形成正规载体的一种文献形式，例如口头交谈、书信、手稿、笔记、会议记录等。其最大的特点是内容新颖，信息来源直接、真实，是非常难得和重要的文献资料。零次文献是一种特殊形式的信息源，一般通过面对面交流、参观展览、参加报告会等途径获取。

（2）一次文献。

一次文献是指由亲身经历某一事件或行为的人所写的资料，也称为原始文献，例如研究报告、会议论文、技术标准等。一次文献的信息比较新颖、具体和详尽，有助于调研人员开拓调研思路和进行方法创新。

（3）二次文献。

二次文献是指对一次文献进行加工整理并使之有序化和浓缩化的文献，如索引、目录、文摘等。二次文献是对某一主题的信息汇总，具有系统性、可检索的特点。

（4）三次文献。

三次文献是指在二次文献的基础上，经过分类、综合、分析、研究而编写的文献，如综述、评述、年鉴、手册、辞典、字典、百科全书等。三次文献对已有文献内容的加工程度大，甚至融入了文献加工者个人的思想和想法，有助于调研人员在短期内了解关于某一主题的发展历史、动态、观点等，对于快速掌握调研问题的过去、对未来提出更好的构想有较大的帮助。

文献调查可从任何一种类型的文献入手，尽可能全面了解调查课题所涉及的各种文献，然后再根据调研需要查阅所需的一次文献。当然，在调查研究中，相对于二次、三次文献而言，零次文献和一次文献的价值更大一些。

在社会经济调查中，应特别注意利用我国特有的一种文献资料——地方志。地方志是对某一地区的自然、地理、历史、人物、政治、经济、文化等社会各方面情况进行全方位记述的一种文献资料，它记载的资料一般都比较详细和真实客观，成为了解一个地区社会发展变迁过程和历史、现状等资料的一种重要参考文献。对于市场调研而言，这有助于企业在进行营销时把握好营销的社会经济文化背景，对于企业有针对性地开展区域营销有很大的作用。

此外，按文献涉及的学科领域，可将其分为社会科学文献、自然科学文献、综合文献；按文献设定的密级划分，又可将其划分为公开文献、内部文献、秘密文献等。总之，在文献调查过程中，应根据不同类型文献的特点，选择适当的文献资料进行调查，以准确获取更为有效的调查资料。

3.2　文献的特点

（1）历史性。

历史性是文献的主要特点，也就是说，文献记录的资料和信息必然是已经发生的、过去的社会经济状况、观点、思想，反映的也必然是当前调研人员无法亲历感受的过去。因此，文献的历史性特点决定了调研人员通过查阅资料可以了解久远的人类社会发展状况。文献成为人类不朽历史的记载。

（2）间接性。

文献调查是对他人发掘或整理过的资料进行调查，不是调研人员亲自到实地进行调查，因而，通过文献调查搜集的资料具有使调研人员间接感受社会经济现象的特点，即为间接性。调研人员为了能够更加准确地获取和判断信息的真伪，就必须尽可能广泛地搜集各种文献资料进行比较分析，为自己能够体会过去的社会经济问题提供尽可能多的参考和帮助。

（3）继承性。

文献调查所做的工作是对前人研究成果的一种继承和发扬，通过文献调查，我们可以发现前人在相似问题上研究的角度、提出的观点、采用的方法等，为我们继承历史研究中的精华，发现以往研究中的不足，从而进一步深入研究该问题提供参考资料和帮助。

3.3 搜集文献的要求

调查研究从搜集文献开始。搜集文献要按照一定的要求，有目的、有计划地进行。总的说来，文献的搜集应尽可能全面、多样，但更要求精、求准。

3.3.1 对文献资料的要求

一般来说，从满足调研工作资料需要的角度出发，所搜集的文献要符合以下几点要求：

（1）有用。

有用是指调查所搜集的文献资料对于所要研究的课题是必需的，是符合调研课题研究需要的。一份文献资料，无论其科学价值多高、内容多丰富，如果与调查者所进行的调研课题无关，就不具有搜集的意义。找到一份有用的、符合调研课题需要的文献资料对于课题的研究可以起到事半功倍的效果。

（2）全面。

文献的搜集要尽可能做到内容丰富，对于不同研究角度（定性和定量的、典型和综合的、本专业和相关专业的）、不同研究层面（正面和反面的、宏观和微观的）、不同历史阶段、不同语言等方面的文献都要注意进行搜集和整理，以使搜集的文献内容尽可能全面、丰富地反映学者们对于此问题的认识和研究，从而使调研课题能够更好地继承和创新。总之，从文献内容上来看，搜集的文献内容越丰富，对于调研人员全面把握好课题的方向和内容越有意义。

（3）多样。

搜集的文献资料形式要多样化。因为文献的表现形式是多种多样的，所以搜集文献资料的时候也要注意：既要搜集书面文献，也要搜集图片、声像资料；既要搜集公开出版物，也要搜集内部资料和各种档案文件。所搜集的文献形式越多，将来可以选择利用的空间就越大。多样也是文献资料全面性的要求。

（4）连续。

文献资料的搜集要尽可能具有时间上的连续性和及时性。在搜集文献资料的时候，要按照所要研究问题的发展变化过程，尽可能地搜集各个历史阶段的相关文献，使搜集的文献资料在时间上保持着连续性，能够反映社会现象的发展变化过程，使调查研究者能够从纵向上较好地把握调研课题的相关历史变迁。

（5）及时。

调查研究工作是一个过程，不会一蹴而就。因此，在开展调研工作的过程中，要及时搜集与调研问题相关的各种新资料、新信息，做到及时了解、及时搜集、及时研究、及时利用，以提高调研的时效性和调研成果的实际应用价值。

3.3.2 对调查者的要求

文献资料的搜集要求调查者具备一定的知识和技能。例如，语言文字知识和技能。在搜集文献资料的时候，调查者要具备一定的语言文字知识和阅读、写作技能。不仅要具备一定的中文阅读和理解能力，还要具备一定的外文知识和阅读技能，以实现搜集资料的全面、丰富，能够更好地适应调查研究的需要。

再如，文献资料的搜集要求调查者应该具备一定的专业知识。专业知识较一般的语言文字知识而言更加具有专业性，市场调研人员应具备市场营销学、企业管理学、统计学等知识，使调查者能够结合课题更好地从众多的文献资料中选择出调研所需要的好的资料，并且更为准确地判断和分析资料，从而达到去伪存真的目的。

另外，文献资料的搜集还需要调查者掌握必要的文献查阅知识和技能，如信息检索技术、网络搜索引擎使用技术等。总而言之，调查者在进行文献资料搜集的过程中，不仅要具有基本的人文科学素质，而且还要具备特有的专业知识，这对于提高文献资料搜集的效率、准确性、全面性都是非常重要的。

3.4 搜集文献的方法

搜集文献的关键是查找文献。只有能够找到与调研课题相关的文献，才能进一步进行文献的选择和评价。因此，学习如何查找文献是搜集文献的第一步。

3.4.1 手工检索方法

（1）手工检索工具。

手工检索工具按其著录形式可分为目录、索引、文摘、年鉴和辞典等。

目录、索引是一种题录性的检索工具，一般只列出原文献的题目、作者、出处及文种等。常用的目录有《全国总书目》《全国新书目》《科技新书目》《社科新书目》等；常用的索引有《全国报刊索引》《复印报刊资料索引》等。

文摘通常是以短文形式对已有文章或信息的内容进行的简明、确切的记述和表达。常用的《经济学文摘》《新华文摘》《经济管理文摘》等杂志，是由一系列文摘条目有序排列在一起而成的文摘杂志，相较于仅有目录的检索工具，文摘杂志提供的信息更为丰富和有用。

年鉴是市场调查中搜集统计数据的主要渠道之一。常用的年鉴有《世界知识年鉴》《中国经济年鉴》《中国统计年鉴》及一些省、市、县等地方发布的年鉴。

辞典是查找词语意义的工具书。常用的辞典有《中国市场经济学大辞典》《新帕尔格雷夫经济学大辞典》《消费经济学大辞典》等。

（2）手工检索的方法。

利用检索工具查找文献资料的方法有顺查法和倒查法。

顺查法，即由远到近，逐年逐月按顺序查找。顺查法有利于了解与调研课题有关的各类问题发展过程的全貌，但要花费较多的时间和精力。

倒查法，即由近至远，回溯而上，按时间顺序往前查找。倒查法可以节省时间和精力，能够较快地了解到与调研课题有关的各类问题的最新动态，但查找的文献可能不系统、不全面。

无论是顺查法还是倒查法，都应该按照调研课题的时间跨度来决定查找文献的时间跨度。

3.4.2 机读检索方法

机读检索多以计算机文献信息检索为主。机读检索在大学、科研机构、公共图书馆等应用广泛。机读检索的内容是由专门机构开发、设计和完成的。这部分信息包括各类专业数据库、图书馆的各类藏书资源等。这些资源需要在特定的场所、通过特定的渠道去获取。

计算机文献信息检索包括文献的存储和检索两部分。

文献的存储主要是对原始文献进行筛选、加工和整理，按照它们的外部特征（如文献名称、著作者、出版者、出版时间等）以及内容（如关键词、学科类别等），以一定的格式和顺序存储在磁带、磁盘或光盘上，形成文献数据库。

当进行机读检索的时候，要按照研究人员的需要，将需要查找的文献信息以一定的格式输入计算机，由计算机按照一定的程序查找与研究者需要相符（相匹配）的文献，即为“命中”。研究人员可以从“命中”的文献中挑选出需要的文献。文献存储的方式和内容是计算机文献信息检索的基础。

例如，当查找某个图书馆的某种图书、期刊或者学位论文等资源时，需要在特定图书馆或者在被授权可以进入的图书馆资源系统，利用机读检索工具进行资源检索。通常的检索方式是在计算机设置的检索模式下，有选择地输入“关键词”“作者”“主题”“题名”“期刊名”“时间”等一个选项作为检索依据，或者以多个选项的组合作为检索依据，从存储的文献中找到与调研人员需要相一致或相近的文献。

以上检索信息的方法是从图书馆存储的文献信息资源中，按照不同的存储路径来寻找相关信息。机读检索方法收集的文献多数源于专业公司建立的资源库，调研人员需要具有使用资格才可能获得相应的文献，所以这类数据库的使用是有条件的，对使用人员是有约束的。

3.4.3 互联网检索

互联网的发展拓展了研究者可以获取和拥有的信息资源的渠道和数量。网络信息资源量大，传播广泛，只要有可以连接网络的电脑，研究者就可以搜寻和传播信息资源。网络中的文献资源有的是免费的，有的是收费的，在使用时研究者可以根据自身的研究需要进行选择。同时，网络信息资源的发布通常随意性、自由性比较大，不同信息资源的可信性、有用性不同，研究人员在收集网络资料和信息的同时，也要注意判别信息的准确程度。

在浩如烟海的网络信息资源中寻找与自己研究课题紧密相关的参考文献是研究人员必须掌握的基本技巧。研究者必须了解在互联网检索中使用的计算机所能识别的检索语言。

这里给大家提供一些经常用到的网络资源。

（1）可免费使用的网络共享资源。

利用可免费使用的网络共享资源可以检索、下载一些免费的专业资料，对于经费比较少、没有购买专业数据库的研究者，如下一些资源可能比较有使用价值，比如谷歌学术搜索、社会科学研究网、百度文库、政府及其部门和国际组织的官方网站等，在这些网站可以找到各类研究报告、论文、图书、社会经济统计数据等。再如，可以利用涉及商业、校园、情感等的各类网络论坛（BBS）收集与主题相关的信息。

（2）需付费使用的数据库资源。

数据库资源一般由一些特定机构开发、维护，需要付费购买使用。经常使用的中文数据库资源有万方数据知识服务平台、中国知网、国务院发展研究中心信息网、中国资讯行等。在这些付费资源中，可以找到经济新闻、行业报告、法律法规、统计数据、上市公司数据、金融数据等信息。经常使用的外文数据库资源有EBSCO、Elsevier、JSTOR、Wiley、Sage、Dialog等数据库，内容包括经济学、金融学、环境科学、心理学、统计学等众多学科的期刊论文、图书、数据等电子资源。

（3）涉及商业机密的企业内部数据库。

一些企业内部数据库不仅涉及是否付费的问题，而且还涉及商业机密。例如，阿里、京东等大型互联网企业，其后台存放着大量客户信息和营销数据，消费者购买、浏览的数据都会留存在电商的交易平台上，这就是典型的企业内部数据库，这些信息显然是企业内部机密信息，很少公开。如果对基于数据形成的消费者标签进行组合分析，就能清晰地看到消费者行为数据所反映的行业增长点，帮助企业寻找市场机会。这样的内部数据库对市场研究、行业分析等具有重大意义。当然企业内部数据库不仅包括客户及其交易信息，还包括注册信息、财务信息和股东情况等。如果能够获得有效数据，那么就一定可以从这些信息中获得更多有用的信息，这项工作被称为数据挖掘，是对数据库中隐藏在资料中不易识别但有用的信息进行识别，从中发现进一步开拓市场的新战略、新方法。

（4）网络大数据。

在数字化时代，传统企业向数字化企业转型，越来越多的信息被转化为数字或数学符号，方便网络存储。调研人员在利用传统的信息搜集方式的同时，也要注重采用新的方法来搜集数字化信息，特别是对内部数据库的挖掘使用、对网络大数据的收集等。有一些原生型的数字化企业天生就具有强大的数据积累功能，比如谷歌、亚马逊、脸书、百度、当当等。还有一些从传统向数字化转型的企业也有大量可以使用的数字化资源，典型的例子是手机行业通过数字化连接实现了后天数字化，因此，与其说消费者购买的是手机，不如说消费者购买的是手机连接的数字化服务。再如，互联网上针对消费者的“行为锚定”广告投放已然成为市场营销的手段。[①] 你是否发现在日常生活中，当你在天猫、京东等购物网站上浏览了一些商品信息之后，你的电脑或移动设备会在随后的日子里不断出现你所浏览过的商品的广告页面？你是否有那么一刻非常吃惊于为什么会收到这些网页信息？事实上，随着互联网信息技术的发展，你的线上行为已经被收集，定向投放广告已经成为一种

---

① 小卡尔·麦克丹尼尔，罗杰·盖茨．当代市场调研．10版．李桂华，等译．北京：机械工业出版社，2017：73-74.

有效的市场营销方式，而所有这些皆来自互联网数据和对数据的分析。调研人员在收集资料时要考虑到收集这类数字化信息的可能性。目前有专门从事互联网信息收集的企业，它们将互联网数据销售给有需要的客户。

大数据也是数字化时代的产物。大数据分析就是对大量累积的信息进行分析。调研人员或者咨询公司可以通过收集大数据对个体、产品、行为、交易等做更为细致和深入的分析。大数据分析的特点是通过计算机技术在互联网上收集数据，其分析的目的倾向于回答一个社会经济现象“是什么”，对于“为什么”是这样则不做分析。通常对于“为什么”的研究需要按照前文介绍过的调研程序开展科学论证，即在了解了问题是什么之后，提出体现变量间关系的研究假说，利用经济管理的量化分析方法，利用数据进行验证分析，以决定研究假说是否成立，从而解释为什么会出现大数据分析所显示的现象或问题。

在数字化时代，通过移动搜索、社交网络和电子商务平台等跟踪使用者使用电脑和移动设备时的行为越来越普遍，这使数字化信息在互联网上的储存成为普遍，也为调研人员利用大数据分析消费者的行为表现和其背后的原因提供了基础，是可以利用的数据来源。在后疫情时代，传统企业数字化转型和发展的步伐会越来越快，调研人员也要根据市场环境的变化对大数据收集方法有更新、更深的了解。

专栏 3.1

网络行为追踪是大数据助力市场营销的重要表现

你是否有过一种体验：网上浏览过的网页、商品在第二天你打开电脑的时候，其相关广告会自动出现在电脑桌面上；你的手机每天会自动提醒你开车上班到单位或下班回家可能要花费的时间。这些发生在生活里的事情其实就是因为人们使用电脑和移动设备时的行为被追踪了。当然追踪这些行为要依赖于专业的计算机技术。以行为为中心的追踪数据产生了一个庞大的连续性数据资源，且这些数据可以从时间、地点等方面被精确化定义。这与传统的市场调研方法存在很大的差异。通过对消费行为的追踪，企业可以有针对性地发现潜在客户，维护已有客户，开展有效营销活动。当然网络行为追踪应在符合数据安全的情况下进行，当前应构建并完善数据完全监督体系，规范网络追踪行为。

3.4.4 循环查找法

循环查找法又称分段查找法，它将检索工具查找法和参考文献查找法结合起来，交替使用。可以先采用检索工具查找法，查找出有用的文献资料，然后再根据文献中所开列或提到的参考文献名目，去查找更早一些的文献；也可以先采用参考文献查找法，查找出更早一些的文献，然后再采用检索工具查找法，去扩大查找文献的线索，如此分阶段地交替使用两种查找文献的方法，直到查找出自己所需要的文献为止。

利用已有研究的参考文献进行信息资料的收集是一个非常有效的途径。在社会经济文献调查中，经常利用一些作品（文章、专著）末尾或作品中所提供的参考文献目录，追踪查找有关文献资料，这就是参考文献查找法，也称追溯查找法。具体做法是：从已经掌握的文献资料开始，根据文献中所开列的参考文献和所提到的文献名目，去查找较早一些的文献，再利用较早文献中所开列的参考文献和所提到的文献名目，去查找更早一些的文献。如此一步一步向前追溯，直到查找出比较完整的文献资料为止。

用追溯查找法查找参考文献的资料，不如用检索工具查找法所得的文献那样全面和广泛，但它查找的文献比较集中，有效性相对较高，而且能及时了解一些最新的科研成果。

3.5 文献信息的筛选和整理过程

收集文献的目的是获取与调研课题有关的情报资料和文献信息。为了有效地获取所需的文献资料，提高调研工作效率，按照一定的程序和方法进行是非常必要的。

3.5.1 快速浏览

浏览是将收集到的文献资料普遍地、粗略地翻阅一遍，使自己对所收集的文献有一个初步的认识和大致的了解。通过浏览，可初步判断文献资料的价值，抓住主要内容，排除次要内容。浏览要善于抓要点，了解概况性的内容。如果是书籍文献，要特别注意其作者、提要、目录、前言、后记、注释、参考文献和索引等，使自己对全书的体系、框架有大体的了解。如果浏览的是论文或其他体例的文献，要抓住文献的大小标题、层次、结构、主要观点和论据等。浏览就是要抓住文献的要点，并对文献价值做出初步的估计。

浏览的速度要快。可以采取一目十行的扫描式阅读，迅速了解文献的全貌；也可以采取有选择的跳跃式阅读，略过无关紧要的内容，找寻结论式的观点或有价值的数据。快速阅读的关键是要视读，不要音读；要有选择地读，不要通篇阅读；要善于抓住要点，不要任何东西都记。

3.5.2 认真筛选

筛选就是在全面浏览的基础上，根据调查目的的需要，对数量众多的文献进行分类整理、挑选对调研问题有用的文献的过程。

筛选文献应该分层次进行。首先，按文献资料有无价值，将所收集到的全部文献分为可用和不可用两类；然后，对可用的文献资料进行分析比较，从中选出具有代表性和参考价值的文献作为调研的必用文献资料，其他剩余的文献作为备用资料。通过筛选，可以为实际调研工作提供一个层次清楚、主次分明的参考文献资料系列。

文献筛选的主要目的是找出对调研最有用的文本或数据资料，并按照研究目的或研究内容将文献分类，以便于进一步阅读或总结。文献筛选的过程也是对文献的有效性、可靠性和可得性做出评价的过程。具体来讲，我们需要判断所收集的文字和数字资料：

（1）评估文献的有效性。

①与调研问题方向是否一致？

②是否适用于所要调研的对象？

③数字资料对于当前的研究是否有用？

④指标/变量的测量方法是否可借鉴？

⑤使用的定性和定量分析方法是否准确和恰当？如何改进？

⑥判断结论和观点是否对研究有所启迪？

(2) 评估文献的可靠性。

①来源是不是政府部门、专业机构、权威杂志？

②一手数据的获得是否交代了抽样方法、问卷设计以及信度和效度检验等过程？

③对不同来源数据及结果的差异性进行比较分析。

(3) 评估文献的可得性。

①文献中使用的原始数据是否可获得？

②文献是免费获得还是付费获得？若付费，调研项目是否可以负担？

3.5.3 仔细阅读

阅读是从文献中摘取信息的重要步骤。阅读实际上是认识文献资料、理解文献资料、评价文献资料的过程，通过阅读要全面掌握文献资料的实质内容，从中确定供分析研究使用的有关资料。阅读一般可分为粗读和精读两个阶段。

粗读首先要搜寻表达文献基本观点的重点句子和主要事实、数据，抓住文献的主旨和脉络，把文献中的观点与观点、观点与事实、事实与事实之间的关系联系起来思考。粗读的主要目的是，掌握文献的基本内容，明确该文献与调查课题的关系，以决定是否需要进一步精读。

精读是一种深入探究、得其精髓的读书方法。通过精读，可以认真阅读和思考所选参考文献的内容，并通过与其他文献的对比和研究，客观全面地判断和评价文献所表达的思想和所提出的观点，从而明确该文献与调研课题的关系，以决定其参考应用的价值。值得说明的是，精读文献的过程也是鉴别文献真伪的过程，真实的材料可以为我们提供结论的可靠基础，而假材料或者信息不全面的材料则会导致错误的结论，是相当危险的。

专栏 3.2

如何有效地阅读论文？

有效地阅读论文可以帮助你提高研究工作的效率。一般来讲：

第一，读摘要。它会告诉你研究的目的、所使用的调查和研究方法，以及主要的研究发现。读摘要的主要功能是让你判断论文是否有继续读下去的必要；同时，可能激发你对有关方法或结论的质疑、疑问，带着这些问题研读论文，才能更有研究和思考的效果。

第二，读结论。为了了解论文的观点，你可以直接看文章末尾的小结或结论，帮助你探究论文的创新点和问题，判断对你自己研究的帮助程度有多大。

第三，读全文。在这一工作中要学会提高阅读速度、阅读能力。你可以通过记录论文标题、画出论文框架图、写出论文整体或部分内容提纲等方式，了解论文的整体结构和作者的构思思路。

第四，做评估。针对文献资料的有效性、可靠性、可得性做判断。不是所有的文献都对我们的研究问题有价值，要评估后做选择性保留，并进行下一步的研读。

第五，做记录。总结记录有效的文献信息。在对评估后保留的文献进行细致的阅读和理解时，你可以通过记录各部分的分论点、重点阅读论文的核心分析方法等，进一步理解论文的逻辑、观点和方法，并记录和学习对你有帮助的方面，同时对论文使用的方法、观点进行综合性的评价，形成文字，为你的研究提供借鉴。

3.5.4　及时记录

俗话说："好记性不如烂笔头。"在我们收集和阅读大量文献的过程中，必要的、适时的记录对于更好地整理、认识和分析资料是非常重要的。在阅读过程中，将有价值的资料和信息及时记录下来，以供进一步分析研究使用，是相当重要的，否则在需要应用时却找不到已阅读过的重要的有用信息，会引起很多的麻烦。

记录收集到的文献的方法主要有剪报、复印和做读书笔记等。

剪报是将报纸上有价值的内容剪下来，分类保存，以便日后使用时查找。

复印是将有价值的、有用的资料部分或全部复制下来，既方便又快捷。用复印、打印等方式收集和整理资料很容易。此外，还可以采用扫描、计算机输入等现代记录方式，将内容存储到计算机中，这既方便、快捷、卫生，又占据很少的空间。

做读书笔记是调研人员阅读资料过程中采取的记录和整理文献资料的方法，是加强对于文献的认识、理解和分析的一种好方法。记笔记时可使用笔记本、活页纸或卡片。当用笔记本和活页纸做笔记时，应分别留出 3～5 厘米的边白，留作以后增加内容或评论的地方。在电脑和网络日趋发达的今天，很多学习者不愿意记笔记，认为电脑可以代替人脑，实际上这是非常不好的习惯，很多研究和思考的灵感、信息如果等到坐到电脑边时再用于创作的话，可能已经晚了。因此，我们还是提倡在调研的适当的时候要会记笔记、做好笔记。

做读书笔记的方式多种多样，一般有标记、批注、抄录、提纲、札记、综述等。

（1）标记。

在书面文献的有关内容上做记号，即为标记。例如，我们常用直线表示比较重要的内容；利用曲线表示特别重要的内容；利用方括号表示定义或经典论述；利用惊叹号对某些内容表示欣赏；利用问号对某些观点表示疑问；利用三角号表示一段文字中并列的观点；利用双圈号表示一段重要内容的结束。此外，还可根据自己的习惯做标记，如√、×、□等。标记这种方法简便省时，可一边阅读一边标记，使用起来非常方便。

（2）批注。

在文献上下左右的空白处写上简单的评语、疑问、体会等，即为批注。这种记录形式和标记一样，具有简单、方便、不受限制等特点。

（3）抄录。

抄录是把文献中有价值的、有用的部分摘抄下来的做法。抄录有全录和摘录两种方式。

全录是将文献资料一字不差地全部抄录下来；摘录则只将有价值的自己需要的信息抄录下来。摘录可将整段整句与原文一模一样地摘录下来，也可以根据自己的需要，用自己的语言，把原文的基本观点、主要事实和数据简单地抄录下来。摘录不要打乱原文的结论顺序和曲解原意，更不要随意发挥。

在抄录中，卡片通常是记笔记、快速形成信息的一个很好的方式。通常，每张卡片只记一个资料。卡片用质量较好的纸制成，大小一致。每张卡片正面分为四栏：一是摘录栏，用来记录摘录下来的内容；二是分类栏，一般在卡片左上角留出 1.5 厘米的空白，供编号和分类用；三是著录事项栏，用来注明所读文献的作者、题目和出处；四是补白栏，在卡片上的一侧留出五分之一以上的边白，供旁批、注释、补充以及写感想等。卡片灵活方便，有利于分类、贮存和提取。

（4）提纲。

在认真阅读和全面理解文献资料的基础上，将其文章内容或逻辑结构记录下来，便于加深对原文献思想脉络的认识。提纲要力求全面清楚、简明扼要。

（5）札记。

在全面阅读文献后，将阅读心得、感想、疑问、意见等记下来，即为札记。札记是一种带有初步分析研究性质的文章摘录形式，在对文献的分析研究和选择应用上，比其他摘取方式更进了一步。

（6）综述。

研究者围绕某一问题，阅读和思考一批文献资料后，将各种资料综合归纳，融入自己对材料观点的评价，形成文字，记录下来，即为文献综述。

综述的最大特点是全面性和概括性：综述是对已知信息的整理、加工和评价，因此客观、准确地反映别人或原有文献的观点，是综述写作应遵循的原则。

文献综述是社会经济研究过程中前期重要的工作任务之一，它对于研究的各个部分都将提供有益的信息。

文献综述的写作要注意两个方面的问题：

一是要注意“综”。这意味着和研究主题相关的文献要尽可能看全面、综完整。一方面，调研人员应该把资料收集全面；另一方面，研究者在阅读文献的时候不仅要关注文献中的证据、结论和观点，而且还要关注文献中资料的分析方法和技术，做到对文献分析的完整。在此基础上，研究者将对文献的研究成果进行综合表述。

二是要注意“述”。这意味着在占有大量资料的基础上，不仅要对与主题相关的各类观点、研究方法进行综合，而且还要进行陈述和评述。

这里要注意的是，陈述不意味着对别人的观点进行简单的堆积，而是要用自己的语言，将不同作者的观点或思想表达出来，使读者能够对关于研究主题的前人研究成果了如指掌，同时做到前后连贯、有序、层次清楚。评述意味着研究者要对文献中的观点进行评价，说明赞同、反对以及待商榷的理由，提出自己的意见或者未来研究可能的发展方向。

因此，综述所达到的效果是信息丰富、全面，表述灵活而不拘谨。贵在“综”，重在“述”。学会写综述、写好的综述是研究者的基本技能之一。在本科和研究生论文中，很重要的一部分内容就是文献综述。通过文献综述，我们不仅可以看出研究者在研究工作中是否做了足够的投入，而且可以看出作者对某一问题研究的深度和广度，进而对论文的研究价值做出判断。

专栏3.3

文献综述的撰写过程

文献综述的撰写过程主要包括以下几个环节：

1. 选择主题/问题：明确综述的方向和内容。

2. 文献检索、粗读、筛选：查找和粗略选择文献的过程。

3. 文献论证、判断、选择：进一步细致判断和选择有价值文献的过程。

4. 文献研读、分析：认真阅读、琢磨、分析文献的过程。

5. 文献评价：对每一篇研读过的文献进行观点、方法、创新和不足等方面的评价。

6. 综述撰写：对所有研读过的有价值的文献分门别类、有条有理地进行观点、方法、创新和不足等方面的综合阐述和评价，在此阶段可以加入自己的理解、启发和思考，以期对把握和深化调研研究的意义、方向和内容提供参考。

3.6 案头调研的作用

在社会经济调研中，案头调研是所有调查研究工作的基础工作，是贯穿于调查研究全过程的科学研究活动，具有重要的作用。

通过对文献资料的研读，调研人员可以了解社会经济发展变化的背景、对社会经济现象、事件之间的关系、发展趋势进行判断，进而可以对市场调研课题的可行性和先进性、理论价值和实践意义进行判断。

通过案头调研工作，调研人员可以对文献已有的研究逻辑、方法、理论、经验、观点和不足进行总结，进而对后续开展研究提供理论基础、概念解释、研究思路和方法等方面的借鉴，“站在巨人的肩膀上”，为深化研究提供理论和实践支撑，避免出现重复性工作。案头调研工作不是简单的资料查找，而是在查找资料的基础上进行思维加工，采用归纳、总结、抽象等方法，对已有资料进行整理和分类。

特别是在进入实地调查之前，通过案头调研工作可以收集到关于调查区域和对象、可用的统计资料和年报数据等信息，这将有利于调研人员设计更为科学、合理的资料收集方式方法，比如怎样设计问卷、怎样观察或者访问调查对象、怎样控制实验对象等，从而提高资料搜集工作的质量，也有利于利用访谈、观察等调查方式对资料的真实性进行策略性验证。

3.7 对案头调研的评价

社会经济研究的资料非常丰富、内容广泛。通过查阅文献，研究者能了解过去、吸取精华、思考当下、展望未来，进而在继承中发展思想。只有这样博古通今、融会贯通，才能客观地做好调研工作。

3.7.1 案头调研的优势

案头调研是对文献资料进行整理、加工和分析的一种市场调研方法。在市场调研中，案头调研具有以下优点：

（1）案头调研工作不受时空条件限制。

案头调研可以跨越时空，从国内到国外，从古至今，既可以收集时序数据资料，也可以收集截面数据资料，从而对市场发展变化情况进行全面、动态的分析，为选择适宜的、有价值的调研问题提供依据。

（2）案头调研方便易行、花费较少。

与实地调研方法相比，案头调研收集的对象是文本、数字、符号等资料，可以在图书馆、网络上进行查找，简单方便、容易操作、成本较少，具有省钱、省时、省力的优点，可以获得实地调研难以取得的大量历史资料。

（3）案头调研的对象是无反应的文献。

文献是文字、数字、符号等各种信息的载体，具有无反应的特点，不会受调研人员主观好恶的影响，也不会影响调研人员的心理和行为，因此，案头调研收集资料环节的工作比实地调研要容易，较少受外界因素的干扰。

3.7.2 案头调研的局限性

案头调研的对象是文献，是一种不完全的调查资料，其所反映的内容和调查者试图了解的内容不可能完全一致。因此，在使用文献进行调研时，也要考虑其局限性。

（1）案头调研关注历史分析，缺乏现实性。

案头调研所收集的文献资料都是历史性的，不是即时的，缺乏现实性。事实上，现实社会无时无刻不在发生着变化，新事物、新现象、新问题总是不断地出现；总有一些来不及记录的社会现象，所以案头调研所获得的资料往往与现实情况之间存在一定的差距，这是案头调研的不足之处。当然，随着社会科学技术的进步，文献的承载体的形式出现了多样性，文献资料从形式到内容也都出现了多种变化，特别是音像制品的出现，使文献资料的生动性得以进一步展示，某种程度上弥补了某些类型的历史资料缺乏生动性的不足，使人们对于历史长河中的事实有了较为清楚的认识，但是即使如此，也无法改变文献资料历史性的特点和缺乏现实性的不足。

（2）案头调研可能受到文献所处时代和作者素质的影响。

任何文献都是一定时代、一定社会条件的产物，是具有个人素质的撰写者完成的，因此，任何文献的内容都会受到时代背景、社会条件的限制，也受到文献撰写者的个人理论水平、文化背景、价值观念等多方面素质条件的影响。研究者在进行文献资料的收集、整理和使用时，必须考虑这一约束条件，注重识别文献所处时代背景和作者素质对思想、观点和方法的影响，取其精髓，弃之糟粕，要有选择地对文献资料进行判断和筛选。

（3）案头调研可能受到文献数量和质量的影响。

在信息爆炸的当今社会，文献资料从数量上看浩如烟海，从质量上看参差不齐。特别是由于数字技术的应用，网络文献越来越多，如果你在互联网的搜索引擎里输入一个关键词，你会发现可以获得成千上万条信息，想在短时间内读完是非常困难的事情。即使调研人员采用进一步组合关键词、缩小时间范围等方法减少文献数量，有时候工作量仍然很大。另外，调研人员收集到的文献资料质量差别很大，从中挖掘出与调研问题紧密相关的、有用且质量高的文献也是一件艰苦的工作，甚至经过长期艰苦的搜寻，最终可能还是很难发现比较有参考价值的资料。此外，靠个人的能力和条件很难将资料搜集齐全，对于知识水平有限的调查者来说更难以充分利用案头调研。

在市场调研工作中，案头调研是一种先导方法，通过了解与调研项目有关的前人研究成果，对当前的调研工作起到参考和借鉴作用，但是历史性的文献资料毕竟不能作为当前调查研究结论的现实依据，要真正了解现实的市场经济发展变化情况，深入实地进行调研仍然是不可缺少的工作。

思考题

1. 什么是案头调研？案头调研的作用有哪些？

2. 什么是文献？文献具有哪些特点？

3. 搜集文献有哪些要求？

4. 互联网检索文献有哪些可以使用的网络资源？尝试以“消费者购买意愿”“消费者购买行为”“营销体验”“数字营销”“品牌认知”等为检索关键词或检索主题，利用互联网查找学术文献。

5. 简述从哪些方面评价收集到的文字和数字资料。

6. 如何做好文献综述？

第 4 章

访谈方法

本章内容

访谈方法是一种通过交谈收集信息的方法。本章介绍了访谈方法的类型，包括标准化访谈和非标准化访谈、直接访谈和间接访谈、个别访谈和集体访谈；介绍了访谈方法的实施程序和技巧；介绍了访谈方法的优点和不足。

学习目标

了解访谈方法的类型；掌握集体访谈的方法和技巧，特别是焦点小组访谈方法；掌握访谈方法的实施程序，特别要关注访谈准备的内容；了解访谈方法的技巧、优点和不足。

访谈方法是指访谈员通过与被访者交谈，了解被访者对产品特性、促销方式、服务质量等方面的看法。访谈方法是最普遍、最重要的社会调研方法之一，属于定性研究的范畴，以收集非量化的信息为主。

4.1　访谈方法的类型

依据不同的调查目的、调查性质或调查对象等标准，可以将访谈划分为不同的类型。

4.1.1　标准化访谈和非标准化访谈

根据访谈内容的不同，访谈可分为标准化访谈和非标准化访谈。

(1) 标准化访谈。

标准化访谈，又称结构式访谈，是指按照事先统一设计的、有一定结构的访谈问卷进行访谈的方法。这种访谈的特点是标准化，即选择被访者的标准和方法、访谈中提出的问题、提问的方式和顺序，以及对被访者回答的记录方式都是统一的。在访谈中由访谈员按照事先制作的问卷提问，问卷上的问题可以是封闭型的，也可以是开放型的。

在结构式访谈中，问卷是访谈员的主要工具。访谈员必须严格按照问卷上的问题顺序发问，自己不能随意更改或变动问题。当被访者表示不明白或听不懂时，访谈员可以重复发问或按规定的统一口径进行解释。通常访谈方法都需要设计一份访谈指南，对问卷中可能引发误解的题目进行详细的解释说明，这些说明是指导访谈员进行访谈的规则。

标准化访谈利用问卷进行调查，可以加强对访谈过程的控制，使访谈的目的更加明确，有效地避免由于访谈员个人因素所造成的对调查结构的干扰或影响，从而提高访谈结果的可靠程度。标准化访谈发挥了问卷调查的优点，便于调查者对问卷进行整理和分析，有利于使用定量调查方法。当然与非标准化访谈相比，标准化访谈的调查质量更高。针对被访者对问卷的不明之处、回答不清或不回答的情况，访谈员可以及时予以解释或纠正，从而减少无效问卷的数量。同时，标准化访谈可以代填，因此访谈对被访者的受教育程度、身体健康状况的要求较低，无论是什么样的被访者，都可以对其进行调查访谈。

标准化访谈常常被用于调研一个难以直接观察的大总体，它的特点是需要大规模的样本。为保证结果可比，需要使用统一的问卷和表格。这种统一的问卷和表格显然无法囊括事件的全部，因此只能调查社会经济问题或现象的几个重要方面。

标准化访谈注重一致性，缺乏灵活性，因为访谈依据问卷进行，访谈问题的弹性小，所以不利于充分发挥访谈员的积极性、主动性。同时，标准化访谈的费用相对较高，访谈需要的时间较长，要进行大规模访谈必须考虑这方面的特点。

(2) 非标准化访谈。

非标准化访谈，又称非结构式访谈，是指事先不制定统一的问卷、表格和访问程序，而是按照一个粗线条的访问提纲，由访谈员和被访者进行自由交谈的方法。通常访谈员就所要访谈的课题向被访者进行开放性提问，答案不限范围，获取的信息可以更加丰富，从而可以挖掘出访谈员可能忽视的深度资料。非标准化访谈的主要形式有重点访谈、深度访谈和非引导性访谈三种。

①重点访谈。

重点访谈是指访谈内容集中于某一种现象或问题、某一方面的经验及其影响的访谈方法。这里的重点不是指被访者的重点挑选，而是指访谈所侧重的重点内容。

在重点访谈中，访谈员通常将被访者安排在一定的情景当中，然后请被访者自由说明他在这一情景中的主观经验，即个人对情景的认识，这种主观经验就是重点访谈的重点所在。

重点访谈的一个决定性因素是某一特定情景的提供，对于这一情景，调查人员事先要进行分析，找出它的主要因素、模式、过程和整体结构，并决定访谈的重点是哪些方面，然后制定假设并根据这些假设建立标准的访谈程序。问题是事先确定了的，访谈员将被访者安排在一种情景中后，会提出一些问题让其回答。

虽然这些问题通常是不完整的或完全没有结构，而且也不一定是事先准备好的，但访谈员会把问题重点集中在事先确定了的内容上。因此，虽然被访者可以自由地回答问题，但由于问题的范围是由调查者控制的，所以严格地说这种访谈是半结构式的，而不是完全无结构的。

②深度访谈。

深度访谈是指为了搜寻被访者的特定经验、行为动机、主观认知等方面资料而进行访谈的方法。一般选择个人生活历史的某些方面向被访者提问，访谈是机动的或结构松散的。当然，由于对不同的人提出不同的问题，因而资料的可比性受到损害，但这一损害可在偶然的重大发现里得到补偿。这种偶然的重大发现往往会带来问题的突破。

深度访谈适用于一对一的谈话。深度访谈的访谈者一般由比较专业的、具有好的访谈技巧和经验的人承担。深度访谈对个人的关注可以使被访者有被尊重、被重视的个人满足感，使之更容易把内心的想法、感受倾诉出来，且不会受到其他人的影响。面对面的深度访谈的内容可以更广泛，甚至在涉及敏感的问题时，也可以因为一对一之间建立起信任的关系而挖掘到更多深度信息。在面对面交流的时候，访谈者对肢体语言、面部表情、语音语调等的感受也会更直接，从而使访谈者可以对被访者的态度、心理有更多的体会。另外，电话深度访谈会因为访谈者和被访者之间不见面而减轻双方的心理压力，使谈话更深入一些。

深度访谈对访谈者的能力要求比较高，一次访谈的时间长、精力消耗大，而且面对面深度访谈的成本也比较高，因此不适合开展大规模的深度访谈。

③非引导性访谈。

非引导性访谈是指让被访者对他自己和他所处的社会环境进行一番考察，再进行客观陈述的访谈方法。也就是说，访谈员鼓励被访者对自己的信仰、价值观念、行为以及他所生活的社会环境客观地加以描述。非引导性访谈是一种能让被访者主动发表意见的方法，是一种能使访谈员直接接触被访者的思想观念、价值观念或动机的方法。在这类访谈中，访谈员几乎完全依赖于插问，询问的问题通常也比较简短，目的在于让被访者可以处在一个自由的、思绪飞扬的环境中，从而使访谈员能够深刻了解被访者最深层的主观感受，包括价值规范、情感认知等。非引导性访谈可以引出访谈员本身都不知道或对自己都不愿承认的感情来。访谈员从被访者那里获得的不仅是资料，而且还有对资料的某种解释。

当然，这些解释也许会受到被访者观念的影响，因此为了正确理解被访者的真实情况，在进行非引导性访谈之前，访谈员必须做一些功课，对被访者的学习背景、生活经历、价值观念、人生态度等方面做一些较为深入的了解，只有这样才能正确判断被访者提供的资料的真伪。

此外，对被访者的社会地位、生活环境等情况，访谈员也要加以考察。如果被访者根本没有机会接触交谈所涉及的内容，那么访谈员要慎重看待访谈资料的价值和可用性。

非标准化访谈的目的在于克服标准化访谈的束缚，使弹性大一些，有利于充分发挥访谈双方的主动性和创造性，有利于适应千变万化的客观情况，可以了解原有访谈方案没有考虑到的新情况，从而获得标准化访谈无法获得的丰富资料，有利于开拓问题的深度和广度。

在非标准化访谈中，访谈双方既有一个既定的交流中心，又有一定的发挥余地。但是，非标准化访谈对访谈员的素质要求较高，对访谈结果也难以进行深入的定量分析。因此，非标准化访谈适于实地研究，特别是个案研究。它不是通过客观分析的方法把结果普遍化，而是主观地、洞察性地由个别事例概括出结论。

4.1.2 直接访谈和间接访谈

根据访谈者与被访谈者之间交流方式的不同，访谈方法可分为直接访谈和间接访谈。

(1) 直接访谈。

直接访谈是指访谈员与被访者进行面对面交谈的访谈方法。这种访谈方法非常灵活，既可以请被访者到访谈员安排的地方进行访谈，也可以由访谈员深入实地与被访者进行交谈。

直接访谈的优点是访谈方法的计划性比较强，能够与被访者同时进行多个问题的交流。通过访谈，访谈员可以清楚地了解被访者对交谈内容的认知，以及被访者的动机、行为等特征。

当然，直接访谈的结果容易受到被访者主观因素的影响，特别是关于一些敏感话题的讨论，在面对面的情况下，被访者可能不愿意当面做出真实的回答。

(2) 间接访谈。

间接访谈是指访谈员与被访者不直接见面，而是通过电话、书面问卷等工具与被访者进行交流的访谈方法。

间接访谈的优点是省时、省力、节约费用、保密性强，被访者有充足的时间进行考虑。因为访谈员和被访者之间是不见面的，所以回答问题的可靠性比较强。但是，间接访谈只能询问比较简单的问题，而且对没有电话的被访者无法使用，因此访谈范围受到限制。在发达国家，电话访谈已经成为一种重要的访谈方式。

4.1.3 个别访谈和集体访谈

根据一次访谈中被访者的人数多少，访谈方法可分为个别访谈和集体访谈。

(1) 个别访谈。

个别访谈是指访谈员与被访者之间一对一地进行交谈的方法。这种访谈方式有利于访谈员与被访者之间建立起较为融洽的人际关系。被访者在回答问题时受外界因素的影响较小，可以减少内心顾虑，便于畅所欲言，有利于对某一问题进行深入的了解。

(2) 集体访谈。

集体访谈是指将许多被访者集中在一起同时进行访谈的方法。也就是通常所说的召开座谈会。这种访谈方法是毛泽东同志倡导，并在实践中被广泛使用的方法。

集体访谈的最大特点是访谈过程不仅是访谈员与被访者之间相互影响、相互作用的过程，而且也是被访者之间社会互动的过程。集体访谈所搜集的资料受到以上两种互动因素的影响，因此要想使集体访谈成功，就不仅要组织好访谈员与被访者之间的互动，而且还要组织好被访者之间的互动。这就要求访谈员有熟练的访谈技巧及组织会议的能力。

集体访谈所搜集的资料较其他访谈方式所获得的信息更为广泛，而且通过互相启发、互相补充、互相核对和互相修正，使所访谈的资料更为系统全面和真实可靠。由此可见，集体访谈是较个别访谈层次更高、难度更大的调查方法。

但对一些涉及个人情况的问题或敏感问题，通常不适宜采用集体访谈的方式进行调查。同时，集体访谈也不利于访谈员与被访者之间进行深入细致的交流。鉴于以上特征，集体访谈常被用于验证或调查集体行为与群体关系的倾向以及心理治疗和组织诊断。此外在典型调查中也经常采用开座谈会的方式进行调查，通过座谈可以深入解剖一个典型，这样既简便易行，又收效较快。

在进行集体访谈时，会议主持人要注意对访谈过程的把控，避免让某些权威人士的发言左右其他人员的发言，从而使各种意见都能得到充分的表述。座谈会最好使用非标准化访谈，这样才能把握重点，否则容易流于空泛，而且与会者一旦争论起来，访谈员有可能不知如何控制局面。

专栏 4.1

焦点小组访谈方法

在市场调研中，焦点小组访谈方法是集体访谈的一种应用形式。

焦点小组一般由 8～12 人组成，由主持人引导小组成员开展关于某一个主题的非标准化讨论，收集与主题相关的信息。焦点小组访谈方法比较注重收集被访者的态度、观念、想法及其原因，特别是在针对消费者的调查中经常采用焦点小组访谈方法，它在了解一些结构式调查不能了解的信息上更为有效。

焦点小组访谈可以分别在线上和线下组织开展。

线上焦点小组访谈是指适应互联网的发展，利用在线实时视频和音频软件，通过线上会议室、线上聊天室等方式开展的线上小组访谈。这样的访谈不需要固定的场所，参与者可以跨越空间，并且与主持人进行个人沟通和意见交流。它容易出现的问题是被访者可能因为待在家里或者办公室而受到私人因素的干扰，思维可能出现分散、不聚焦的情况。

线下焦点小组访谈是传统的访谈方法，将主持人、参加者、调研人员聚集在一个固定的场所开展讨论。线下焦点小组访谈的参与者思维比较聚焦，在焦点小组测试室里开展讨论，便于调研人员进行观察记录。

4.2 访谈方法的实施程序

访谈方法的实施程序可以分为准备阶段、访谈阶段、访谈记录和资料整理阶段。

4.2.1 准备阶段

（1）选择适当的访谈方法。

访谈准备工作的第一步是根据研究目的选择适当的访谈方法。如果要对某一问题进行系统的调查，为定量分析提供基础资料，一般应选择标准化访谈方法；如果调查的目的是进行探索性研究，则可以选择非标准化访谈；如果需要对调查问题进行深入细致的调查，则采用个别访谈方法较为适宜；如果要迅速了解多数人对某一问题的看法，则可以采用集体访谈方法。

（2）确定访谈问题和提纲。

在访谈方法确定后，访谈员要根据调查目的和调查内容制定相应的问卷、访谈表或访谈提纲等。在进行标准化访谈时，访谈员要在全面了解访谈内容的基础上，设计出规范、统一的访谈问卷。在进行非标准化访谈时，访谈员则需要对访谈内容进行归纳整理，形成一个概要性的访谈提纲，以便在访谈时提出问题。不管采取何种访谈方法，访谈员事先都要对与访谈问题有关的知识有一个充分的准备，以便在访谈中就这些问题与被访者进行深入的交流。如果访谈员在访谈中对被访者所谈及的问题一无所知，那么被访者就很可能失去访谈兴趣，从而影响访谈工作的顺利进行。

（3）确定被访者。

访谈方法中的被访者是信息资料的提供者，因此选择对调查内容比较了解的被访者是非常重要的。所选择的被访者要能够满足访谈方法的需要，他们是对所访谈问题最了解、最具有发言权的人。

例如，在焦点小组访谈方法下，被访者一般是按照研究需要，按照一定的特征，采用路上拦截、打电话和网络邀请的方法来征集的。如果我们针对企业婴幼儿奶粉的包装或者使用便利性应用访谈方法，那么正在哺育婴幼儿的妈妈可能是我们需要的被访者，可以按照“是否正在使用婴幼儿奶粉哺育孩子”的要求来征集被访者。

同时，被访者及被访者所在社区的特征也是被访者是否能够提供调查所需信息的关键。这里所说的社区的特征包括社区的人文环境和文化传统，即群体行为所表现的模式。每个社区都有自己的特点，社区文化传统、环境等因素会影响个人和集体的行为。若事先不了解这些特点，不仅会给访谈工作带来困难，而且还会引发不必要的误解。

（4）确定具体的访谈时间、地点和场合。

一般而言，访谈应选择在被访者时间比较宽裕的时候，访谈的地点和场合应以有利于被访者准确回答问题和畅所欲言为原则。例如，焦点小组访谈的时间一般为90分钟或者以上，因此访谈地点可以安排得舒适一些，安静一些。

（5）选择和培训访谈员。

对于一些需要抽调专人进行的大规模访谈方法，调查组织者还需对承担访谈任务的访谈员进行选择和业务培训。访谈方法能否成功很大程度上取决于访谈员的个人品质、业务水平和交谈能力。承担访谈任务的访谈员一般应具备以下几个条件：

一是访谈员要具有追求科学、实事求是、认真负责的优良品质。访谈员的工作任务是把访谈方法需要完成的访谈内容询问完毕，并将被访者的回答如实记录下来。如果访谈员不忠于调查事实，随意推测调查结果，或对访谈记录敷衍了事，那么将会严重影响访谈结果的科学性和准确性，甚至给整个调研工作带来不可挽回的损失。访谈员要具有认真负责的工作态度，能够克服访谈过程中遇到的这样或那样的问题，按时高质量地完成访谈任务。

二是访谈员要具有良好的道德修养。在访谈过程中，访谈员的言谈举止、衣着打扮对能否形成一种融洽的访谈气氛都有重要的影响。访谈员在整个访谈过程中应始终抱着一种尊重对方、虚心求教、以诚待人的态度与被访者进行交谈，认真耐心地向被访者讲解所调查的问题，对被访者的回答要耐心地听，认真地记；不能由于被访者的社会地位或文化水平低于自己而盛气凌人、好为人师，要尊重被访者。

三是访谈员要对所要访谈的问题有兴趣。兴趣是访谈员能够顺利完成访谈任务的条件之一。一般而言，访谈的内容经过若干次访谈交流，很可能成为一种单调枯燥的重复工作，此时即使是一个非常有责任心的访谈员，也可能出现工作积极性、观察能力、表达能力大大降低的情况，此时最好的能够激励访谈员深入访谈的动因就是兴趣。

四是访谈员对所要访谈的内容要有一定的认知和了解。一个好的访谈员不仅要能够按访谈提纲取得丰富可信的资料，而且对于被访者的回答要更善于引导和追问，能够从被访者的回答中进一步发现和引导一些对访谈内容有所帮助和启发的问题，从而将整个访谈工作引向深入，这就要求访谈员应尽可能地从与访谈内容相关的专业人员或有类似访谈经验的人员中选择。

在访谈员挑选出来以后，调查工作的组织者要对选中的访谈员进行必要的培训。培训内容包括对访谈方法的目的、意义、访谈范围的介绍，对被访者情况的介绍，对访谈员的每日工作进度、访谈步骤、工作要求、访谈时间等调查事项的介绍，还包括组织学习访谈手册、访谈提纲、访谈问卷等相关资料，还可以组织访谈员模拟访谈现场进行训练。

在上述准备工作完成以后，访谈方法的组织者应拟订一个内容详细的访谈计划表，就整个访谈方法的时间安排、工作步骤、工作方式、遇到意外问题的处理办法等内容做出明确具体的规定，以便于在实际访谈工作中访谈员有章可循，能够顺利完成调查任务。当然，在进入实地访谈之前，还需准备访谈过程中所需要的访谈表格、问卷、记录工具、介绍信、调查证件等。

4.2.2 访谈阶段

整个访谈过程一般从进入访谈开始，经过预备谈话、正式提问、引导、追问，直到结束访谈。

（1）进入访谈。

进入访谈是在访谈员与被访者进入正式访谈之前所做的一些预备性工作，比如热情邀请被访者进入访谈室，做好服务工作。

（2）预备谈话。

预备谈话是在访谈员与被访者直接接触之后，在进行正式访谈之前沟通联络的过程。访谈员在接近被访者时，首先应进行自我介绍，然后说明来访目的，以及为什么要进行这项访谈研究，请求被访者的支持与合作。此外，还要告诉被访者他是如何被选出来的。预备谈话主要用于消除被访者的心理顾虑，为正式访谈创造一个良好的氛围。

在预备谈话阶段可能会碰到如下一些情况，比如陌生感使双方无话可说，被访者以各种理由拒绝受访，访谈员与被访者之间因为地位的不平等而产生不自然感，等等。因此，为了创造有利于访谈的环境，访谈员应根据被访者的态度和周边环境等，主动说一些有利于活跃气氛的话，消除拘束感。比如，可以先从被访者的住房、家庭、个人嗜好，或者从当时的天气状况等方面谈起，从而尽快寻找出双方的一些共同点，激发被访者对访谈的兴趣和重视。

（3）正式访谈。

在融洽的交谈气氛形成之后，访谈员就可以详细介绍访谈内容并提出问题，进入正式访谈阶段。提问的方式多种多样，可以开门见山，直接提出需要回答的问题；也可以先进行试探性的提问，逐步接近访谈主题。一般应先提出一些调查对象易于直接回答的问题。但是，不管采取哪些方式提出问题，都应顺其自然，随机应变，使访谈过程像拉家常一样在平等、友好的气氛中进行。

(4) 结束访谈。

当所要了解的问题得到了较为圆满的回答以后，访谈员应适时地结束访谈。整个访谈过程的持续时间应根据访谈内容和访谈过程中的具体情况灵活掌握。在访谈时机和场合比较合适，访谈气氛融洽，被访者对访谈话题的兴趣比较高的时候，访谈的时间可长一些；反之应短一些。在结束访谈时，访谈员要对被访者所给予的工作支持表示衷心的感谢。

4.2.3　访谈记录和资料整理

访谈的目的就是要获取资料，访谈资料是通过记录得到的。因此，做好访谈记录是访谈方法的一项基本内容。

标准化访谈记录比较简单，只需按规定的记录方式，把被访者的答案记录在事先设计好的表格或问卷上就可以了。

非标准化访谈的记录相对困难一些，一般可采取现场记录和事后记录两种方式。现场记录就是在征得被访者的同意之后，一边访谈一边记录。现场记录可以采用记笔记、录音机录音或一个人交谈、一个人记录等方式。现场记录的优点是可以从容记录，不清楚或记不全的地方可当场再问，资料比较客观完整。但为了记录完整而埋头记录，可能会错过由对方的表情、动作所表达出来的信息，而且可能因此而忘了要点。

当被访者不喜欢其谈话内容被记录或录音时，现场记录会影响被访者的情绪，破坏访谈双方的互动过程。这时采取必要、及时的事后记录非常关键。在访谈结束以后，访谈员根据对访谈过程内容、细节的回忆，抓紧时间对访谈内容进行追记。事后记录可以消除被访者在访谈过程中可能存在的心理顾虑，访谈员也可以专心致志地就访谈问题与被访者进行交谈。但事后记录要完全凭借访谈员的记忆来补记，如果访谈员的记忆出现偏差，那么就可能会失去一些信息，从而影响整个访谈内容记录的全面性和准备性。为此，在采取事后记录时，访谈员在访谈前应尽可能采取一些必要的训练提高自己的记忆力；同时，访谈员要安排好访谈的问题的顺序和要点，注意所提问题的内在联系和逻辑性，以便在事后回忆记录。

为了提高访谈记录的可靠性和准确性，对于现场记录资料，在访谈结束前可将记录的主要内容反馈给被访者，请他们进行复核、更正或补充；在访谈结束后，访谈员应尽快对当天的访谈记录进行整理，以便及时发现和纠正错误或漏记的地方。

对于抽调专人进行的大规模访谈，访谈组织者还应通过一定的方式，对访谈者所取得的访谈资料进行检查验收。

4.3　访谈方法的技巧

访谈是一种社会交往过程，访谈的成功与失败在很大程度上取决于这种互动过程组织得好坏。因此，访谈员要想取得访谈的成功，在整个访谈过程中，必须熟练掌握和运用各种访谈技巧。

4.3.1 接近被访者的技巧

接近被访者是整个访谈过程的第一步。良好的开端是成功的关键。整个访谈的进行在很大程度上取决于访谈员与被访者最初接触时的表现。如果一开始就引起调查对象的反感，整个访谈就难以顺利进行。

(1) 称呼要恰当。

称呼是接近被访者的第一句话，如何恰当称呼对方是接近被访者的第一步。访谈员应考虑自己与被访者之间的亲密程度和心理距离的实际情况，按照头衔、尊称、爱称、绰号等规律，选用恰当的称呼，并随着亲密程度和心理距离的发展变化适时地改变称呼。我国地域广阔，各地的称呼有很大的不同，在不同的区域做市场调查时要考虑区域特点。

(2) 接近被访者的方式。

接近被访者的方式有自然接近、求同接近、友好接近和隐蔽接近。

自然接近是指访谈员与被访者在共同活动中彼此接近的方式。例如，在与被访者一起工作、劳动、开会、学习、就餐等活动中与对方攀谈，逐步了解对方，待建立了初步感情之后再说明来意，进行正式访谈。这种接近方式是访谈员有心、被访者无意的一个过程，自然接近有利于消除对方的紧张、戒备心理，在对方不知不觉中了解到许多情况。

求同接近是指访谈员在寻求与被访者的共同语言的过程中接近对方。例如，同乡、同学、同行、共同的经历、共同的兴趣爱好等，都可以成为最初交谈的话题。

友好接近是指从关怀、帮助被访者入手，通过联络感情建立信任并彼此接近的过程。例如，如果被访者家里有病人，可以从治病、买药和调养等经历入手；如果被访者遇到挫折，可以从安慰、开导角度入手。通过这些沟通交流建立起彼此的信任，可使访谈更顺利。

隐蔽接近是以某种伪装的身份有目的地接近对方，并在对方没有察觉的情况下开展访谈活动。例如，访谈员以消费者的身份，在购买商品的过程中，与商品销售人员进行交流。

(3) 形象得体。

初次见面的人往往是从对方的外貌获取第一印象的。访谈员的衣着、服饰、打扮等外部形象对能否在一见面时就取得对方的好感也有重要影响。访谈员要注意使自己的衣着、打扮尽可能地与被访者类似，给对方一个易于接近和交往的感觉。

4.3.2 提出问题的技巧

提出访谈问题，简称提问，是访谈方法的主要手段和环节。

(1) 提问的方式要灵活。

提问可以开门见山、直来直去，也可以先进行试探性的提问，然后一步步深入。究竟采用哪种方式提出问题，应根据问题的特点、被访者的具体情况和双方之间的关系来确定。对于一些比较简单，被访者容易回答的问题，可以直接提出；对于比较复杂、敏感，被访者有所顾忌的问题，应采取谨慎、迂回、委婉的方式提出。在访谈双方初次接触时，提问的方式要耐心、慎重；而对于比较熟悉的调查对象，则可以直率地进行访谈。对于文化程度较低、理解能力较差的调查对象，提问时要耐心解释、循循善诱、逐步深入；反之可以直接、连续地进行发问。

访谈员应注意采取合适的提问方式，在正式提问的过程中，应尽可能减少题外话，通过提问将双方的注意力集中在访谈问题上，以便在较短时间内顺利完成访谈任务，不至于因访谈时间过长而使被访者对访谈感到厌烦。在提问时，不仅要提出问题，而且要解释问题，访谈员要保持中立态度，尽力避免倾向性，以免影响被访者的思路，造成对被访者的诱导。

（2）提问的语言要通俗。

在访谈过程中应使用被访者易于理解并乐于接受的语言。具体来说，要努力做到“一短三化”。“一短”是指提问的语言应尽量简短。一个成功的访谈应该是用简短的提问换取充分的回答。“三化”是指提问的语言应尽量口语化、通俗化和地方化。口语化是切忌使用官方语言和书面语言；通俗化是尽量少用术语、专业名词，当必须用时，要做出说明，使被访者能够听懂、理解；地方化是要注意一些词在不同地区、不同方言中的不同含义。

（3）提问的语气要恰当。

根据被访者及访谈环境的情况，灵活使用不同的语气，对老年人说话音量要放大，速度要放慢；对孩子应使用浅显的语言、亲切的口气；对反应快的人应单刀直入，尖锐地发问；当要激起对方的热情时，语调应该抑扬顿挫，节奏应快一些；当要打消对方的怀疑时，节奏应放慢，语调深沉，严肃真诚。访谈一般采用闲谈或聊家常方式，切忌审问式。

4.3.3　听取回答的技巧

访谈方法中的听应该是有效率地听，是访谈员对提出问题后被访者回答结果的直接接收。要做到有效率地听，必须尽量做到以下几点。

（1）排除各种听的障碍。

访谈员可能会因为先入为主的态度而对被访者的回答不能做出客观的判断，从而出现不能或不愿意认真听的情况；访谈者可能会因为过度疲劳而不能集中精力地听；访谈员可能会因为过于心急而不能耐心地听；访谈员和被访者对于问题的理解不同会使访谈员不能正确地听。要想有效率地听取访谈中的信息，要采取对被访者的回答不插话、不表态、不干扰的方式，保持沉默，专心地听。

（2）及时给予被访者回应。

采取正确的态度，对被访者的回答给予恰当、及时的回应。如果被访者在认真回答问题，而访谈员表现得心不在焉，甚至不停地打哈欠，显然这不是一种正面的回应方式，被访者容易受到负面影响，不可能认真地讲下去。在谈话的过程中，访谈员要不断用“好”“对”“嗯”等语言信息，或用点头、肯定的目光、手势等非语言信息鼓励对方继续讲下去。对于听不懂的地方或听不清楚的地方，应请被访者再深入谈一下。特别是在涉及人名、地名、数字等资料时，虚心请被访者重复一遍是相当重要的。总之，访谈过程不仅是交流信息的过程，而且是交流感情的过程。因此，访谈员应很好地把握这些态度、情感在访谈过程中的应用。

（3）善于记忆访谈信息。

记忆的好坏决定了获取知识的数量及准确度。获得好的记忆能力可采取如下方法：一是重复，即请被访者复述或自己默默复述；二是提炼中心思想和观点，以利于提高记忆的方便程度和牢固程度；三是利用联想、比较等方法，帮助提高记忆水平；四是利用被访者的回答来询问和探讨问题，使用问题或答案的次数越多，对其记得越牢。

4.3.4 引导和追问的技巧

引导不是提出新问题，而是帮助被访者正确理解和回答已经提出的问题，目的是使被访者能够正确理解问题，并能准确、真实、全面地回答所提出的问题。访谈员在访谈方法中进行引导或追问时，要掌握一定的时机。

当被访者对所提出的问题理解不正确、答非所问、文不对题时，访谈员应该用对方能听懂、听明白的语言对问题进行解释或说明，排除干扰和障碍，使访谈能按计划顺利进行下去。在农村社会经济调查中，答非所问的情况经常会出现，合理的引导能够有效地提高调研效率。特别是要学会如何巧妙地打断对方的讲述，引导其围绕问题展开回答。

如果被访者有思想顾虑，访谈员就应摸清顾虑所在，然后对症下药，消除被访者的顾虑。如果被访者的谈话内容远离主题，访谈员就应采取适当的方式，有礼貌地将话题引到主题上来。如果被访者遗忘了问题的某些具体情况，访谈员就应从不同角度、不同方面帮助对方回忆；如果访谈中断后又重新开始，访谈员应采用回顾前面谈话内容，又引出接下来要谈的话题的方式，使访谈能够继续下去。

4.3.5 追问被访者的技巧

追问是为了促使被访者进一步真实、具体、准确、完整地回答问题而进行的提问。

一般来说，追问主要用于如下情形：当被访者的回答明显不真实、没有吐露真情的时候，当被访者的回答前后不一致、自相矛盾的时候，当被访者的回答过于笼统、不够准确的时候，当被访者的回答不够完整、不够具体的时候，访谈员都可以采用追问的方式，以求被访者的回答满足访谈目的的需要。

追问的方式有多种。正面追问是指通过直接指出回答中存在的不具体、不准确、不完整的地方，请被访者补充回答的询问方式。侧面追问是指通过切换询问的角度或侧面来询问调查对象规避回答的问题的询问方式。系统追问是指通过追问某个社会现象发生、发展过程中的一些细节，达到对事件整体把握的目的的询问方式。补充追问是指通过进一步询问没有听清楚、弄明白的问题而使访谈内容得以补充的询问方式。

特别要强调的是，追问一定要适时和适度。适时是指被追问的问题应该是访谈中比较重要的问题，追问的时间应该放在访谈过程的后期。因为追问通常有种咄咄逼人的感觉，所以适时的追问有助于规避访谈中比较敏感的部分，以免影响访谈的顺利进行。适度是指在访谈中，追问不能伤害访谈员和被访者之间的感情，也不能造成过分紧张的访谈气氛，因此，访谈员的灵活性、敏锐性和应对问题的能力都对访谈质量有直接的影响。

4.3.6　结束访谈的技巧

结束访谈的技巧主要表现为两部分：一是对结束时间的把握，二是对结束时使用语言的把握。

访谈时间一般控制在一两个小时之内，比较符合人们的访谈心理和感受，当然也不能过于教条。调查者在访谈过程中还要学会察言观色，灵活把握访谈时间，提高访谈的质量。

在访谈结束时，访谈员要对被访者的合作表示真诚的感谢，并且表示从被访者那里收获到很多信息和友谊，希望以后有机会能够进一步交流，或再次登门拜访，为以后的再次调查做好铺垫。

4.4　对访谈方法的评价

访谈方法类型多样，每一种访谈方法都有各自的优点和不足，访谈员要根据访谈需要有目的地选择使用。在市场调研中，可以采用面对面的焦点小组访谈、面对面的一对一访谈、面对面的网络访谈、非面对面的电话访谈等方式。访谈方法与其他调查方法相结合效果会更好。访谈方法是一种基础性的调查方法，它与问卷调查、专家调查、实地调查等方法结合起来使用效果会更好。

4.4.1　访谈方法的优点

（1）访谈方法应用广泛。

只要访谈员和被访者之间不存在语言交流障碍，就可以使用访谈方法，因此访谈方法可以被广泛使用。不管被访者的文化程度是高还是低，不管被访者的身体状况如何，只要能够交流，就可以从访谈中获取信息。

（2）访谈时间和地点灵活。

访谈可以在家、办公室、会议室、咖啡馆、网络聊天室、线上会议平台等真实和虚拟的地点灵活展开，应用起来非常灵活。

（3）访谈内容宽泛。

通过访谈方法，访谈员既可以了解某一社会经济现象或问题的过去，也可以了解其现在的发展情况，甚至可以对其未来进行前瞻性的调查。在访谈内容上，访谈方法也可以涉及很多方面的内容，既可以是数字信息的交流，也可以是文字信息的交流，还可以是关于被访者的主观动机、思想、情感等方面的内容。

（4）访谈互动性强。

访谈是信息双向交流的过程，特别是对于面对面的访谈方法，访谈员和被访者之间的关系更加紧密，交流更加直接，在询问、引导和追问的过程中，信息交流更加充分。对于任何疑问，在访谈中都可以进行直接沟通。

访谈是情感交流的过程。访谈不仅可以收获信息，而且可以加强访谈双方的情感交流，特别是当访谈双方在对一些问题的认识有某种共识性的时候，基于情感交流而释放出来的信息是其他调查方法无法比拟的收获。通过访谈，访谈员和被访者都可以提升自我的交流能力、观察能力、思辨能力，进而激发他们对问题的认识能力和解决能力。

（5）访谈可以获得创意和启发。

通过深入访谈交流，可以获得来自被访者的新想法、新思想、新主意、新观点；访谈也有助于被访者加强对企业产品包装设计、品牌标签、广告推广等营销方面的深入理解，这对访谈者提出有助于企业创新发展的新策略具有启迪意义，这也是访谈方法的重要作用之一。

（6）访谈可以关注特殊群体。

在市场调研中，基于市场细分和营销需要，访谈可以更为关注特殊群体，比如教师、医生、儿童等。

4.4.2 访谈方法的不足

（1）访谈结果的质量很大程度上取决于访谈员和被访者的素质。

访谈员的素质主要是指其对访谈内容和问题的控制能力、对访谈方法的态度、对访谈话题的理解程度、访谈过程中的灵活性和组织集体访谈等方面的能力等。一个好的访谈员在访谈过程中通常表现得灵活自信，将访谈场面控制得热烈而不偏离主题，敏锐发现问题且采取恰如其分的引导和追问技巧。这样的访谈员通常对于访谈过程有全局的把握，能够尽可能多地收集相关信息。

被访者的素质主要是指其对问题的理解能力、合作态度和回答问题的方式等。如果被访者对问题的理解能力比较强，那么回答问题的准确性就比较高，提供的信息也更加有价值，更加符合调查研究的需要。同样，一个积极合作的被访者也会使访谈过程相对顺利一些。

（2）访谈的匿名性不强。

无论是面对面的一对一访谈，还是集体访谈，被访者都无法完全保持匿名性，这对被访者可能会造成一定的心理压力。这同时会造成被访者对于一些敏感问题、尖锐问题可能出现不愿回答或不真实回答的情况。

（3）访谈资料有待进一步核实。

因为访谈方法所获得的信息往往都是一些口头信息，所以这些信息的真实性和准确性都有待于进一步证明，特别是被访者的社会经验、认知能力和价值观念等多方面因素都会影响信息的质量。

（4）访谈资料不具有代表性。

访谈方法适合于在较小范围内进行，以深入挖掘被访者的内心为主要目的，关注访谈者个体，收集的资料大多是定性的、无结构的，访谈对象不具有代表性，因此无法用访谈资料推断总体结论，在概括研究结果时要谨慎。

在市场调研中，访谈方法是一种主要的调查方法，特别是集体访谈（焦点小组访谈）、深入一对一访谈等，它们都是访谈者经常采用的访谈方法。随着互联网技术的发展，访谈也由传统的线下访谈向线上访谈等多种访谈方式拓展。总体来看，访谈方法应用起来方便易行，成本费用相对较低，可以根据需要随时组织。访谈在获得消费者对企业广告和品牌的看法以及消费者的购买态度、认知、偏好、忠诚度、满意度、意见和建议等方面的信息上具有优势。但是访谈方法获得的大多是定性资料，不能进行量化分析，不能代表总体，访谈者在总结和使用访谈结论时要审慎。

思考题

1. 什么是访谈方法？
2. 什么是标准化访谈？什么是非标准化访谈？
3. 什么是个别访谈？什么是集体访谈？
4. 简述线上和线下焦点小组访谈方法的应用技巧。
5. 在实施访谈方法的时候，应该做好哪些准备工作？
6. 简要评述访谈方法的优点和不足。

第 5 章

观察方法

本章内容

观察方法是通过观察来收集信息的调查方法。本章介绍了观察方法的类型、特点和应用原则；介绍了观察方法的实施程序，对观察方法的优点和不足进行了评价。

学习目标

了解观察方法的类型，掌握主要观察方法的含义和特点，掌握观察方法的应用原则和实施程序，掌握观察误差的相关内容，了解观察方法的优点和不足。

《现代汉语词典》对“观察”的解释是：“仔细察看（事物或现象）。”观察方法属于直接调查方法，是调查者直接深入现场或进入一定的情境中，利用眼、耳等身体感觉器官或科学的观察仪器，直接观察调查对象，并且有目的地搜集相关资料的一种方法。

5.1 观察方法的类型

按照不同的分类标准，观察方法可以分成不同的类型。

5.1.1 参与观察与非参与观察

按照观察者是否参与观察对象的活动，观察方法可以分为参与观察和非参与观察两类。

（1）参与观察。

参与观察是指观察者直接参与到观察对象所处的社会群体中，以群体正式成员的身份参与各项活动，并同时从群体内部观察调查对象。在参与观察中，根据观察对象对观察者身份的识别程度，可分为完全参与观察和不完全参与观察。

完全参与观察是指观察者在不暴露真实身份的前提下，真正参与（或假装参与）到社会团体或社会活动中，通过完全的参与来观察调查对象各方面的情况。在这种调查活动中，观察对象常常把观察者看做是自己人，对其不存戒心，这样就使观察对象的行为始终处在一种自然状况下，其行为表现最为真实、自然，从而使观察活动真实而生动，能够真实反映调查对象的情况。例如，调研人员以销售员身份亲自参与到店铺产品营销活动中，店铺其他销售员完全不知。调研人员作为完全观察者通过亲身体验，在营销活动中观察消费者的购买行为，观察店铺其他销售员的服务行为，从而获得真实信息。

不完全参与观察是指观察者虽然参与到观察对象群体中来，但是其身份是暴露的，观察者始终处于半“客”半“主”状态。这种参与程度很高的观察能够消除观察者与被观察者之间的隔阂，使其习惯观察者的存在，显露出真实自然的状态，使观察活动达到预期的效果。

（2）非参与观察。

非参与观察又称局外观察，是指调研人员作为观察者，不加入观察对象的群体，不参与观察对象的活动，完全以局外人或旁观者的身份进行观察。在非参与观察中，根据观察对象对观察者身份的识别程度，可分为交往型的非参与观察和不交往型的非参与观察。

在交往型的非参与观察中，调查人员的身份是公开的，但调查人员不加入观察对象的群体，也不参与其活动，只是作为观察者，在与观察对象进行交往的过程中对其进行观察，以达到调查的目的。在这种观察方式中，观察者由于没有加入观察对象的群体和没有参与其活动，所以一般不容易受到观察对象的群体规范、价值、情感等多种因素的影响，判断比较客观。但反过来说，不参与也会使观察者无法深入观察对象群体活动的更深层次，因此往往会造成忽略实际生活中某些方面的问题。

在不交往型的非参与观察中，观察者一方面不向所观察的对象暴露自己的真实身份，另一方面也不参与他们的群体和活动，作为纯粹的旁观者对调查对象进行观察。在这种观察方式中，调查对象始终处在一种自然状态下，其社会经济活动和行为的表现也是本色的表现，不会受到调查者观察动机和行为的影响。同时，调查者作为观察员，也会保持客观的立场，尽量不受观察对象的行为、观点、言行等的影响。当然，“人非草木，孰能无情”，在实施观察方法的过程中，观察者和观察对象所处距离比较近，对感受的现象和发现的问题有时难免会出现自我判断和立场倾斜性问题，这时我们要求调查者尽量要保持冷静，尽可能保持客观的心态，只听、只看，不发表议论，不表示兴趣。

5.1.2　结构式观察与非结构式观察

按照观察内容是否有统一要求的标准，观察可以分为结构式观察和非结构式观察两类。

（1）结构式观察。

结构式观察又称有控制观察，是依照较严格的观察计划和程序实施观察的一种方式。观察的内容、结构都有严格的要求，往往统一制定观察表格或卡片，并受到一定程度的控制。所谓的控制是指在调查中，观察的内容和项目是统一设计的，观察场所和基本的条件具有统一的要求，观察使用的工具具有统一的标准。

结构式观察的统一性要求能够使观察的结果达到标准化的程度，以便于对观察结果进行定量分析和对比研究。因此，当调查者要进行结构式社会观察时，必须做好观察内容、项目、场所、手段等的设计，在调查时按照设计好的程序和内容直接进行观察。

（2）非结构式观察。

非结构式观察是指观察者根据研究目的，对观察对象实施发散式观察。非结构式观察事先并不需要规定观察的内容和程序，也不需要制定观察计划，只需要观察者事先有一个总的观察目的和要求，然后根据观察目的确定观察对象。

在非结构式观察中，观察者可以充分发挥自身的主动性和创造性，灵活掌握观察的重点。其不足之处在于观察资料不系统、不规范，受观察者的个人偏好、观察技巧等因素的影响比较大，很难对观察结果进行定量分析和对观察对象进行比较研究。因此，非结构式观察比较适用在探索性调研之中。

除了结构式和非结构式观察，还有一种介于两者之间的半结构式观察。它是一种较非结构式观察相对严格，而较结构式观察又相对宽松的观察方法。在半结构式观察中，观察者要根据观察提纲和观察标志（可观察的行为模式），对观察对象进行观察，观察观察对象是否有观察标志所标定的行为模式发生。半结构式观察提纲的制定并无一定的模式，调研人员会根据研究题目来决定观察提纲的内容和详尽程度。一般来讲，一个较为详细的观察提纲通常应包括观察对象、观察时间与场合、观察程序等。

5.1.3 直接观察与间接观察

按照观察对象是不是活生生的人的标准，观察方法可以分为直接观察和间接观察两类。

（1）直接观察。

直接观察是对现实存在的、正在发生的对象和行为进行观察，以获取观察对象某一方面的真实社会行为反应的一种观察方式。比如，我们可以在商场的产品分区处，作为观察者，直接观察消费者挑选水果的行为，也可以直接观察消费者对早餐麦片食品的选择行为，还可以站在超市选择消费者观察其在超市的购物行为。通过以上直接观察，我们可以对商场、超市的产品摆放、分类和营销等提出改进策略。

（2）间接观察。

间接观察是对与观察对象有关的自然物品、行为痕迹等进行观察，以间接了解和反映观察对象在过去某一历史时期所具有的行为特征的一种观察方式。间接观察的对象不是观察对象的行为本身。间接观察的对象包括图片、画作、建筑物和已产生的实物等。

观察者可以通过对所调查村庄的道路、住房、卫生、环境等情况的观察，粗略估计这一社区的经济发展水平、生活水平和生活状态等方面的情况。再如，通过对各种古迹、遗址、博物馆文物等的观察，观察者可以对过去一定历史背景下的社会、经济、政治、文化等有一定的认知。

5.1.4 自然观察和实验观察

按照观察现场是不是真实存在的标准，观察方法可以分为自然观察和实验观察。

自然观察是观察者针对自然状态下观察对象正在发生的行为或现象进行的观察。在自然观察中，观察者的身份是旁观者。比如在市场调研中的神秘购物，观察者以购物者的身份观察员工和消费者之间的互动行为，在超市、餐馆、咖啡店等场所非常适合采用这种方法。在实际观察时，自然观察经常与访谈配合使用。

实验观察是观察者事先设计一种情境，观察对象按照实验要求，在既定情境中做出行为选择，观察者对观察对象进行观察，记录相关信息的观察方法。在实验观察中，观察者根据实验方案设计的观察要点，对实验情境下被试者的行为表现进行记录。实验观察是实验方法和观察方法的结合。实验观察的情境是人为设计的，因此可以对没有发生但是有预期的市场营销模式、业态等进行实验观察。

5.1.5　人员观察和机器观察

按照观察者是人还是机器的标准，观察方法可以分为人员观察和机器观察。①

人员观察是由观察员亲自进行的观察活动。由观察员进行的观察通常比较灵活，也可以和其他方法结合使用，但是观察质量完全取决于观察员的经验、责任性和对观察要点的把握。

机器观察是在适合使用机器收集数据的情况下，利用机器来收集信息。特别是对于大数据信息的收集，机器观察比人员观察更准确，机器观察在短时间内收集的信息比人员观察要多。随着信息技术、人工智能的发展，机器观察在线上、线下都得到了越来越多的应用。

专栏5.1

机器观察+人工智能

通过摄像头采集高清视频，利用独有的软件和互联网技术，调研人员无须到现场就可以对店面进行即时的观察，包括观察商品陈列、店员状态、消费者行为等。基于连锁店不同店面的观察有利于调研人员分析市场的区域差异。另外，机器观察有利于积累形成大数据，可以进行数据的精准分析，为管理决策提供支持，帮助企业优化商品陈列布局、配置不同店面的商品品种。

随着人工智能技术的发展，人脸识别在市场营销、企业管理中得到极大的应用，特别是对客户的观察，人脸识别技术具有很大的优势，为企业维护和发展客户提供了可利用的、持续的观察信息和资料。人工智能系统可以清晰描绘客户的“画像”，记录其购物时的行为。根据客户消费行为的历史记录，系统可以对客户进行细分和深度分析，可以按年龄、性别划分客户，也可以按回头率，把客户分为贵宾客户、回头客和潜在客户，针对不同客户，企业可以提供更为个性化的服务。同时，当机器观察与手机App相连时，这些信息可以在客户踏入店面的那一刻被传送到店员手机上，使销售成功的可能性增加。

总结来讲，当客户走进一个店面（超市、便利店、家具店、餐饮店、服装店等）时，人脸识别系统就将其锁定了，随后，一个以客户为核心的大数据库就会悄无声息地形成。

---

①　小卡尔·麦克丹尼尔，罗杰·盖茨．当代市场调研．10版．李桂华，等译．北京：机械工业出版社，2017：155-156.

客户在参观、选购商品过程中一点一滴的行为表现都被机器观察并记录。最后，使用机器和软件可以对客户的年龄、喜好、表情进行分析，从而对客户的消费满意度进行评价。当然这种先进的方法应在满足数据安全规定的条件下进行，保护客户的权益。

以上各类观察方法各有特点，在实际调研中，应根据观察的目的、任务和条件，灵活地把握和运用，以期达到更为真实、全面的观察结果。

5.2 观察方法的特点

首先，观察方法中的观察是观察者有目的、有计划、自觉、科学的认识活动。这与随意的观光浏览不同。观察的对象不管是人还是物，一般都是被动地处于观察者的观察之中，因此，要取得良好的观察效果，观察者必须有明确的观察目的和周密的观察计划，同时实地观察还必须依照观察计划有条不紊地进行。此外，调查前还必须对观察人员进行系统培训，让他们明确观察目的，掌握科学的观察方法，这样才能保证搜集到满足目的和计划要求的资料。

其次，观察不仅可以利用观察者的感觉器官，例如耳、眼等作为观察工具，而且还可以利用仪器设备，例如照相机、摄影机、录音笔、望远镜等作为观察工具。在感觉器官中，视觉器官是最重要的观察工具，90%的信息是通过眼睛获得的，而仪器设备则是人的感觉器官的延长和放大，通过利用这些工具，调查者可以将观察到的人物、事件、环境等详细地记录下来，既可以包括静态资料，也可以包括动态资料，既可以包括语言资料，也可以包括图像资料。利用多种观察工具所获取的信息资料可以使观察资料更加完整、准确，使问题分析更加深入、全面。

再次，观察方法强调的是观察对象处于一种自然状态下的观察，而不是处于人为故意制造的环境下的观察。如果观察对象处于非自然的状态下，那么这样的观察将失去其作为调查方法的意义。在非自然状态下的观察结果也意味着展示的是非客观的社会经济情境，从而可能引发观察者得出错误的结论。

最后，观察方法中的科学观察强调其观察结果的客观性和可检验性。调研人员可选定观察对象，通过反复观察或综合运用其他收集资料的方法，获取客观的资料，并且能够对观察结果加以对照和检验。

5.3 观察方法的应用原则

为了保证实地观察的顺利实施和取得良好的观察结果，在市场调研中应用观察方法，需要调研人员把握一些基本原则。

5.3.1 客观

所谓客观，就是从实际出发，根据现场的真实状况观察当时发生的事实，并如实地将其记录下来。观察者绝不能按照自己的主观偏好随意增减或歪曲客观事实，或者只注意观察和记录对自己的调查有利的事实，而不去观察和记录对自己的调查不利的事实。

观察者进行一项市场调查的目的是搜集真实可信的资料，然后对这些反映实际情况的资料进行科学的分析，得出正确的结论。资料的真实、可靠是建立在调查处于客观条件的基础之上的。因为实地观察接近客观实际，所以其收集到的资料对于指导实际工作的意义更大，因此强调客观性也尤为重要。

5.3.2 全面

所谓全面，就是要对观察对象从不同的观察侧面、不同的观察角度、不同的观察层次进行多方面的观察，以全面把握和了解观察对象的全貌。例如，若我们要观察消费者在超市购买蔬菜的行为，可能就要考虑在不同时间段对消费者开展观察。除了早晨、上午的消费者需要观察，下午的消费者也需要观察，全面时间段的观察有利于提出关于在不同阶段供给蔬菜的品种和数量的建议。

5.3.3 深入

所谓深入，是指在了解基本市场状况的情况下，对观察对象的观察要注重细节，不能局限于表面。观察的全面通常是指观察的广度，而深入是指观察的深度。走马观花、浮光掠影式的观察是不可取的。

另外，在市场调查中，观察的活动持续时间比较短，从观察开始到结束很快就可以完成，一次性观察的事件或者行为往往是在特定的时间、地点快速发生的，但是，随着时间的推移、地点的变化，可能观察对象的行为也是有所改变的。因此，很多企业市场调研部门针对消费者的调查都设有固定观察点或者观察对象群，定期或不定期开展观察活动，从而对企业的市场管理决策提供及时、客观的调查意见。持续的观察活动有利于收集系统、完整的调研资料，减少观察误差。因此，深入的市场观察也需要进行持续的观察。随着机器观察的发展，多种观察方法结合使用，既可以实现全面观察，又可以使观察更深入。调查人员要注意开发深入观察的方法和手段。

5.3.4 规范

所谓规范，是指观察要遵循科学研究的伦理道德和法律规范。任何违背观察对象意愿的观察都是不允许的。不能强求观察别人不愿被观察的事物或现象。总之，一切违反社会道德、法律规定的事情，均不能被允许。这也对调查者提出了比较高的要求，在进行实地观察之前，一定要做好充分的准备，对当地的风俗、民俗等做一个较为充分的了解。

5.4 观察方法的实施程序

虽然各种不同的观察方法都有自身的特点，但是观察方法的实施程序与访谈方法一样，也可以分为准备、操作和整理三个阶段。

5.4.1 准备阶段

准备阶段的主要内容是确定观察内容，制定观察计划，做好观察前的准备工作。准备工作做得越充分，观察工作就会进展得越顺利，观察结果也会越客观真实。需要准备的内容有：

（1）决定观察目的；

（2）确定观察对象；

（3）确定观察的方式、方法和手段；

（4）选择具体的观察地点，确定具体的观察时间；

（5）制定详细的观察提纲，明确观察内容和要点；

（6）选择并培训观察人员。

5.4.2 操作阶段

操作阶段主要是指观察者深入农村实地，按照调查研究目的和内容的要求，对观察对象展开观察，收集调查资料的过程。调查者应尽可能按照事先设计好的观察提纲或观察问卷进行观察，也就是说，要保证不同观察者收集到的资料的一致性和有效性。

操作阶段要特别注意及时、准确地做好观察记录，包括使用拍照、录音、录像等手段。如果不及时记录，时间一过，就可能忘掉许多观察到的细节，或者对于真实情况的记忆就会模糊。因此，做好观察记录是很重要的。在使用观察方法进行调查时，主要可以采用的记录方法有：

（1）同步记录。

在进行观察的同时尽可能做好详尽的记录，同步记录是信息丢失最少的一种记录方法。为了提高记录速度，可以采用速记方法，记下观察中看到的现象；当代市场调查比较方便，除了纸质笔记本，更多情况下可以使用手机、平板电脑等移动设备记录观察活动，不仅可以记录文字，还可以配以现场的图片、视频，观察者还可以随时把观察感想、意见、建议、评论等通过文字或语音记录下来。以上手段既可以使记录准确、全面、灵活，也可以方便进一步的整理，甚至通过语音转文字等软件，使资料整理变得简单很多。

（2）事后追记。

事后追记是采用记日记或单独事件记录的方式，将所观察到的事件，根据记忆，依照先后次序或依照事件的分类追录下来。事后追记是根据记忆补记所观察到的情况，因此必须抓紧时间补记；否则，随着时间的推移会遗漏一些具体的、关键细节的资料。

（3）卡片记录。

卡片记录是在观察时及时在预先制作好的观察卡片或表格上画记号。这种记录方法可以提高观察记录的速度和质量，有利于分类整理，有利于对观察结果进行定量分析。

以上不同方法记录下来的内容各不相同。有的学者主张尽可能具体、详细地记录下观察对象自己的语言，而有的学者则主张观察记录要尽可能简明扼要，记下主要的事实和情节就可以了。观察者不管采用何种记录方法和记下何种内容，都要以有利于以后进行综合分析为原则。

5.4.3　整理阶段

整理阶段的主要工作是审核、分类和汇总收集到的资料，为进一步进行资料分析做好准备。观察方法虽然也可以通过结构式观察获取标准化、规范性强的观察资料，但是与问卷调查方法相比较，实地观察中获取的很多资料都是比较零散的、记忆性的碎片资料，或者是一些录音、录像资料。因此，观察者在每天的观察任务结束后，就需要抓紧时间及时、准确地把这些资料补充、梳理清楚，将观察所涉及的日期、人物、事件、内容等录入电脑，使观察资料电子化，方便日后查阅和分析使用。这项工作任务非常繁重，但是它是观察方法的关键环节。及时、有序、清楚地将收集的资料整理好，是后续分析资料的关键。

5.5　努力减少观察误差

任何调查都会产生误差，努力减少误差是调研人员的重要任务，是调研工作的内容之一。观察方法也不例外。

5.5.1　产生观察误差的原因

（1）就观察者而言的误差源。

①主观因素。观察者作为一名观察员，拥有自己的立场、观点和方法，不同观察者之间的这些主观因素的差异会造成观察同一对象的感觉大不相同。同时，观察者在世界观和方法论上的缺陷往往也是造成观察误差的一个重要原因。另外，观察者的事业心和责任感也会对观察结果产生重大影响。一个事业心强、认真负责的观察者可能观察到许多深入、细致的社会现象，而一个马马虎虎的观察者却可能遗漏许多重要的方面。

②知识因素。观察者的知识水平和结构不同，实践的经历和经验不同，观察问题的参照标准不同，因而对同一对象的观察重点、观察结果都会发生很大的差异。知识和经验不足，对问题的认识就不会很深入。

③心理因素。观察者的兴趣、需要和情绪等心理因素也会对观察结果产生一定的影响。比如，观察者的情绪兴奋、喜悦，往往就会观察到较多的积极方面；观察者的情绪苦闷、压抑，往往就会观察到较多的消极方面。

④生理因素。观察者各种感觉器官的感受能力在生理上都是有一定限度的，超过一定的限度就会发生观察误差。

（2）就观察对象而言的误差源。

观察对象无论是人还是事，都会存在表象和内在本质上的差异。对于被观察的人来讲，观察活动可能引起被观察者的反应性心理和行为，这也会造成反应性观察误差。对于被观察的事来讲，由于客观事物自身处在一个发展的过程中，其本身发展不成熟、不完善而造成其本质尚未通过现象充分显露出来，也可能造成观察误差。另外，人为制造假象的问题更会造成观察到的结果与事实严重不符。

5.5.2 减少观察误差的途径

观察者客观存在的不可逾越的认知局限性，以及观察对象的复杂性，致使观察误差是不可能完全被消除的。但是，任何调查都会力求尽量减少观察误差。具体来讲，可以从以下几方面入手：

(1) 选择经验丰富的观察者。

一个好的观察者应当具有良好的感知力、敏锐的注意力、优良的记忆力、正确的识别力和快速的记录能力等。观察者应具备认真负责的态度，对实地观察具有浓厚的兴趣。同时，一个合格的观察者应该掌握与观察课题有关的各专门学科的科学理论知识，应该了解关于观察对象的历史和现状。观察前的知识准备越充分，发生观察误差的可能性就越小。

(2) 充分利用现代化的观察工具。

为了避免观察者自身感官可能带来的观察局限性，在观察工具的使用上，我们可以采用一些现代化的记录手段，例如摄像、录音、照相等，尽可能提高观察的客观性和准确性。

(3) 采用多人或多组同时观察的方式。

对同一现象进行多人或多组的同时观察可以互相印证观察结果，纠正偏差，但相比较而言，观察成本可能较高。

(4) 消除观察中的偏见。

观察人员应以实事求是的科学态度对待观察中的社会现象，应该不带框框，不抱偏见，具体问题具体分析，避免掺杂个人情感。

5.6 对观察方法的评价

5.6.1 观察方法的优点

观察方法的最大优点是它的直观性和可靠性。相比较而言，有什么比亲眼所见、亲耳所闻的调查更能让人感受到现实、更能让人信服的呢？在实地观察中，由于不需要借助任何中间环节，观察者能够直接与观察对象接触，因此能够获得大量生动、具体的第一手资料。观察者亲自到现场观察，直接观察处于自然状态下的社会现象（排除人为制造假象）。这些活生生地摆在你面前的现实，没有经过观察对象的主观回忆和加工，其真实性、可靠性就增加了很多。另外，当观察者到现场观察时，不但能了解事实的来龙去脉，而且还能注意到当地的特殊环境和气氛。

观察在进行时主要是观察者单方面的活动，尤其是参与式观察，一般不需要进行语言交流。这种观察有利于对那些不能够或不需要进行语言交流的社会现象进行调查，有利于排除语言交流或人际交往中可能发生的种种误会和干扰。观察方法的这个优点在市场调查中应用广泛。

另外，观察方法简便易行，可随时随地进行，灵活性大，观察人员可多可少，观察时间可长可短，只要到达现场就能获得一定的感性认识。因此，它是一种使用较广泛的调查方法。

5.6.2 观察方法的不足

观察方法一般是通过个人完成的，观察结果往往会受到人的主观意识的影响，特别是观察者在进行观察时，有时不可避免地加入自己个人的偏好，从而使观察结果带有一定的主观性。

观察者的知识、能力各不相同，且每一次具体观察都是在特定的时间、地点、条件下进行的，这样的观察结果必然带有偶然性。

另外，因为每个观察者的生活阅历各不相同，对社会经济现象的理解与认知的深度也各不相同，所以在观察的时候会出现对社会经济现象的认知停留在表面的情况。

基于观察可以直接接触现实社会的特点，在运用观察方法进行调查的过程中要尽量避免对现象的观察和认识上的主观性、偶然性和表面性。

观察方法受到时空约束。实地观察需要考虑事件发生的时间，对于已经发生的事，观察方法是不适用的，观察适用于正在发生的事，因此，有时候观察给人一种可遇而不可求的感觉。不过，在市场调研中，针对消费者、产品的实地观察主要受到观察场所的营业时间、节假日时间等的约束。在不同的时间点上，消费者流量也会不同，而消费者流量可能直接影响观察者的观察活动，因此观察员应该注意选择合适的时间。而实验观察、机器观察方式下的观察就不受太大的时间约束。从空间上来看，观察者如果开展跨地域的观察活动，则进行过于分散、交通不便的观察活动困难比较大。

总而言之，观察方法是一种重要的收集资料的方法。在使用时，我们既要发挥其优点，也要克服其缺点，将实地观察方法和其他调查方法结合使用，以保证其收集到的一手资料的客观性和可靠性。

思考题

1. 什么是实地观察方法？实地观察方法有哪些特征？
2. 什么是参与观察？什么是非参与观察？
3. 什么是自然观察？什么是实验观察？
4. 什么是人员观察？什么是机器观察？
5. 在实施实地观察方法的时候，应该做好哪些准备工作？
6. 简要评述观察方法的优点和不足。

第 6 章

概念化、操作化和测量

本章内容

概念化、操作化和测量是进行问题定量分析研究的关键环节。本章介绍了建构概念的逻辑、概念的内涵和外延、真实定义、名义定义和操作定义等概念化的内容；介绍了概念操作化的过程、概念的维度和指标等操作化的内容；介绍了测量的含义、要素、类型、实施步骤、信度和效度评估等内容。

学习目标

掌握建构概念的逻辑以及真实定义、名义定义和操作定义之间的逻辑关系；掌握操作化的过程和方法，并学会在调研设计中进行应用；掌握测量的类型、实施步骤以及信度和效度评估的方法。

概念化（conceptualization）是围绕研究主题，将研究中的专业术语、名词、概念进行明确界定，使调研人员、同行、读者在头脑里对于研究所提出的概念达成共识的过程。操作化（operationalization）是将抽象的、一般的概念转化为一个或多个具体的、可观察的指标/变量的过程。操作化的最终目的是进行概念的测量。测量（measurement）是将概念可操作化的指标/变量进行数量测定的方法。只有对指标和变量实现了测量，才能实现定量分析的要求。可见，概念化、操作化和测量之间具有内在的逻辑关联。

6.1 概念化

6.1.1 建构概念的逻辑

什么是概念？在认识社会的过程中，人们把所感受到的现象的共同特点提取出来，利用大脑的思维加工，加以概括，如此建构出来的抽象术语就称为概念（concept）。概念是人们思维的基本形式之一，被用来反映客观现象的基本属性和特征。

建构概念的逻辑（见图 6.1）是：社会现象/事物的客观真实映射到人们头脑中，形成观念（conception）或印象；接着，人们头脑对这些观念（印象）的抽象思维加工，形成概念。形成的概念还需要在社会实践中接受进一步的检验，使人们对社会现象的认识更深刻、更准确、更全面，使概念得到进一步的发展。

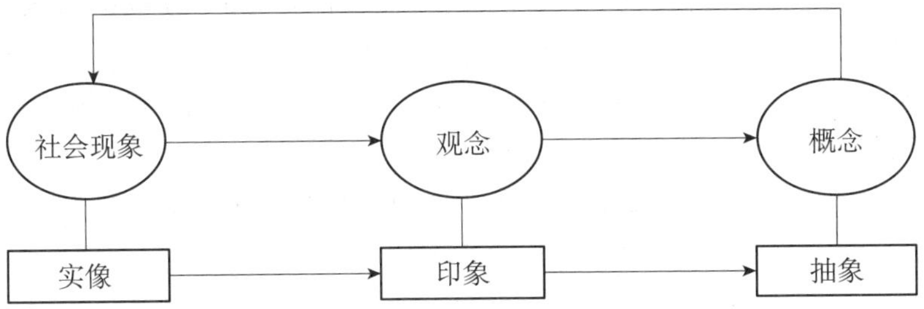

图 6.1　建构概念的逻辑

概念的形成和发展是科学认识的主要成果。达成关于某个概念共识的过程被称作“概念化”。“概念”是达成共识的结果。

在市场调研中，通过对社会经济现象所表达的概念进行提炼和抽象，调研人员达成了共识，从而具备了同行间进行交流的基础，也为开展调查研究提供了依据、范围和方向。

在实际的研究中，可达成共识的概念主要有三种：

一是约定俗成的既有概念。在专业学习过程中人们会学到很多概念，有时也叫学术名词或术语，其中通过教材、辞典等文献学习到的这些概念都是已经达成共识的概念，只需要大家认真学习掌握，记准记牢，进行应用即可。在社会科学研究中，这些概念是非常清晰的，已经达成共识，可以直接使用，比如“家庭收入”“商品颜色”“产品品牌”“汽车价格”等，不需要再做过多的解释。

二是在已有概念基础上扩展的概念。在研究中，研究人员可以根据需要，在已有概念的基础上进行扩展和创造，在具体情境中发展创新概念。比如“购买意愿”是对“意愿”这一概念的扩展；同样地，你可以在“意愿”这一概念基础上扩展出“支付意愿”“受偿意愿”“消费意愿”“就业意愿”等。

三是建构的新概念。建构新概念是理论创新的基础，是研究者孜孜以求的目标和努力的方向。比如“品牌忠诚度”“消费者满意度”“企业文化认同度”“态度”等概念就是基于观念/想法进行的建构。建构这些概念的思维源泉来自真实客观的经验观察、生活积累，但是概念本身作为一个术语，是由研究人员创造出来并赋予意义的。

有些概念在现实生活中不具有可被直接观察的特性。在社会科学研究中，对于这样的概念需要通过设计一些间接的方式来对其进行观察和测量，比如“意愿”“态度”“认知”等。有一些概念则具有可被直接观察的特性，调研人员根据研究需要可以直接进行观察，比如“行为”“价格”“收入”等。

6.1.2　概念的内涵和外延

在传统逻辑学中，一个概念通常被认为包括内涵和外延两部分内容。内涵是指概念所反映的所有社会现象集合的共有基本属性，通过下定义的方式进行表达。外延是指概念所反映的具有特定基本属性的所有社会现象的集合（包括现象的范围、规模、领域等）。

例如，“行为”概念的内涵是指“受思想支配而表现出来的活动”，这就是对“行为”概念下了一个定义。“行为”概念的外延可以是指“受思想支配而表现出活动的所有行为主体的集合”；也可以是指“受思想支配而表现出来的各类活动的集合”。按照外延的理解，我们可以把“行为”按照行为主体分为“人的行为”和“动物的行为”；也可以把“行为”按照活动的类型分为“生产行为”“消费行为”等。

再如，“购买行为”概念的内涵是在商品买卖中消费者表现出来的购买活动；其外延涉及发生消费者购买活动的所有领域，包括衣食住行等领域。在针对消费者购买婴幼儿奶粉的调查中，“购买行为”的外延被限定在“婴幼儿奶粉”这个食品消费领域，从而使调研人员的调研范围被限定在具体的、可以掌控的行业上。

6.1.3 真实定义、名义定义和操作定义

一个抽象的概念的内涵“概括了现象的基本特征和属性”，被称作“真实定义”（real definition）。真实定义是对社会现象基本特征和属性的抽象和概括，当概念没有被赋予任何现实意义的时候，概念的真实定义就仅仅是一个术语、一个名词，没有任何实际的价值。

当概念被放置在特定的社会现象中，与特定现象相关联，进而就被赋予了特定的意义，此时的概念要考虑到在特定社会现象中的应用性和指代性，这时的概念定义（特定术语）被称作“名义定义”（nominal definition）。名义定义是研究人员关于某一特定术语的内涵以及应用情境达成的共识。名义定义更关注抽象概念与社会实际现象的结合，更具有对社会现象的研究价值。

遵循实证主义方法论的社会科学研究强调对社会现象的观察。但是有些名义定义所指代的社会现象不能被直接观察到，此时研究人员需要把名义定义具体化为一个或几个明晰的、可以被观察到的定义，被具体化的这些定义被称作“操作定义”。当然也有些名义定义所指代的社会现象可以被直接观察到，但是直接进行测量比较复杂或者有一定难度，此时研究人员也可以将名义定义进行具体的操作化处理。操作定义强调对社会现象的可观察性，我们称作“测量”。根据操作定义，研究人员通常会设计或开发一套可以操作、可以应用于社会现象观察的测量工具，以满足研究需要。

例如“行为”这个概念，当我们把它与消费者的消费行为联系在一起的时候，它就变得生动和灵活起来。在婴幼儿奶粉的产品营销中，你会发现如下一些关于消费者购买奶粉的经验事实：

- 有的消费者只购买进口奶粉；
- 有的消费者只购买国产奶粉；
- 有的消费者既购买了进口奶粉，又购买了国产奶粉；
- 有的消费者表示在购买时会关注奶粉的价格；
- 有的消费者表示在购买时会关注奶粉的标签；
- 有的消费者表示在购买时会关注奶粉的品牌。

基于上述市场现象，你会发现这些都是已经发生或者正在发生的消费者购买奶粉的行为事实，我们不可能把如上事实一个一个地进行烦琐的陈述，因此就需要找到一个简要的、能够对这些经验事实进行概括的术语来描述这些真实的现象。

在此例中，“行为”这一抽象的真实定义被用于特定的社会情境中，即“消费者购买婴幼儿奶粉”，建构了“消费行为”这一名义定义，特指“消费者购买商品的活动”。为了使“消费行为”可以被观察、被测量，研究人员可以将“消费行为”这一名义定义进一步转化为“月消费次数”“月消费支出数额”“消费品牌类型”等操作定义，使“消费行为”明晰和具体。通过概念的转化过程，你会发现自己的研究具有了现实意义，可以实现对社会现象的观察和测量。

概念化是将对社会现象的真实印象进行抽象概括，并达成共识的过程。概念化是一个从具体到抽象的过程。概念化就是根据研究需要，不断通过交流和探讨，使概念从模糊到清晰，进而达成关于概念的共识的过程。从调研开始到撰写调研报告、调研结束，关于概念含义的思考会一直处在推敲、琢磨的过程中，但是最重要的环节是在研究设计的初级阶段，调研人员尽可能对概念进行清晰明确的界定。

6.2 操作化

6.2.1 概念操作化的过程

概念的操作化是将概念抽象定义转化为名义定义，并进一步具体化为操作定义，使社会现象可以被观察、被测量的过程（如图6.2所示）。操作化利用概念的操作定义对社会现象进行观察和测量，是从抽象到具体的过程，是对概念的检验和发展。需要注意的是，操作化测量的社会现象与之前进行概念抽象的社会真实/印象并不是同一个社会现象，操作化测量的社会现象更为具体，是调研人员根据研究目的选择的特定社会现象。

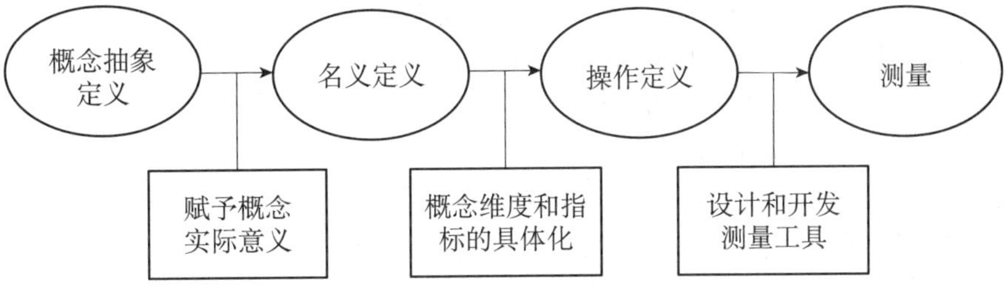

图6.2 概念操作化的过程

6.2.2 概念的维度和指标

在社会科学研究中，研究者更加关注抽象概念在实际社会现象中的明确和应用。

一是明确概念的维度（dimension）。通过对概念进行分类使概念得到明确。分类使概念呈现出不同的方面。

二是明确概念的指标（indicator）。通过找到概念的指示标记或特定现象而赋予概念明确的意义。指标通常是一个概念的一个或一组可以观察和调查的现象。即使是不能被直接观察和调查的概念，社会科学研究的任务也是通过设计指标，实现对这些概念的观察和调查，从而进一步实现对社会现象的研究分析。

例如，在婴幼儿奶粉的消费市场中，我们观察到如下一些消费者购买婴幼儿奶粉的经验现象，这些现象是真实的：

- 有的消费者表示愿意购买进口奶粉；
- 有的消费者表示愿意购买国产奶粉；
- 有的消费者表示愿意购买价格高的奶粉；
- 有的消费者表示愿意购买价格中等的奶粉；
- 有的消费者表示愿意购买某个固定品牌的奶粉；
- 有的消费者表示愿意购买多个品牌的奶粉。

（1）“购买意愿”概念的建构。

通过市场营销实践，我们知道市场上的确存在不同类型的消费者，他们在关于购买婴幼儿奶粉的想法上存在差异，每个消费者头脑中都有自己特定的想法，这些想法客观真实地存在于他们的头脑中，这被称作“消费观念”。因为观念的存在，消费者之间可以就你我的观念进行交流；调研人员也可以根据消费者之间的不同观念，对市场进行细分。但是，这些分散在人们头脑中的观念并不是抽象出来的概念，只是社会现象在消费者头脑中的印象。每一个消费者都可以用这个“术语”来表达自己头脑中形成的消费婴幼儿奶粉的观念。

在社会科学研究中，上述关于消费者购买婴幼儿奶粉观念的表达过于烦琐，不符合科学研究简明凝练的要求，因此，调研人员需要做的工作是，把消费者关于购买婴幼儿奶粉的不同观念建构成一个抽象的学术术语，使之能够表达社会中观察到的相似的现象。

在此例中，我们可以用“购买意愿”这个术语来代表消费者购买婴幼儿奶粉的观念。每一个消费者都有一个自己的购买意愿，可能这些购买意愿是不同的，但是消费者都认同“购买意愿”这样一个“术语”是可以表达存在于我们头脑中的关于购买婴幼儿奶粉的想法的，这是每个消费者、研究人员达成共识的结果。因此，“购买意愿”这个术语被称作“概念”，是对消费者购买婴幼儿奶粉的想法/观念这一社会现象的抽象表达。

（2）“购买意愿”概念的维度。

维度是概念的分类。我们可以把消费者对婴幼儿奶粉的“购买意愿”分为“品牌层面”“价格层面”“渠道层面”等具体的购买意愿；或者，也可以将“购买意愿”分为“对进口婴幼儿奶粉的购买意愿”和“对国产婴幼儿奶粉的购买意愿”。通过对概念维度的划分，我们可以加深对所研究的社会现象的了解。在关于实际社会现象的研究中，我们通常会根据研究目的的需要，选择一种或两种分类下的概念维度进行研究。

（3）“购买意愿”概念的指标。

概念的指标可以在概念维度基础上进行针对性的、有选择性的设置。例如，通过对“购买意愿”概念进行分类，我们可以分别在“品牌层面”“价格层面”“渠道层面”的购买意愿下设计指代指标，这些指标组合成一组指标体系，可以用来评价“购买意愿”。比如在“品牌购买意愿”维度下，可以设计“产品品牌购买意愿”“地理品牌购买意愿”等指标；在“价格购买意愿”维度下，可以设计“价格关注度”“价格水平偏好”等指标；在“渠道购买意愿”维度下，可以设计“线上购买意愿”“线下购买意愿”等指标（如图 6.3 所示）。

通过对概念的维度和指标进行细化，你可以发现，概念维度有助于研究人员对概念的研究范围、方向进行把握。在进行研究时，你既可以对整个概念涉及的所有维度进行研究，也可以仅针对概念中的某一个维度进行研究。维度和指标的细化过程也是提出研究假说、准备所需变量的过程。当进行定量分析时，概念的维度和指标可以转化为变量使用。当然，变量可以从概念维度中选择设置，也可以从概念指标中选择设置，研究人员要根据研究需要和实际情况因地制宜地选择。在概念维度和指标细化后的下一步工作就是测量。

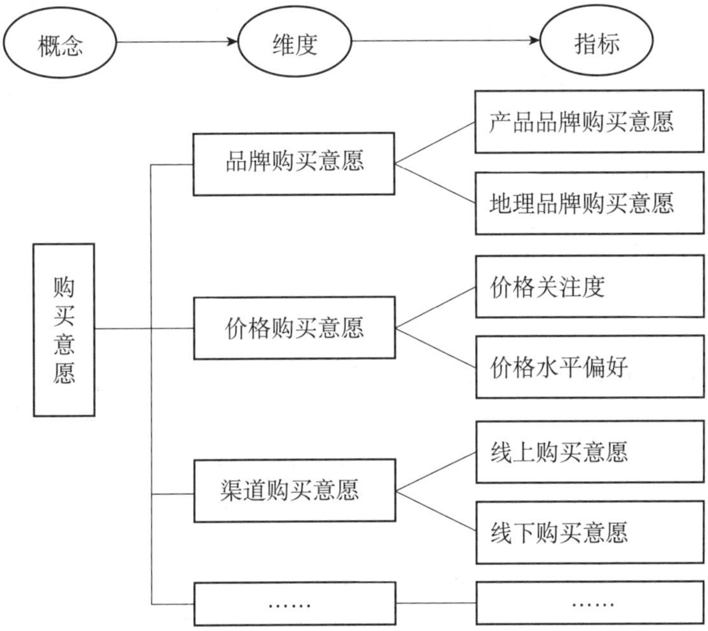

图 6.3　购买意愿概念的维度和指标细化过程

6.3　测　　量

测量（measurement）是采用测量工具，对社会经济中研究对象、研究内容、研究问题的属性、特征等进行有效、可信的数量化度量。在任何涉及数量描述和不同数量关系分析的研究中，社会经济现象和活动都需要进行测量。它是社会经济研究中的重要工作，也是每一个科学研究者需要掌握的基本技能。测量的工具有问卷、量表和指标等。

6.3.1　测量的含义

测量体现在生活中的方方面面。当我们走在马路上碰到一个水坑，试图跳过去的时候，我们会用眼睛目测水坑的宽度，以决定我们要用多大的力气跳过去，此为眼睛对距离的测量。当然，这种测量不是非常精确，于是人们发明了更为精确地测量距离的工具，例如尺子。在现实生活中，不仅有测量距离的工具，还有测量重量、体积等的多种工具。这些工具为准确地测量提供了条件。

在社会经济调查中，测量也广泛存在。例如，利用数字来表述消费者的数量、产品产量、土地面积、家庭收入等。这些数字通常是比较精确的。再如，利用符号也可以对某个事物或某种现象的某个方面进行测量。如用“♀”和“♂”来表示人口中的男女性别，用“Y”和“N”来分别表示人们知道和不知道某件事情。符号测量通常有既定的规则，大众可以按照符号规定的意义来统一认识被测量的客体。如果我们规定用“1”和“2”来表示性别也是可以的。这里的“1”和“2”仅仅是一个符号，而不具有数学意义。

因此，在社会经济调查中，测量被认为是“依据一定的规则，将某一社会经济问题或现象的属性或特征，用一定的数字或符号表示出来”。测量工具既可以是数字，也可以是符号，也就是说，既可以用数字进行定量测量，也可以用符号进行定性测量。

6.3.2 测量的要素

测量结果是对具体的社会经济问题的属性或特征的反映。一般而言，在测量的时候要考虑以下四个要素。

（1）测量的对象。

明确测量对象能够使测量具有针对性。在社会经济调查中，测量对象一般可以分为以下几类：

①人。例如，消费者往往是市场调查的主要测量对象之一。为此，我们经常要多角度、多层面地测量和反映消费者的情况。从消费者的年龄、性别、受教育程度等特征，到消费者的消费偏好、消费行为、潜在需求等方面，都可以进行测量。

②组织。在社会经济中，组织包括政府组织、企业、社区、家庭等。虽然组织也是由人组成的，但是针对组织的测量内容与针对具体的人的测量内容存在差异，特征也存在差异，测量的复杂程度也是不同的。

③物。社会经济调查中的物可以是土地、房屋、动物、商品、设备等。对市场上电子产品的销售规模、住宅销售额等的测量就属于针对物的特征的测量。

（2）测量的内容。

测量的内容是指调查所要反映的特定测量对象的属性或特征。也就是说，测量的内容回答了测量什么的问题。例如，针对消费者的测量的内容可以包括个人特征、消费行为特征、对某一产品或营销方式的态度和看法等多方面的特征。再如，关于组织的测量，各类组织的规模、结构、财务、管理模式等都属于测量的内容。在测量的时候，具体需要做哪些属性的测量，取决于调研的主题和验证研究假说的需要。

（3）测量的规则。

测量的规则是为了对测量对象的具体特征进行衡量而制定的、调查中普遍遵守的、具有一致性的规则。在社会经济调查中，这类规则是实现准确测量的基础。例如，测量农村住户的家庭总收入。在《中国农村住户调查年鉴》中，总收入的测量规则是：调查期内农村住户和住户成员从各种渠道得到的收入的总和。按收入的性质划分为工资性收入、家庭经营收入、财产性收入和转移性收入。测量规则实际上规定了测量某个特征的具体方法。只要依据统一规定的测量规则进行测量，无论调查人员是谁，其调查所依据的测量规则都一致，调查所收集的资料具有一致性、可比性和准确性。

因此，在测量过程中，规定统一的测量规则是非常必要的。在问卷调查过程中，为了实现测量的一致性、可比性和准确性，问卷设计者必须对测量规则进行界定，形成应用测量规则的指导手册，以方便调查员按照统一的测量规则进行问卷调查。

（4）测量的手段。

在社会经济调查中，数字、文字、符号等多种形式成为测量社会经济问题的手段。例如，我们可以用数字来表示消费者的年龄、收入、家庭人口数、住房面积、居住地与最近批发市场的距离、被调查企业的财务情况等。再如，我们也可以用文字或符号来表示婚姻状况、对事物的态度和看法等。虽然在进行量化处理的时候，研究人员经常会将文字表述的测量结果转化为数字形式，但是，这些转化只是为了统计分析需要，而不具有真正的加、减、乘、除的算术意义。测量手段发挥作用的主要载体是测量工具。量表、问卷、指标等都是重要的测量工具。

6.3.3　测量的类型

社会经济调查所涉及的对象多，问题和现象复杂，其属性特征也各不相同，因此，为了更为准确地测量社会经济问题，适应量化研究的需要，可以按照数学特征对测量进行分类。

（1）定类测量。

定类测量（nominal measures）是指对测量对象某一属性特征划分类别，标以不同的名称或符号。定类测量主要表现为“是”或“不是”、“属于”或“不属于”。关于调查对象的性别、职业、婚姻状况、受教育程度、宗教信仰等特征的测量，都采用定类测量。

定类测量是测量分类中数学特性最差的一个分类。但是对于任何一个社会经济问题而言，分类都是最基础的工作，是其他测量分类的基础。

（2）定序测量。

定序测量（ordinal measures）是指对测量对象的某一属性特征不仅可以划分类别，而且还可以将各个类别按照一定的标准排序。例如，测量调查对象的受教育程度，可以将“受教育”这一属性特征划分为“文盲半文盲、小学、初中、高中、中专、大专、大学、研究生”等类别，并按照受教育程度由低到高的顺序进行排列。再如，在测量家庭收入水平时，可以将“收入水平”这一属性特征划分为年收入 1 000 元以下、1 000～5 000元、5 000～10 000 元、10 000～20 000 元、20 000 元以上等类别。

通过定序测量，不仅可以反映测量对象所处的类型或阶段，而且还可以将它们所处的社会经济地位、生产和生活水平、住房面积大小等进行等级排序。定序测量所体现的数学特性比定类测量要高，定序测量所获得的信息也比定类测量所获得的要多。为了进行定量分析，在定序测量的时候，研究人员习惯对每一个测量的类型按照顺序依次赋予“1，2，3，4，5”或者“－1，0，1”等数字。这里需要注意的是这些数字仅仅代表各个分类的类型和顺序，而不具有实际的数学意义，不能进行加、减、乘、除运算。

(3) 定距测量。

定距测量(interval measures)是指对测量对象的某一属性特征不仅可以划分类别、等级,而且还可以确定不同类别和等级之间的数量差异。例如,当调查收入特征的时候,A家庭的年总收入为5 000元,B家庭的年总收入为10 000元,这里可以清楚地确定两个家庭之间的收入差距为10 000－5 000＝5 000(元)。

定距测量所体现的数学特性比定序测量又高一级。定距测量所获得的信息也更多一些。定距测量的数值往往具有真实的数学意思表示,可以进行加、减运算。

(4) 定比测量。

定比测量(ratio measures)是一种比例测量,其目标是进行数据的比例分析,是所有测量中数学特性最高的一类测量。所得到的数据不仅可以进行加、减运算,而且还可以进行乘、除运算。例如,我国人口的出生率、死亡率、离婚率、人口性别比例、收入增长率等。

以上四类测量的数学层次依次是由低到高、逐渐递升的(见表6.1)。高层次测量具有低层次测量的所有功能,在社会经济研究中,要根据论证调查研究假说的需要,确定测量对象属性特征的数学特性,从而确定测量类型。

表6.1 按数学特性总结的测量类型的特点

	定类测量	定序测量	定距测量	定比测量
类别区分(＝,≠)	√	√	√	√
次序区分(＞,＜)		√	√	√
距离区分(＋,－)			√	√
比例区分(×,÷)				√

基本的选择测量类型的规则是:在条件许可的情况下,要尽可能对调查对象进行高层次的测量。对于能够进行定比测量和定距测量的属性特征,就一定要进行定比测量和定距测量,而不要进行定序测量和定类测量,因为高层次的测量结果包含的信息多,可以转化成低层次的测量结果,而低层次的测量结果转化为高层次的测量结果的可能性非常小。

6.3.4 测量的实施步骤

测量的实施一般包括以下步骤:

首先,确定拟观测或度量的某个社会经济现象的抽象概念;

其次,将抽象概念转化为可以从调查中获得的一个或多个具体的、合意的概念;

再次,将具体概念转化为问卷中的题条、量表中的问题,形成科学的测量工具;

最后,使用测量工具,通过观察、访谈等调查方法来获取测量数据。

这与前面所介绍的概念化、操作化和测量的过程是一致的。

下面仍以6.2.2节中消费者"购买意愿"概念的测量为例进行说明。

首先,建构"购买意愿"这一概念;

其次,对"购买意愿"进行维度和指标的细化;

再次,针对细化后的维度和指标选择和编制测量工具;

最后,对测量工具进行信度和效度评估。

通过评估的量表可以被应用到实地调查中，使测量对象得到科学合理的测量。在本例中，针对消费者的婴幼儿奶粉购买意愿展开调研的目的是获取数据资料，以对消费者购买婴幼儿奶粉的意愿情况进行描述，对影响其购买意愿的因素进行分析。为此，我们设计可操作化的测量工具进行市场观察和调查。概念的测量可以通过一些精心设计的问题来进行。

情境设计：如果您家里有一名 0～3 岁的婴幼儿，需要购买婴幼儿奶粉。请消费者对表 6.2 中购买婴幼儿奶粉的想法进行评价：

表 6.2　为测量购买意愿而设计的相关问题

(1) 我只会选择购买进口品牌的婴幼儿奶粉。	同意	不同意
(2) 我只会选择购买国产品牌的婴幼儿奶粉。	同意	不同意
(3) 进口品牌和国产品牌的奶粉我都可能选择购买。	同意	不同意
(4) 婴幼儿奶粉的价格高低会影响我的选择。	同意	不同意
(5) 我愿意购买价格高的奶粉。	同意	不同意
(6) 我愿意在线下实体店购买奶粉。	同意	不同意
(7) 我愿意在线上购买奶粉。	同意	不同意
(8) 我愿意在线下体验、线上购买奶粉。	同意	不同意

在设计关于人们主观意识的概念的测量时，测量工具通常是以量表的形式出现的。量表的类型、编制和评估方法在后续的章节将进一步进行介绍。先提出经过精心设计的问题，将其编制成一个量表，经过信度和效度评估后，就可以将其应用在实际调查中对概念进行测量。这样就完成了从概念化到操作化，再到测量的过程，为后续进行资料整理和分析打下了基础。

6.4　信度和效度评估

测量过程是指利用指标、量表、问卷等调查工具对社会经济现象的特征进行测量。调研人员必须关心的是用这些工具测量出来的数据是否可信、有效，这被称作测量的信度和效度。

测量是对某一现象或事物特征值的度量，测量的实测值（X）等于真实值（T）加上系统误差（B）和测量误差（E）。用公式表示为：

$$X=T+B+E$$

系统误差（system error）是指测量结果系统地偏离真值而产生的错误结果，是可以校正和消除的；这类误差通常是由测量工具（问卷和量表）的质量问题而产生的，经过评估发现问题后，可以对测量工具进行修正。对应于这一类误差的评估被称作效度评估。测量误差（measurement error）是指发生在测量过程中，即使消除了系统误差，也会由于各种偶然因素而造成对同一主体多次测量结果不一致的误差。这类误差会使收集来的资料与真实值发生偏差，使大家对收集来的资料的可信度产生怀疑，因而需要评估，对应于这一类误差的评估被称作信度评估。

6.4.1 信度评估

信度（reliability）是指测量工具在测量社会经济现象的特征时所测量结果的一致性或稳定性。它用来评价针对调查对象而言的测量工具的质量。我们将测量工具在同一对象上反复使用，测量结果相一致的程度高，则认为该测量工具是可信的、可靠的。

大部分信度都以相关系数来表示，也称为信度系数。相关系数越大，表明测量的差异较大程度来自调查对象本身的差异，测量工具的测量误差越小，那么测量工具的可信度越高。

信度系数的高低是相对的。当用相关系数来评价信度的时候，其值越接近 1，表明测量工具质量越好；其值越接近 0，表明测量工具质量越差。一般来说，0.9 以上可以认为很好，0.7 以上为好，低于 0.4 算差。

在社会经济调查中，设计一份“完美”的量表或问卷的意义也体现在这里，只有可信度高的测量工具所测量出来的结果，才是社会科学研究重要的基础资料。我们一般使用的信度评价方法主要有以下四种：

(1) 再测信度。

再测信度（test-retest reliability）是指用同一种测量工具，对同一群对象，在不同时间（T_1 和 T_2）先后测量两次，根据两次测量的结果计算出相关系数的方法。该相关系数被称为再测信度系数。

再测信度采用计算相关系数 r 的方法进行度量。公式为：

$$r=\frac{\sum X_1X_2-\frac{(\sum X_1)(\sum X_2)}{n}}{\sqrt{\left[\sum X_1^2-\frac{(\sum X_1)^2}{n}\right]\left[\sum X_2^2-\frac{(\sum X_2)^2}{n}\right]}}$$

其中，X_1、X_2 分别代表前测和后测的数据。

再测信度特别适用于对问卷调查结果的信度评估。问卷中一些关于客观事实的问题，例如被调查者的性别、出生年月、出生地等，在前后两次的调查中不应该有差异。另外，大多数被调查者的兴趣、爱好、习惯、态度等在短期内也不会有特别明显的变化。在没有发生极大外部冲击的时候，再测信度也适用于包含态度、看法等的问卷的信度评估。

再测信度的使用容易受到两次测量间隔期间各种活动或事件对测试者的影响的影响，特别是间隔时间的长短也会对测试结果有一定的影响。

(2) 复本信度。

复本信度（alternate-form reliability）是指研究者设计两种内容、难度、篇幅等相类似的测量工具，对同一调查对象进行调查，然后根据两次的测量结果，计算出相关系数的方法。该相关系数被称为复本信度系数。复本信度的使用难点在于找到合适的复本，特别是内容、格式、难度和相关问题的提问方向完全一致的复本。在实际调查中，很难使测量工具达到这种要求，因此采用这种方法的情况比较少。复本信度的计算也可以采用相关系数的计算方法。

（3）折半信度。

折半信度（split-half reliability）一般不适用于事实性的问卷，常用于测量关于态度、想法、认知、意愿等的量表的信度分析。折半信度的做法通常是：把问题按照单双号进行分组，单号问题与双号问题在内容、难度等方面都具有相同的性质；在对调查对象进行测量后，把单号题与双号题的测试得分作为两组分数，计算这两组分数之间的相关系数 r_{hh}，这是半个量表的信度系数。该相关系数被称作折半信度系数。

为了使用这一方法，研究者通常要增加一倍的测量问题。另外，问卷或量表中各个题项的分组也可以采用前后分组的方式。分成两组后各组的题项数目应尽可能相等。

根据折半信度系数，可以进一步利用斯皮尔曼-布朗（Spearman-Brown）公式计算出整个量表的信度系数 r_u。计算公式为：

$$r_u = \frac{2r_{hh}}{1+r_{hh}}$$

其中，r_{hh} 为折半信度系数，r_u 为量表信度系数。

（4）内部一致性信度。

内部一致性信度（internal consistency reliability）是利用量表中各个题项的同质性来测量构成量表的题项体系的信度。内部一致性信度适用于对项目分值累加求和的量表进行信度评价。每个题项的分值是量表总分值的一部分，且每个题项度量的内容与量表所要测量的变量内容之间具有相关性，因此，每个题项之间也具有较高的相关性，即内部一致性。

在社会科学研究中常用来测量内部一致性信度的系数是克朗巴哈系数（Cronbach's α）。它是指量表中由所有题项共同作用所引起的方差占总体方差的比例。其计算公式为：

$$\alpha = \frac{n}{n-1}\left(1-\frac{\sum\sigma_i^2}{\sigma_y^2}\right)$$

其中，σ_i^2 表示量表中第 i 个题项的方差，每个方差所包含的信息都是以单一题项为基础的、非共有的；σ_y^2 表示量表的总体方差，等于所有题项的方差和协方差的和；$\frac{\sum\sigma_i^2}{\sigma_y^2}$ 表示各个题项的非共有方差之和占量表总体方差的比例；$\left(1-\frac{\sum\sigma_i^2}{\sigma_y^2}\right)$ 表示各个题项共有方差的比例；n 表示量表中题项的个数；$\frac{n}{n-1}$ 是调整系数，用以把 α 的取值限定在 0～1 之间。

信度是用于评价利用测量工具收集的资料的可靠性的统计测量标准。在采用信度进行评价时，一般先要看一下所收集的数据是否适合或有必要做信度评价，或者采用哪种方法做评价比较合适。例如，对于一些客观指标、事实性的数据，可以采用重复检测法进行信度评价，而不适合采用内部一致性信度评价；对于李克特量表，采用内部一致性信度评价是非常合适的。

例如，在一项关于老年人社会支持的研究中，研究人员设计了一份“老年人社会支持李克特量表”，用于测量老年人对获得各项支持的认知情况。量表主要包括“子女支持”“亲戚支持”“社区支持”“政府支持” 4 个题项。每个题项采用 1～5 级评分法，“1” 表示“从不”，“2” 表示 “较少”，“3” 表示 “中等”，“4” 表示 “较多”，“5” 表示 “绝大部分”。所有题项皆为正向问题。研究对 30 名被访者进行了预调查，以评估量表的信度和效度。量表信度评估结果如表 6.3 所示。

表 6.3　量表信度评估结果

	平均分值	方差	信度系数 Cronbach's α
子女支持	3.93	1.40	$\alpha=\frac{n}{n-1}\left(1-\frac{\sum\sigma_i^2}{\sigma_y^2}\right)$ $\alpha=\frac{4}{4-1}\times\left(1-\frac{1.40+1.01+1.41+1.25}{15.86}\right)=0.908$
亲戚支持	3.70	1.01	
社区支持	3.17	1.41	
政府支持	3.13	1.25	
社会支持总得分	13.93	15.86	

注：数据原始资料可从 www.crup.com.cn 获得，用于练习。数据文件名称为“ch6 validity.xls”。

6.4.2　效度评估

效度（validity）是指测量工具中的问题或题项能够准确测量某一概念或特征的程度。它被用来评价针对问题或题项的测量工具的质量。

研究者在分析所设计的测量工具效度的时候，可以问自己几个问题：测量工具所设计的问题是要测量哪一个（几个）概念或特征？所设计的问题能够准确测量这些概念或特征吗？它们能够在多大程度上测量这些概念或特征？可以设计更好的问题来代替现有的问题吗？这些经验性的问题可以帮助研究者初步判断测量工具的有效性，当然，要判断一个测量工具是否有效，还需要多方面收集证据来进行效度验证。具体的判断效度程度的类型有：

（1）表面效度。

表面效度（face validity）是指对概念或特征的实际测量结果与我们头脑中的印象或者共识相吻合的程度。在研究中，很多概念或特征是具有学术共识的，例如，农民、农户、家庭承包经营、土地转让、出租、转包、集体经济组织等，这些概念的测量都可以按照已有的共识去进行操作化处理。

当然，也有一些特征是需要设计一个有效的方式予以测量的。例如，我们要测量一个学生学习是否刻苦，那么我们可以用“学生每天/每周待在图书馆的时间（小时）”作为测量问题，这显然是合理的，并且无须过多的解释，我们可以把这样的问题称作是具有表面效度的。

（2）建构效度。

建构效度（construct validity）是研究者基于研究变量与其他变量在理论上的逻辑关系，建构实证分析中变量间的关系，并通过设计测量工具中的问题、进行实测和分析，来判断实证结果与理论逻辑相一致的程度。如果一致程度高，那么测量工具的建构效度高；如果一致程度低，那么测量工具的建构效度也低。

例如，我们要研究影响企业员工工作满意度的因素。在这里，除了要对“工作满意度”进行测量，研究还应该有一定的理论预期，也就是说，建构“工作满意度”和其他变量之间可能存在的关系。我们以“企业忠诚度”作为建构中的那个其他变量，假设对工作满意度高的员工比对工作满意度低的员工，对企业的忠诚度更高。如果能够证明“工作满意度”与“企业忠诚度”之间有关系，那么测量就具有建构效度。但是，如果研究显示，“对工作满意度高的人和对工作满意度低的人都对企业很忠诚”，那么，测量的建构效度就有待商榷。

（3）内容效度。

内容效度（content validity）是指测量工具在多大程度上反映出所测概念或特征的内涵和外延。只要研究者对测量工具中所包括的问题或题项是否符合测量的目的和要求、能否反映所测量概念或特征的要义进行经验判断，就可以对测量工具的内容效度做出评价。

例如，我们要测量一个概念“歧视”。从歧视的内涵上看，歧视是指“不平等的对待”；从歧视的外延上看，歧视包括“种族歧视”“性别歧视”“年龄歧视”“户籍歧视”等，那么内容效度就是要检查研究者是否设计了足够的、有针对性的问题，以达到全面测度“歧视”概念的内涵和外延的目的。

效度评价是复杂的，需要从多个方面收集效度证据。在社会经济调查中，测量工具效度低的原因主要是研究者设计的问题不能准确地反映调查的目的，或者提出的问题过于笼统，概念不清楚，表达模糊，这些都会影响效度。

（4）效标效度。

效标效度（criterion validity）是预先假定一个有效的测量标准，符合这种标准的测量工具可以作为测量某一特定现象或概念的效标；在实际测量中，可以使用多种测量工具进行测量，每一种工具的测量结果与效标的一致性被称为效标效度。依据产生效标的方式的不同，效标效度可以分为预测效度、共变效度和实用效度。

6.4.3　信度与效度的关系

调查研究需要既有信度又有效度的测量。缺乏信度或效度的测量都是不合格的，对研究都是无用的。在社会经济调查中，测量工具的信度和效度的关系有如下几种：

（1）信度高，效度可能高，也可能不高。

（2）信度低，效度不可能高。

（3）效度高，信度可能高。

（4）效度低，信度可能低，也可能不低。

由这些判断可以看出，信度是效度的必要条件，但不是充分条件；无信度必然无效度，但是有信度也未必有效度。效度是信度的充分条件，但不是必要条件；有效度才可能有信度，但无效度也可能有信度。

为了保证调查研究的可信和有效，研究人员需要在两个方面做好工作：

一是科学选择调查对象。适宜的调查对象能够正确理解和回答调查问题，这对于提高测量工具的信度是有用的。

二是科学设计适合调研需要的测量工具。研究人员在设计问题、筛选问题等环节上要谨慎、认真、科学，做好预调查、专家咨询等工作，尽量保证测量工具的高效度。

思考题

1. 什么是概念化？达成共识的概念主要有哪几种情况？

2. 什么是真实定义、名义定义和操作定义？概念操作化的过程如何体现三个概念之间的关系？

3. 举一个市场营销概念，描述和分析概念的维度和指标细化的过程和结果。
4. 什么是测量？测量有哪四个要素？
5. 按数学特性划分的测量类型具有哪些特点？
6. 简述测量的实施步骤。
7. 简述测量的信度和效度的评估方法。

第 7 章

指标和量表

本章内容

指标和量表是市场调研中常用的测量工具。本章介绍了指标的类型和设计原则；介绍了量表的特点和指数；重点介绍了李克特量表、评比量表、等级顺序量表、配对比较量表、语意差异量表、净推荐值法等的应用。

学习目标

掌握指标的类型和设计原则；掌握量表的类型和编制，特别是李克特量表、评比量表、语意差异量表的编制和应用。

指标（indicator）是用来具体描述社会经济现象特征或属性的标志。量表（scales）是由研究人员精心设计出来的、由系列问题组成的、被用于测量调查对象对社会经济现象的认知、态度、意向、感受、倾向等主观评价或判断的一种工具。①

7.1 指标的类型和设计原则

第 6 章对指标作为概念细化的一个内容已经做了介绍，在实际的社会经济现象测量中，还需要进一步考虑指标的类型和设计原则。

7.1.1 指标的类型

指标一般可以分为调查指标和社会指标两类。有的学者还将指标分为一级指标、二级指标、三级指标等层次。这说明指标是可以进行细化处理的。

---

① 艾尔·巴比．社会研究方法．11 版．邱泽奇，译．北京：华夏出版社，2013：154.

调查指标是指在调查过程中用来反映社会经济现象或问题的类别、规模、状态、水平等特性的项目。例如，姓名、性别、年龄、产值、产量、人口规模等，都是我们常用的调查指标。调查指标是社会经济现象或问题中的某一概念、某一内容的指示标志，它表示的是经验层面的问题或现象。

社会指标是通过调查指标发展完善并抽象出来、用以反映具有普遍社会状况或意义的项目或标志。社会指标依据调查指标抽象而来，同时又进一步成为调查指标的依据和指南。调查指标在调查过程中获取数据的可操作性要强，而社会指标的抽象性要强一些。很多调查指标的设计是在社会指标的基础上分解和细化出来的。

例如，"成本利润率"是指一定时期的产品销售利润与产品成本的比率，是用来表明成本和经济效果之间关系的社会指标。在一定时期内企业的产品成本越低，利润越大，成本利润率也就越高。因为这个概念是非常抽象的，调查对象对此概念无法理解，在进行市场调查的时候，我们往往无法直接获取这个指标的数值，所以在进行调查的时候必须将此指标分解为可以操作的调查指标。"成本利润率"可以分解为"销售利润"和"成本"两个调查指标，这两个调查指标的数据获取要简单得多。当然，根据研究问题的需要，后面的调查指标还可以进一步细分，使调查指标更加具体和细化。

关于简单概念的测量，调查指标的设计就简单一些，需要的指标少；而关于复杂概念的测量，调查指标的设计就复杂一些，需要的指标多。例如，测量消费者性别状况的指标可以简单设计为"性别"，测量年龄状况的指标可以简单设计为"年龄"；而如前面所述的消费者购买意愿这样的复杂概念，其指标设计就复杂一些，而且复杂概念的指标设计经常是一套指标，而不是单一指标，因为单一指标设计不能全面测量概念所包含的内容。

总体来看，指标是对复杂概念进行操作化处理的重要工具，而操作化处理后的指标实际上会进一步具体化为调查问卷中提出的内容，成为研究人员进一步验证假设所需要的素材。因此，总体而言，问卷设计本身是遵循调查研究程序和论证研究假设的需要，抽丝剥茧，对复杂问题进行分解和可操作化处理，从而达到收集验证假设所需资料的目的。

7.1.2 指标设计的原则

调查指标是社会调查目的、调查内容的具体的、集中的体现，是整个调查方案的核心部分。设计调查指标的时候要遵循一些原则：

（1）科学。

科学是指调查指标的设计必须符合客观实际情况。在不同的历史时期，人、事、物的概念也会随着社会经济的发展而发生变化。例如，在民主革命时期，社会阶层可分为地主、富农、资产阶级、小资产阶级等；而到了20世纪90年代，社会阶层已经发生了改变，可分为工人、农民、专业技术人员、党政机关工作人员、城乡个体户、私营企业主等。这种分层的变化意味着不同阶段测量社会分层的调查指标的设计也要因时而异、因地而异，否则就违背了科学原则。

（2）完整。

完整一方面是指调查指标的设计要能够全面、准确地反映调查对象的整体情况，另一方面是指单一调查指标的设计要全面、正确地反映调查对象的某一特征属性。调查指标要完备而不能残缺不全、有所遗漏；调查指标要互斥而不能互相交叉、互相重复。例如，对于婚姻状况指标的设计，不能仅设计“未婚”“已婚”两种答案，因为在实际生活中还存在其他类型的婚姻状况，如“离婚”“丧偶”等，简单的两种答案是不够完整的。正确的设计应该是“未婚”“已婚”“丧偶”“离婚”“丧偶再婚”“分居”“同居”等。只有这样，才能穷尽婚姻状况的一切可能性，才算真正体现了完整性的要求。

（3）准确。

科学、完整意味着调查指标设计得准确，同时，准确还意味着调查指标的定义清晰，指标数据的计算方法和计量单位统一。例如，“农业总产值”这个指标的定义是“用货币计算的农业产品总量”。仍以产值为例，有的可以以“元”为单位，有的可以以“百元”“千元”“万元”为单位，有的甚至可以以“亿元”为单位。而且，我们还可以规定“农业总产值”的计算方法为：农业总产值＝种植业产品总量×价格＋林产品总量×价格＋畜产品总量×价格＋副业产品总量×价格＋水产品总量×价格。统一规定的计算方法对定量“农业总产值”是十分重要的，而且统一来看，易于进行计算和比较。

（4）简明。

简明是指调查指标的设计要力求简单明了，以能说明问题为原则。问卷所涉及的调查指标应该尽量简单，能够恰如其分地反映验证假设所需要的内容。在问卷中，并不是问题越多越好，而是在调查研究需要的基础上，尽量以简单为好。因为多一个指标，调查时的工作量就会增加，同时在进行假设论证的时候就多一个变量，统计分析的工作量就会增加许多。选择恰当的、简明的调查指标是问卷设计中非常重要的一项技能。

（5）可能。

可能是指调查指标的设计要根据实际情况，充分考虑获取资料的可能性，特别是指标的设计要关注调查对象是否能够了解调查指标的意义，要关注调查指标是否能够获得明确的答案。

在进行量化分析的过程中，指标设计必须以一定的研究假说为指导，围绕着论证假说所需要的资料，逐步设计出一套社会指标体系，并将社会指标具体化为调查指标。例如，影响消费者购买行为的因素有很多，假如我们认为消费者的购买意愿对购买行为有影响，那么我们需要围绕着这个假说对“购买行为”“购买意愿”两个关键概念进行测量（这两个概念在假说中也被称作变量）。这两个变量的值分别是通过对概念的指标细化和测量得到的。前文已有介绍，这里不再赘述。

7.2　量表的特点和指数

在社会经济调查中，量表经常被广泛用在评价个体对社会经济现象的主观判断上。基于测量的内容不同，量表的类型也是多样的，可以分为态度量表、认知量表、智商量表、情商量表、人格量表、社会距离量表等。此章主要介绍态度量表的类型和编制。

7.2.1 量表的特点

量表是按照一定的逻辑结构或者经验，将多项问题综合在一起而形成的有序调查表。量表中的问题一定有多个，而且每一个问题可能代表一个指标。因此，量表是由若干个指标所构成的。量表可以分为单一维度量表和多维度量表。量表是特殊的问卷类型。

量表用于测量调查对象对某个社会经济现象的主观判断。在市场调研中，我们要测量“消费者对新能源汽车的态度”“公众对气候变化风险的认知”“客户对企业售后服务的满意度评价”等等，这些调查都是对调查对象主观判断和评价的测量。例如，我们认为消费者的态度对于企业产品和服务的营销有影响，而消费者的态度是藏在消费者内心的、无形的东西，难以直接观察，因此，需要设计一种可以将人们头脑中或内心无法直接观测到的想法测量出来的工具，量表就是研究者经过长期实践认为有效的一种测量工具。

与测量中使用单一指标或单个问题相比较，量表作为测量工具能获得更多、更真实、更准确的信息，能通过系列问题的间接、综合评价，将不能直接、客观观测的社会现象度量出来。

7.2.2 指数

量表测量的结果通常通过一个指数来表现，且通过该指数可以比较不同调查对象的主观评价差异。指数（index）是量表要测量的调查对象主观特征的一个表示。在量表中，每一个测量问题（指标）都设有一致性的备选答案，且每个备选答案都被赋予了一定的分值，在调查结束后，按照一定的逻辑，将调查对象选择出的答案分值汇总，就可以得到一个综合的分值，就是指数值，这也是我们测量的结果。指数是由被赋值的指标（数量化指标）综合运算而获得的。可见，指数是一种复合型测量，是多个具体的观察指标的综合，指数值可以是一个量表测量后的综合值。

当然指数并不只是可以用来测量调查对象的主观特征，也可以用来测量调查对象的客观特征，比如消费者价格指数、期货指数等，用来反映复杂的社会经济现象。

7.3 量表的类型和编制

7.3.1 李克特量表

李克特量表，又称总加量表，是用来测量人们主观态度的一种量表。它是由美国社会心理学家李克特（R. A. Likert）在原有的总加量表基础上改进而成的。下面将介绍李克特量表的编制方法。

（1）李克特量表的表现形式。

李克特量表由一组陈述式问题组成，每一个问题有 5 个按照定序测量原则设置的备选答案，分别是“非常同意、同意、不知道、不同意、强烈不同意”，依次计分为 5、4、3、2、1，调查结束后，将每个调查者回答问题的得分加总，并根据总分的高低，对调查对象的主观判断强弱进行评价，从而实现对调查对象主观态度等方面特征的一般了解。

李克特量表中分数的计算与运用有一个基本的假设，即数字与数字之间的距离是相等的。比如，“非常同意”的计分值为 5，“同意”的计分值为 4，两者之间相差的程度为 1，同时“不知道”的计分值为 3，“同意”与“不知道”之间相差的程度也为 1，这两个 1 分别代表的是相邻备选项之间的差距，李克特量表假设的就是这两个 1 所代表的备选项间的差距是相等的。只有在这样的假设下，量表分数才能加总，这也是李克特量表被称作总加量表的原因。

李克特量表的计分通常采用 5 点计分法，也就是每个问题对应有 5 个计分的备选项。在实际的量表设计中，还可以采用 7 点计分法、10 点计分法等。分值划分得越细，对被调查者的主观态度的评价越细致，但同时也会出现不同态度之间的区别难以划分清楚的情况。

例如，在研究“农民创业机会识别的影响因素”时，我们考虑到“先验知识”可能是影响创业机会识别的一个因素。但是农民的先验知识情况是农民主观意识的表达，我们无法通过直接观察来获得，需要通过量表进行测量。①

表 7.1 是创业机会识别中的农民先验知识评价量表。量表采用的是李克特量表的编制方法，量表由 9 个问题组成，每个问题的排列是根据研究农民先验知识的逻辑需要进行排列的。量表中的 1～3 题是用来测量农民先验知识中的创业经验的；4～6 题是用来测量农民先验知识中的产业知识的；7～9 题是用来测量农民先验知识中的特殊兴趣的。每一个问题有 5 个备选项，每个备选项的数字是每个问题的答案得分。该案例中量表的 9 个问题的总分值从最低 9 分至最高 45 分，分值越高，代表农民创业机会识别中的先验知识越丰富。在表 7.1 中，调查对象的选择答案得分总计为：

$$1+4+5+4+3+5+4+3+4=33$$

该得分表明该农民的“先验知识”较好。

表 7.1　创业机会识别中的农民先验知识评价量表

填答要求：本量表中的问题答案无对错之分，请您根据实际状况在合适的选项上画“○”。不要遗漏任何一个问题。

题项	备选项				
	完全不同意	比较不同意	中立	比较同意	完全同意
1. 我接受过相关的创业培训	1	2	3	4	5
2. 我有过创业经历	1	2	3	4	5
3. 我和一些创业者交流过	1	2	3	4	5
4. 我对某一行业的顾客需求有足够的认识	1	2	3	4	5
5. 我对某一行业的技术知识有足够的认识	1	2	3	4	5

① 在这里，表 7.1 的内容只是用于举例，虽然在实地的样本研究中其信度和效度都较好，但它不代表完美。

续表

填答要求：本量表中的问题答案无对错之分，请您根据实际状况在合适的选项上画“○”。不要遗漏任何一个问题。					
题项	备选项				
	完全不同意	比较不同意	中立	比较同意	完全同意
6. 我对某一行业的市场环境有足够的认识	1	2	3	4	5
7. 我对关注的领域充满好奇和兴趣	1	2	3	4	5
8. 我不断培育自身的能力来获取感兴趣领域的知识	1	2	3	4	5
9. 我投入大量精力来了解感兴趣的产品的动态	1	2	3	4	5

（2）李克特量表的编制步骤。

①确定测量内容。

在分析影响农民创业机会识别的因素时，除了农民的“先验经验”作为重要的影响因素之一需要通过量表进行测量，农民的“创业机会识别能力”本身也是一个主观因素，也需要通过量表进行测量。可见，确定测量的内容对于开展研究设计以及后续顺利完成研究任务都是非常重要的。

②提出测量问题和计分标准。

一个量表中的问题多少并没有固定的数量标准，以满足测量的需要为基本原则，同时兼顾精确、简洁、科学、有序。一般来讲，5～20 个问题的量表比较适用。特别需要注意的是，问题的提出可以是正向的，也可以是反向的，在赋予分值的时候，正向问题和反向问题的计分顺序应该是相反的。

③首次试调查和评估。

选择部分调查对象进行量表的填答、测试称为试调查。通过试调查，我们要达到两个目的：一是了解被试者能否清晰理解量表所提出的问题、能否顺利完成量表的填答；二是对被试者填答的量表进行分析，检查量表中的每一个问题在实现测量内容上的辨识力。通过对量表中问题的调查和评估，我们对量表进行修正和完善。

量表问题的辨识力是指量表中的每一个问题在分辨不同调查对象的不同态度、不同倾向等主观评价差异上的能力。如果一个问题的填答结果都是“完全同意”，那么这个问题就是没有辨识力的问题。通过量表的试调查和评估，我们要删除辨识力低的问题，保留辨识力高的问题，从而使量表更有效。

量表问题辨识力评估的方法：

首先，按照每个测试者测试总得分的高低，将预调查中的测试对象进行排序。

其次，分别取出测试总得分排序中前 25%（高分组）和后 25%（低分组）的测试者，分别计算这两组测试者在每一个量表问题上的平均分，然后进一步求出每个问题的平均分差值（每一个问题的高分组平均分减去低分组平均分）。

最后，差值越小的问题，意味着辨识力越差。差值越大的问题，意味着辨识力越好。

经过上述的辨识力评估，我们选择将量表中辨识力差的问题删除，留下辨识力好的问题。

④二次预调查和专家咨询。

在量表经过第一次的预调查和评估后，我们将对修订后的量表进行再次预调查。二次调查不仅要完成与第一次预调查一样的工作，而且要在对测试对象进行调查的基础上，进一步咨询相关研究领域的专家、学者等，对量表中问题的全面性、准确性、有效性等进行评估，再次对量表进行修订和完善。此过程可以再次或多次重复进行。

⑤量表定稿。

定稿后的量表才能用于正式的调查研究。

李克特量表编制的优点是：操作简单，容易编制，适用范围广。其不足是：以量表中多个问题的加总得分来代表调查对象的主观态度，虽然可以区分得分高低，但是对于调查对象在每个问题上的主观认知的差异化程度，就无法进行区分。

7.3.2　评比量表

评比量表是用来评价调查对象对某一事物或现象的态度的量表。具体用法是：首先把对某一事物的两个对立态度设置为端点，然后让调查对象在两个端点之间选择适合自己态度的点，以用来表达自己的态度并将态度问题数量化。

评比量表可以分为图示评比量表和列举评比量表。

（1）图示评比量表。

通过设计一个生动的图示，为调查对象提供生动的画面，让调查对象对某一事物或现象做出评价。

例如，我们正在调查居民对基层社区防疫工作安排的满意度，请被访者对该工作进行满意度评价。图 7.1 展示了可以利用的图示评比量表的形式。

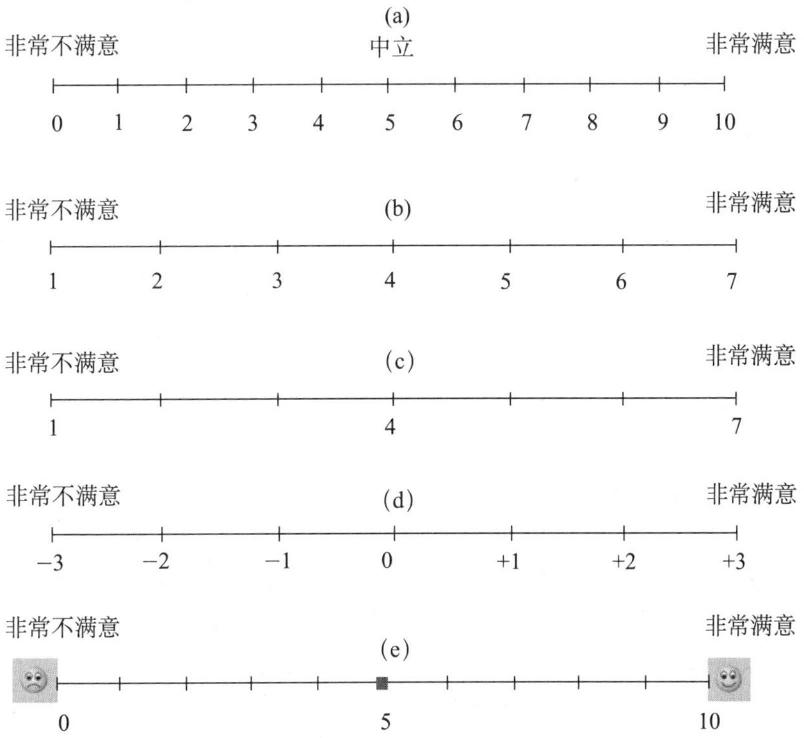

图 7.1　图示评比量表的形式

图示评比量表的设计制作非常简便，如果打分者能够慎重打分，那么这种量表可以辨别数值之间的微小差异。通过图示评比量表获得的数据通常作为等距数字使用。但是如果打分者不慎重打分或者难以对想法做出判断，那么他们就倾向于选择中间答案。另外，调研人员很难把握打分者的打分标准是什么，打分者完全凭的是其个人的主观判断标准。

（2）列举评比量表。

列举评比量表要求调查对象在列举出来的项目类别上进行选择填答。表 7.2 给出了一个列举评比量表的示例。

表 7.2　列举评比量表：影响学生对直播授课课程喜爱程度的因素

Q：在线直播授课中，你认为影响学生对课程喜爱程度的因素是：

	完全不重要	不重要	一般	重要	非常重要
课程设计有特色	1	2	3	4	5
师生互动频繁	1	2	3	4	5
教学资料丰富	1	2	3	4	5
学生问题反馈及时	1	2	3	4	5
网络平台稳定	1	2	3	4	5
教师镜头感强	1	2	3	4	5

当然，列举评比量表的表现形式还可以更加灵活，也可以适应线上调查对填写方式的要求。表 7.3 是关于消费者采用某线上 App 购买生鲜食品的消费体验的调查量表。

表 7.3　列举评比量表：通过线上 App 购买生鲜食品的消费体验

Q：您通过线上 App 购买生鲜食品的消费体验是：

	非常满意	较为满意	一般	不满意	非常不满意
App 界面设计的实用程度	○	○	○	○	○
App 上购买商品的方便程度	○	○	○	○	○
App 上供给品种的齐全度	○	○	○	○	○
App 上购买商品的质量水平	○	○	○	○	○
App 上购买商品的送货速度	○	○	○	○	○
App 上购买商品的售后服务	○	○	○	○	○

列举评比量表容易构建，操作起来也简单明了，这使测量更可靠、可信。

7.3.3　等级顺序量表

等级顺序量表是要求调查对象对列出的若干调查项目进行选择、比较并排序的量表表现形式。在填答等级顺序量表时，调查对象需要对项目进行比较填答。在市场调研中，经常需要调查对象对产品品牌偏好、购买倾向、熟悉程度等进行有序选择。

例如，①请您对列举的手机品牌（见表 7.4）的喜爱程度进行选择并排序。在最喜欢的品牌后写“1”，第二喜欢的写“2”，依此类推，最不喜欢的写“9”。

表 7.4　手机品牌的喜爱程度量表

品牌名称	喜爱程度
小米	
OPPO	
华为	
vivo	
三星	
Apple	
中兴	
iQOO	
联想	

②针对您选择为“1”的手机品牌，选择三项您喜欢的理由，并依次将其排序为1、2、3。

表 7.5　最喜爱某手机品牌的原因

理由排序	喜爱理由
	质量好
	外观漂亮
	技术过硬
	操作系统适宜
	支持国产品牌
	售后服务好

等级顺序列表不仅能够让调查对象对选项进行选择，而且还能排序，显然通过量表测量获得的信息是丰富的。但是调查对象利用顺序量表所表达的各选项之间的差距或态度差异大小，调研人员是无法了解的。

7.3.4　配对比较量表

配对比较量表是由若干组两两配对的选项构成的意向、态度、喜好等态度量表，调查对象通过比较每一组里的两个题项，从中选择出一个，把所有组的选项都判断选择出来以后，对各选项的选择频数进行汇总，就可以了解到调查对象的态度。调查对象要在多个选项之间进行一系列的成对的比较判断。

例如，下面是6对手机品牌（见表7.6）。请您在每一对手机品牌中选出您更喜欢的那一个，并在选中的品牌旁边的（　　）内打“√”。

表 7.6　6对手机品牌偏好的配对比较

a. 华为　（　　）	b. Apple　（　　）
a. Apple　（　　）	b. 小米　（　　）
a. 小米　（　　）	b. OPPO　（　　）
a. 华为　（　　）	b. 小米　（　　）
a. Apple　（　　）	b. OPPO　（　　）
a. 华为　（　　）	b. OPPO　（　　）

通过表 7.6 所示的配对比较量表，可以得到关于手机品牌的偏好矩阵表 7.7。具体做法是：调查结束后，将调查对象的答案整理成表格或矩阵的形式，用数字“1”表示调查对象在每一对中选择的品牌，没有选择的品牌用“0”表示。然后以列为依据进行加总，得到表中各列的合计值，这个数值可以用来比较各列上的品牌被选择的次数，次数越大，说明该列上的品牌越受欢迎。

表 7.7 配对比较量表下的手机品牌偏好矩阵

	华为	Apple	小米	OPPO
华为	/	n_{12}	n_{13}	n_{14}
Apple	n_{21}	/	n_{23}	n_{24}
小米	n_{31}	n_{32}	/	n_{34}
OPPO	n_{41}	n_{42}	n_{43}	/
合计	$\sum n_{21}+n_{31}+n_{41}$	$\sum n_{12}+n_{32}+n_{42}$	$\sum n_{13}+n_{23}+n_{43}$	$\sum n_{14}+n_{24}+n_{34}$

配对比较量表适用于评价对象个数不多的情况，如果评价对象过多，比如超过 10 个，配对比较法就会过于麻烦了。

7.3.5 语意差异量表

在市场调研中，语意差异量表应用较为广泛，是用于测量调查对象对公司形象、品牌形象的看法和态度的量表。语义差异量表的使用简单，量表设计的关键点是确定测量客体的测量维度和界定用于测量每一维度的、位于两极的两个相反的词语或短语。

语意差异量表以位于测量维度两端的词语的正反意义为基础，一个量表通常包含一系列维度和相应的词语，在维度测量的两极端点词语之间可以划分 5 个、7 个、9 个或者 11 个区间。人们对测量客体的态度可以通过选择维度两极两个相反形容词之间的区间反映出来，由于人们对语意的反应强度不同，选择的区间也会不同。表 7.8 是一个关于学生对线上直播授课态度的语言差异量表。

表 7.8 关于学生对线上直播授课态度的语意差异量表

端点 1	语意区间							端点 2
	1	2	3	4	5	6	7	
课程有趣	*	*	*	*	*	*	*	课程无趣
适应线上授课方式	*	*	*	*	*	*	*	不适应线上授课方式
喜欢上网课	*	*	*	*	*	*	*	不喜欢上网课
看回放	*	*	*	*	*	*	*	不看回放
老师是积极的	*	*	*	*	*	*	*	老师是不积极的
线上有互动	*	*	*	*	*	*	*	线上没有互动
网络平台友好	*	*	*	*	*	*	*	网络平台不友好
提交作业方便	*	*	*	*	*	*	*	提交作业不方便
能够集中注意力	*	*	*	*	*	*	*	不能够集中注意力
满意	*	*	*	*	*	*	*	不满意

使用语意差异量表开展调查收集到数据之后，一是可以根据每一个调查对象打分的结

果，进行单维度得分和各维度加总得分的分值比较，进而分析不同调查对象对测量客体的态度上的相同点和不同点；二是可以对所有调查对象各个维度上的项目得分进行平均，绘制出语意差异图，进而可以对调查对象对测量客体的总体评价进行把握，图形表现生动、直观，是对调查结果的可视化处理。图 7.2 用语意差异图直观展示了两个被访者对线上直播授课的态度差异。

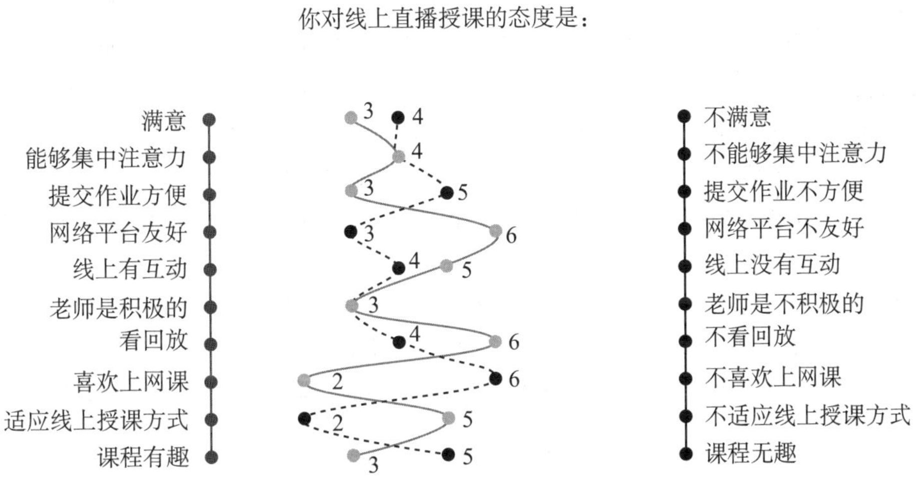

图 7.2　两位被访者对线上直播授课态度的语意差异图

如果我们可以计算出所有被访者对各个维度的语意差异分数的平均值，那么我们也可以画出平均数的语意差异图（见图 7.3），可以对样本的平均态度进行描述，有利于市场调研人员发现项目或产品的管理、推广中存在的问题，对于改进管理决策具有参考价值。

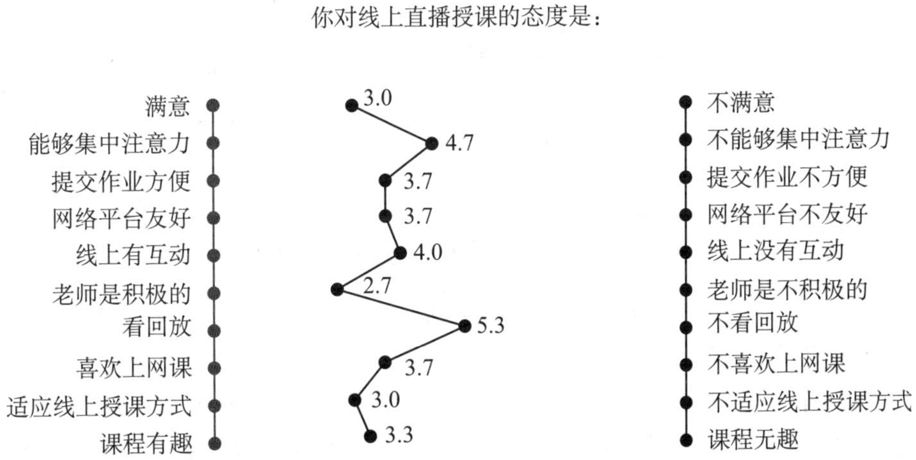

图 7.3　所有被访者对线上直播授课态度的平均值的语意差异图

语意差异量表的应用依据研究主题的需要进行设计，对解决实际问题的要求比较高，很难形成一套标准模式，调研人员为此要花费大量时间和精力完成量表的设计和分析工作。在态度评价的区间划分上，7 点评分的区间划分可能避开点数太多而带来的低辨识性，也可能避免点数太少而缺乏现实意义的缺点。另外，在相反语意词排列选择的时候，注意尽量不要把“好词”集中放在一侧，而把“坏词”又集中放在另一侧，可以随机地打乱顺序排放词语。为了分析需要，在资料收集完成以后整理资料的时候，可以再将“好词”“坏词”分别集中在两侧。

7.3.6 净推荐值法

净推荐值（net promoter score，NPS）法是一种调查方法，用来调查企业与客户的关系，特别关注评价客户对企业的满意度、忠诚度等，是用户口碑的一种体现形式。客户是市场营销管理的对象，留住客户、维护客户的企业忠诚度对企业发展至关重要。因此，培养忠诚度高的客户、提高社会美誉度，成为企业营销的核心关注点，也使 NPS 法得到企业的青睐和广泛使用。企业可以用净推荐值来反映客户对企业的态度，分析客户口碑对企业成长的影响。有研究表明，NPS 与企业盈利增长之间具有较强的相关关系。

例如，在某一产品的推广过程中，企业在这一产品的现有客户中选择一部分样本单位进行产品推荐可能性调查。单一维度的测量量表设计如下：

Q：您有多大可能性向您身边的朋友推荐这款产品？请从 0 分至 10 分选择打分。

0	1	2	3	4	5	6	7	8	9	10
决不会推荐					中立					非常愿意推荐

在调查时，被访客户在上述 11 点量表中进行选择打分。根据打分情况，一般可以将客户按照打分高低分成三类：推荐者、被动者、贬损者；这三类客户对应的企业忠诚度分别是：高忠诚度、中忠诚度、低忠诚度。具体的分类标准见表 7.9。

表 7.9 净推荐值法下的客户分类

分值	客户类型	客户特点
9～10 分	推荐者（promoters）	高忠诚度，会继续购买企业产品并推荐给他人
7～8 分	被动者（passives）	中忠诚度，对企业态度会因为利益考虑而在不同企业之间摇摆
0～6 分	贬损者（detractors）	低忠诚度，对企业不满意的方面比较多，离开企业的可能性大

通过表 7.9 的客户分类可以看出，企业应该尽可能维护好高忠诚度的客户，这部分客户是企业的宝贵财富，可以给企业带来成长；寻找影响中忠诚度客户态度的原因，以改善企业与客户之间的关系，提高客户对企业品牌、产品、服务的忠诚度，挖掘企业成长潜力；低忠诚度的客户对企业评价低，会对企业产生负面影响，需要审慎处理企业与客户之间的关系。

利用上述量表对抽取的客户进行态度调查。针对调查收集的被访者数据，可以计算净推荐值（NPS）。NPS 的计算方法是：被访客户中推荐者的占比减去贬损者的占比的差值。

NPS 在 50%以上被认为企业维系着较好的客户关系。NPS 在 70%～80%之间，则说明企业拥有一批高忠诚度的客户。

假如，针对上面提出的问题，我们分别对企业 A、企业 B 和企业 C 应用净推荐值法进行客户忠诚度调查。调查结果的统计描述如表7.10。

表7.10 企业A、企业B、企业C的净推荐值统计情况表

	企业A	企业B	企业C
客户类型	占比	占比	占比
9～10分推荐者	40%	65%	30%
7～8分被动者	50%	0	70%
0～6分贬损者	10%	35%	0
NPS	30%－10%＝30%	65%－35%＝30%	30%－0＝30%

通过数据可以看出，企业A、B、C的净推荐值均为30%，说明三家企业拥有的忠诚度高的客户的数量不理想。这里需要关注的问题是：三家企业的净推荐值虽然相同，但是三种客户类型所占的比重显然差异很大，分布差异明显。企业A有40%的推荐者，50%的被动者，10%的贬损者；企业B有65%的推荐者，没有被动者，有35%的贬损者；企业C有30%的推荐者，70%的被动者，没有贬损者。显然，这三家企业需要根据自身的实际情况采取不同的市场营销和顾客关系策略，增加净推荐值的路径、方式也会不同。

净推荐值法的应用要注意个性化，要从具体企业的具体情况出发，以企业某一产品、服务为切入点，兼顾企业内各部门的提升和改善需要，设计好调查内容，采取有效的调查方式，减少误差，使分值的测定可信有效，切实能够将分值作为企业产品优化、服务品质改善、提高客户忠诚度的动力。

思考题

1. 什么是指标？什么是调查指标？什么是社会指标？
2. 简述指标设计的原则。
3. 什么是量表？什么是指数？量表有哪些特点？
4. 什么是李克特量表？简述李克特量表编制的步骤。
5. 如果我们要研究消费者对婴幼儿奶粉安全性的认知对其购买行为的影响，那么请你按照李克特量表的编制要求，设计一份能够测量消费者对婴幼儿奶粉安全性的认知情况的调查量表。
6. 什么是评比量表？什么是等级顺序量表？
7. 如何测量喝奶茶是否具有成瘾性？请你通过文献检索了解什么是成瘾性，已有文献是如何测量成瘾性的？举一个文献中的例子。
8. 请你为喜欢喝奶茶的大学生设计一个等级顺序量表。
9. 什么是配对比较量表？什么是语意差异量表？
10. 什么是净推荐值法？请以院系的两门或三门专业选修课程为例，向你的10～20位课程同学询问“你很大程度上愿意向其他同学推荐这门课程吗”这一问题，使用净推荐值法对课程评价结果进行讨论。

第 8 章

问卷设计和使用

本章内容

问卷是收集定量研究所需结构化数据资料的重要工具。本章介绍了问卷设计的程序、问卷编制的逻辑构建和问卷的基本结构；介绍了问卷中题条表述、问题内容、问题选择和排列等内容；介绍了问卷的使用方式，包括纸面问卷和电子问卷的使用方式；介绍了问卷回收审查、对无回答和无效回答问卷的处理；评价了问卷调查的优点和不足。

学习目标

了解问卷设计的程序和编制逻辑；掌握问卷的基本结构和问卷中题条的类型，注意把握问题表达、选择和排列的技巧；掌握问卷使用的方式和不同问卷调查方法的优缺点；了解问卷回收审查以及无效和无回答问卷的处理方法。

问卷（questionnaire）是为了达到收集资料、实现研究目标的要求，由研究者精心设计的系列问题组合而成的测量工具，被广泛应用于市场调查研究的数据收集工作中。问卷在很大程度上决定着问卷调查的质量、回收率、有效率，以及调查的成败。因此，设计问卷成为问卷调查方法中的关键技术和环节，要做扎实。只有设计一份符合调查研究目的和内容需要的完美问卷，才能使调查的结果达到研究需要，如果问卷设计得不好，那么收集的资料信度和效度就不高，将直接影响研究方案完成的质量，因此问卷设计关系着研究假说是否能够得到科学检验。

8.1 问卷设计的程序

8.1.1 问卷设计的准备工作

为了设计一份科学、有效的调查问卷，研究者要做好充分的准备工作，不要急于求成。所谓“磨刀不误砍柴工”，只有将问卷设计的准备工作做好，才能达到事半功倍的效果。通常，问卷设计的准备工作主要有：认真阅读相关资料，进行理论上的准备，尽可能征求有关专家及实际工作者的意见，以取得经验和指导，与各种类型的调查对象进行一定时间的自由交谈和访问，了解他们对各项问题的看法和回答，等等。准备工作可以为调查问卷的设计打下良好的基础，可以使问卷的设计做到既符合理论要求，又切合实际，满足调查研究问题的需要。

研究者应该遵循一定的设计程序。在设计问卷时，要根据研究方案设计的内容和提出的假说，进一步明确调查研究的目的，围绕研究假说的验证需要，进一步明确研究假说中的关键变量是什么，如何定义、如何测量、如何获得数据。除此之外，问卷也要考虑控制变量或其他可能影响研究假说验证的变量的测量，为此，你应该做大量的关于变量的探索性研究，阅读文献，找到设置变量的科学依据或者一些可以借鉴的研究，然后才开始设计问卷初稿，并要经过试用和修改的过程，最后才能形成正式的调查问卷。

8.1.2　问卷设计的步骤

(1) 明确调查研究的总体目标。

调查研究的总体目标是问卷设计的出发点。问卷设计者在设计问卷的时候首先要明确：

- 问卷设计如何达到调查研究所要实现的目标；
- 明确研究的类型是探索性调研、描述性调研还是解释性调研；
- 如果是解释性调研，进一步明确研究假设和关键指标变量；
- 明确关键指标变量的测量方法、问题描述方法和资料获取方法；
- 考虑问卷设计的细节，例如，题条的表达和排序、敏感问题的处理等。

通过对上述问题的思考，调查研究的总体目标、研究内容、研究思路被进一步明确，设计者为了实现调查研究目标，可以非常有针对性地进行调查问卷设计。

(2) 明确调查研究对象。

调查研究对象是调查问卷所要征询的对象。在问卷调查中，不同调查对象决定着具体的、不同的调查方法和调查方式。例如，调查对象如果是企业，那么调查的方法和方式与以农户为调查对象的方法和方式相比是不同的，如果调查对象是在经济发达地区，那么与在经济欠发达地区的调查对象相比，调查方法和方式也一定有所不同。因此，在设计调查问卷之前，如果能够具体明确调查研究对象的类型、地区分布等情况，那么这对于问卷设计中的题条设计，包括问题的提法、问题表述的形式、语言的使用等，都有非常积极的、正面的作用。

(3) 列出调查研究的问题及征询该问题的题条。

题条是调查研究问题的具体表现形式。题条一般可以分为三种类型：封闭型题条、开放型题条和半封闭型题条。封闭型题条一般包括问题和备选答案两部分，开放型题条仅仅包括问题，而没有备选答案。在问卷调查中，封闭型题条是问卷设计的主要部分。封闭型题条具有明确的指标变量，具有标准化的数值选择，非常适合做定量分析。

一个亟待研究的问题可能需要一个题条就可以收集到相关信息，也可能需要两个甚至多个题条来收集信息，因此，题条是具体化了的问题表述，其目标是围绕要调查研究的问题进行设计，使问题具体化、明晰化、条理化和可操作化。当然，如果问题理解不好，就可能造成不确定性或不表态的回答。另外，调查对象群体的特征对问卷设计也有很大的影响，群体差异越大，设计一个完全适合整个群体特征的问卷就越困难。

（4）问卷结构设计和问题编排。

当明确了调查研究总体目标并就调查问题进行设计之后，我们的另外一项重要工作就是将这些问题和题条采用一定的、合理的顺序编排在一起，形成一份问题鲜明、主次清晰、符合调查对象逻辑思维惯性的调查问卷。因此，如何将问题编排在一起，哪个问题在前，哪个问题在后，就成为问卷设计中一个非常关键的问题。

在编排问题的时候，我们比较关注的是：问题的编排要易于调查对象接受并使之愿意回答，问题的编排要考虑调查对象回答问题的质量要高、问题在测量具体变量上的实际效用要好等几个方面。

（5）问卷试调查和修改完善。

问卷调查一般用于大范围调查，涉及的人员多，而各类人员的文化水平、职业状况、对调查的态度等各不相同，再加上问卷设计者本身也有一定的局限性，这使得设计问卷初稿时很难一次就将问卷调查可能出现的各种情况和问题都考虑周全。因此，任何调查问卷都不可能一次设计成功，往往要经过若干修改。在修改和完善问卷的过程中，问卷的试用是十分重要的。问卷的试用就是把设计好的问卷初稿用于一次调查，从而对问卷的设计进行检验和评价，然后再对问卷进行修改。

问卷试调查主要有两种，一是客观检验法，二是主观评价法。

①客观检验法。客观检验的具体做法是，将问卷初稿印制若干份（一般为 30～100 份），然后在正式的调查对象中抽取一个小样本进行试调查，最后通过认真检查和分析试调查的结果，从中发现问题和缺陷并进行修改，而且还可以进一步完善组织问卷调查的措施。检查和分析问卷试调查的主要方面是看问卷的回收率、有效问卷回收率、填写错误及填答不全等。

②主观评价法。主观评价的具体做法是，将设计好的问卷初稿 3～10 份分别送给问卷所要研究的相关主题领域的专家、研究人员和典型调查对象，请他们对问卷进行分析评价，指出不妥之处，提出修改意见和建议。

从目前情况看，客观检验法在实际使用时用得较多，而主观评价法适用于某些小型调查，有些大规模调查则往往需要同时采用两种方法。只有经过试用，找出问卷可能存在的问题并进行修改之后，调查者才能把问卷用于正式的调查中。

问卷在修改、定稿以后，根据需要可进一步撰写问卷附信，并进行印刷等工作。印刷问卷要注意尽量减少问卷的厚度，以免调查对象因为看到问卷过厚而产生放弃填答问卷的心理或因心理不悦而产生不良情绪，进而影响问卷的回答质量。

通过上述设计过程，调研人员的最终目标是完成一份满足调查研究需要，信度和效度都很好的调查问卷。高质量的调查问卷是保证调查活动顺利完成的基础，也是保证收集的资料科学、有用、完整的基础。

8.2　问卷编制的逻辑构建

当我们按照问卷设计步骤将需要考虑的问卷设计环节都考虑清楚之后，那么主要的工作是把问卷所包括的具体题项编制出来，形成逻辑清楚、具体化的问卷。问卷的完成过程是研究人员思维的逻辑构建过程，一般可以根据调研者对于问卷调查主题了解的情况以及问卷设计者的已有经验，或者选择从发散思维至收束思维的方法，或者选择从收束思维至发散思维的方法，它们分别表现为具体操作方法中的卡片法和框图法。

8.2.1　卡片法

卡片法是研究者利用卡片，体现研究思维从发散到收束，再到发散，再到收束的反复过程。经过几个回合的发散收束过程，从提出一个个问题，到对问题进行增减合并、归类、排序，最后落实到文本上，形成一份问卷。

（1）卡片设置。

根据准备工作所取得的初步感性认识，研究者采取发散式思维的方式，把问卷中所要询问的问题及其备选答案分别填写在卡片上。按一个问题一张卡片的原则填写。如果问卷包含 20 个问题，就分别将问题写在 20 张卡片上。

（2）卡片分类。

根据卡片上问题所属的类型和问题的主要内容，研究者对卡片进行分类。把问题主题词相同或相关联的卡片放在一堆，将所有的卡片分成若干堆。

（3）问题筛选。

研究者对各类卡片进行梳理，补充缺失的问题，去掉不合适的、多余的问题，修改、完善表达不充分、不准确的问题，最后筛选出有效的、必要的问题。

（4）卡片排序。

在每一类、每一堆中，根据调查研究的需要，按照问题设置的逻辑，研究者对卡片进行排序。

（5）类型排序。

根据问卷整体的逻辑结构，研究者需要排列出各类或各堆卡片的前后顺序，并要反复检查问题的前后顺序是否适当。

（6）形成问卷初稿。

研究者把排好顺序的卡片上的问题依次写到纸上，附上引言（附信）、问卷填写说明等，就可以形成问卷初稿。

8.2.2　框图法

框图法是研究者通过设计思维框图，体现研究思维从收束到发散，再到收束，再到发散的反复过程。先从设计框图开始，给出问卷设计的框架结构，到根据框图结构发散细化出具体条目，体现出现有框架，再到具体问题的逻辑思维特点，最后根据框图形成问卷。

（1）绘制框图。

根据调查问卷的主题及其调查内容，绘制调查问卷的整体结构图及各个部分内容的前后顺序联系图。

（2）列出具体题条。

根据框图的内容和结构，具体详细地写出调查问卷每一部分的问题及备选答案，并安排好这些问题相互间的顺序。

（3）检查调整。

从调查问卷的内容结构是否合理、调查对象阅读和填写问卷是否方便等方面，对所有设置的调查问题进行检查、调整和补充。

（4）形成问卷初稿。

对经过慎重考虑调整的结果进行重新抄录，附上引言、填写说明等，形成问卷补稿。

卡片法和框图法是两种不同的方法。前者从具体问题开始，再到局部问卷的设置，最后落实到整体。后者则正好相反，先从问卷主题的总体内容和整体结构的建构开始，然后再到问卷局部的内容设置，最后再细化到具体问题。

卡片法易于进行，尤其是在调整问题的前后顺序及修改问题方面十分方便，但同时由于每一个具体问题分散在一张张卡片上，往往很难从整体上进行安排、调整和修改。为了取长补短，可以将这两种方式相结合，做法是：可以先在纸上画出问卷的各大部分及其前后顺序，然后在卡片上写出各部分的问题，并调整问题间的顺序，最后将修改调整后的问题卡片抄在纸上，形成问卷初稿。

8.3 问卷的基本结构

正如研究者撰写的论文、描画的图表等作品一样，调查问卷也是研究者的作品之一。一份设计全面、完整的调查问卷，不仅可以反映作者的研究思路、研究理念，而且还是研究者某些问题设计技巧、设计方法的体现。因此，调查问卷通常也具有一定的结构，主要包括题目、引言（或附信）、指导语、问卷题条和结束语等几个部分。

8.3.1 问卷题目

一份考虑周全的调查问卷应该包括一个能够反映调查对象、概括调查内容的题目。例如，《现阶段大学生的职业选择意向调查问卷》《义务教育阶段学生课外学习情况的调查问卷》。这样的问卷题目既鲜明，又有特色，既简洁，又不笼统。通过问卷题目，我们就可以清楚地了解调查对象是谁、调查内容是什么。

当然，有的问卷题目多、篇幅很长、内容也很繁杂，因此，如果用一个题目来表达所有的调查内容可能不太现实，可以仅用《调查问卷》这样一个笼统的题目来反映所有的调查内容，但是调查总问卷中的子问卷必须要有具体的题目来反映调查对象和内容，这样才能使设计出来的问卷条理清楚、布局有序。

8.3.2　引言

正如一篇学术论文或作品一样，问卷的引言部分主要用来述说该项调查的目的、意义、主要内容、调查类型或方式，向调查对象提出填答问卷的请求或希望，表达问卷调查的匿名性和保密性原则，向调查对象阐明问卷回复的时间和方式以及问卷调查活动的承办单位、组织或个人的身份等。可见引言基本反映了调查者是谁、调查什么内容、为什么调查、调查有什么作用、怎么填答问卷、无损于调查对象利益等相关内容。

引言的主要作用是引起调查对象的重视和兴趣，打消调查对象在填答问卷时的一些顾虑，增进调查对象对问卷调查活动的理解，争取他们的支持和合作。因此，总体而言，引言表达应尽量言简意赅，不要太烦琐。

引言一般在问卷的开头，如果引言较长，或者需要解释的问题比较多，那么也可单独成为问卷的一封附信，附在问卷前面。

如果问卷是一份访问调查问卷，那么还应该在问卷的附信或引言的下方印上其他与调查活动相关的内容，如图 8.1 所示。

调查时间：________年________月________日
问卷编号：________________________
调查者姓名：______________________
被访问者合作情况：________________
核查员姓名：______________________

图 8.1　与调查活动相关的内容

8.3.3　指导语

指导语是用来告诉调查对象如何正确填答问卷或提示调查者如何正确完成问卷的表达方法和要求的语句。

具有一般指导意义的指导语可以放在引言或附信中，并标有“填答说明”的标题，其作用是对填答的方法、要求、注意事项等做一个总的说明。具有特殊填答要求的指导语，可以放在问题的后面。指导语的主要作用是：

（1）限定问题选择或填答的范围。例如，“若无特殊说明，每一个问题只能选择一个答案。”这个指导语告诉问卷填答者只能选择一个答案。

（2）说明问题填答的方法。例如，“请在被选择答案后的□内打‘√’，或者在空白处填上适当内容。”这个指导语告诉填答者如何填答问题。

（3）提出问题填答的要求。例如，“填写问卷时，请不要与他人商量。”该指导语告知调查对象在填写问题的时候不要与他人商量。

（4）指出问卷填答的次序。例如，“此题若选择‘不是’，采访即可结束。”该指导语告诉调查者和调查对象，如果选择了“不是”这一回答，即可以结束调查工作。

另外，在具体的问卷中，指导语的位置可以放在问题的前面或后面，用括号括起来，其作用主要是指导调查对象填写该问题。例如："（可选择多个答案）""（请按重要顺序排列）""（请选择答案并排序）"等。

总之，在问卷题条设计中，任何一个可能让问卷填答者产生疑问的地方，都要给予一定的指导和说明。指导语要求简单易懂，不能过于复杂，否则容易造成二次的难以理解的问题。

8.3.4 问卷题条的设计

问卷题条是指调查问卷中的一个个问题或题项，它是调查问卷的主体部分。根据题条设计是否有备选答案，可以将题条分成三类：封闭型题条、开放型题条和半封闭型题条。

（1）封闭型题条。

封闭型题条是指问题被提出来之后，问题的所有可能答案或几种主要可能答案全部被罗列出来，调查对象被要求在其中选择一个或几个符合自身实际情况的答案，而且只能在其中选择，不能作备选答案之外的选择的一种问题设计方法。

封闭型题条的问题设计不同于开放型题条，其要点在于有备选答案，且备选答案是为了满足研究对变量测量的需要而设计和安排的。我们重点了解以下几种封闭型题条的设计方式。

● 填空式题条。

填空式题条是指在问题后面划一条短线，让调查对象自行填写答案的题型。例如：

Q1：请问您家有几口人？________口。

Q2：您的年龄是________岁。

Q3：您现居住的住宅面积为________平方米。

填空式题条一般只适用于那些对调查对象来说既容易回答又容易填写的问题，通常只需填写数字。为什么把这一类的填空式问题作为封闭型题条而不作为开放型题条来看待呢？主要原因是这一类的问题虽然需要填写，但是其答案相对来讲是具体的，是相对固定的，而且在进行进一步的研究时，是可以根据研究需要进行分类的。另外，这一类问题如果设计备选答案的话，调查对象只会感觉更加麻烦，将其设置为填空式题条更加简洁、方便。

● 单选式题条。

单选式题条是调查对象只能从题条备选答案中选择一个答案的题型。这类题条的备选答案的设置没有特殊的要求，填答简单，调查对象只需要简单地从中选择出适宜的答案就可以了，没有其他任何附加要求。

单选式题条可以分为两类：一类是两项式单选题条；另一类是多项式单选题条。

两项式单选题条的备选答案只有两个，而且备选答案经常设置为"是"和"否"两项。调查对象从中选择一个答案即可。例如：

Q4：您最近一年购买过某品牌的咖啡豆吗？

A. 是　　　　B. 否

Q5：您赞成政府发放旅游代金券的举措吗？

A. 赞成　　　B. 不赞成

两项式单选题条的特点是答案简单明确，可以让调查对象很容易地做出选择，但两项备选答案提供的信息量太少，有时不能全面地了解和分析调查对象中客观存在的不同层次。因此，这种方式最适用于互相排斥的、二选一的定类问题的测量。

多项式单选题条的备选答案有两个以上的选项，由调查对象根据情况自由选择其中的一个答案。例如：

Q6：您目前的家庭年收入水平大约为：

A. 5 000 元以下　B. 5 000～10 000 元　C. 10 001～15 000 元
D. 15 001～20 000 元　E. 20 001～25 000 元　F. 25 001～30 000 元
G. 30 001～35 000 元　H. 35 001～40 000 元　I. 40 001 元及以上

Q7：您目前的家庭成员中，最高的受教育程度是：

A. 小学及以下　B. 初中　C. 高中　D. 中专
E. 大专　F. 大学　G. 研究生

Q8：您对当地小学的办学条件是否满意?

A. 十分满意　B. 比较满意　C. 一般　D. 不满意
E. 很不满意

在关于满意程度的题条设计中，备选答案等级的确定非常重要，常用的等级有："非常喜欢，比较喜欢，一般，讨厌，非常讨厌""完全同意，同意，中立，不同意，坚决不同意，无可奉告""很好，可以，不好，很差，无所谓"等。这种题条的设计适用于关于调查对象的意见、态度、感情的等级或强烈程度的定序测量问题。多项式单选题条的备选答案有多个，且各个备选答案的设置必须是互斥的和穷尽的。这类题条适用于预期进行频数统计和交互分析的问题研究。

- 多项式多选题条。

多项式多选题条是一个问题设计了多个备选答案，调查对象根据实际情况可以从中选择多个答案的题型。依据研究的不同需要，多项式多选题条可以分为两类：一类是多项式无序多选题条；另一类是多项式有序多选题条。这两类多选题条的差异主要是通过设计不同的指导语，提出不同的填答要求，进而实现不同的多选方式。

多项式无序多选题条就是调查对象只要将多个答案选择出来就可以，不需要进行排序的题型。例如：

Q9：您购买咖啡豆时会关注下列哪些方面?（可以多选）

□ A. 价格
□ B. 产地
□ C. 品牌
□ D. 口味
□ E. 烘焙度
□ F. 品种
□ G. 其他

与多项式单选题条不同，多项式无序多选题条需要选择出多个答案，一个多项式无序多选题条相当于询问了多个问题，因此在进行资料录入、整理的时候，多项式无序多选题条的处理比多项式单选题条的处理复杂很多。

多项式有序多选题条是调查对象不仅要从备选答案中选择出一个或多个答案，而且还要对其选择出来的备选答案按照一定的原则进行排序的题型。例如：

Q10：您购买咖啡豆时会关注下列哪些方面？（可以多选，并按关注程度将选择出来的答案编号为1，2，3，…）

□ A. 价格

□ B. 产地

□ C. 品牌

□ D. 口味

□ E. 烘焙度

□ F. 品种

□ G. 其他

与多项式无序多选题条相比，多项式有序多选题条不仅需要选择出答案，而且还需要对答案按照重要程度、影响深度等标准进行排序，这使研究者对问题调查了解的程度会更深、更具体。这类题型非常适用于对问题选项的重要程度的评价，特别适合政策需求评价、消费者认知评价等研究。

Q11：在保护环境上，您认为谁应该承担更多的责任（请选择并排序）：

A. 中央政府　　B. 地方政府　　C. 污染企业　　D. 消费者

E. 经销商

（　　）＞（　　）＞（　　）＞（　　）＞（　　）

● 矩阵式题条。

矩阵式题条是将具有相同的备选答案的相关的、同一类型的几个问题排列成一个矩阵，由调查对象对比着进行选择回答的题型。例如：

Q12：在未来的5年里，您希望家庭生活在哪些方面得到改善？（请在适当的□内打“√”）

	非常迫切	比较迫切	不迫切	不需改善	无所谓
A. 吃	□	□	□	□	□
B. 穿	□	□	□	□	□
C. 用	□	□	□	□	□
D. 住	□	□	□	□	□
E. 行	□	□	□	□	□
F. 其他	□	□	□	□	□

这种矩阵式题条的设计非常简洁，由于同类问题集中在一起，答案相同，回答方式也相同，因此节省了调查对象阅读和填答的时间，而且不同的备选项之间具有一定的可比性，使调查对象的选择更能反映实际情况。

● 表格式题条。

表格式题条是将同一类型的几个问题和答案排列成表格形式的题型。其本质是矩阵式题条的一种变体，形式与矩阵式题条十分相似。例如：

Q13：您认为下列因素在您购房时是否重要？（请在每一行适当的空格中打“√”）

项目	很重要	比较重要	一般	不重要	无所谓
A. 价格					
B. 区位					
C. 交通					
D. 绿化					
E. 户型					
F. 面积					
G. 物业					

除了具有矩阵式题条的优点，表格式题条的设计还具有整齐、醒目的特点。但是这类题条在一份问卷中不宜用得太多，否则容易给人一种呆板、单调的感觉。这两类题条只能减少问卷的篇幅，不能减少问题的数量。①

在封闭型题条中，备选答案是已经设计好的、标准化的，这不仅有利于调查对象正确理解和回答问题，能够节约回答时间，提高问卷的回收率和有效率，而且有利于对回答的结果进行统计分析和定量研究。此外，封闭型题条有利于询问一些敏感性问题，因为调查对象对这类问题可能不愿写出自己的看法，但对已有的答案可能会进行真实的选择。

封闭型题条的设计难度比较大，要求比较高。一是，备选答案的设计比较困难，特别是对于一些比较复杂、回答类型很多或不太清楚的问题，要想设计周全，对问卷设计者的专业知识和把握问题的能力要求比较高，一旦设计有缺陷，调查对象就无法正确回答问题。二是，封闭型题条的答案选择方式比较机械，没有弹性，难以适应比较复杂的情况，特别是难以发挥调查对象在调查中的主观能动性。

（2）开放型题条。

开放型题条是指题条设计中仅仅包含问题，而不包含备选答案的题型。问题的答案由调查对象自由填写。例如：

Q14：您认为农村土地二轮承包到期后，延长土地承包期是否可行？

开放型题条的设计形式简单，只需要将问题提好，然后在问题后留出一块空白地以供填答时使用即可。开放型题条非常灵活，对于问题的回答没有一定的标准，只要是和问题相关的回答，都是可以的。开放型题条适用于定性分析，比较多地被使用在案例调查、访谈调查等方面的资料收集上。

（3）半封闭型题条。

半封闭型题条综合了封闭型题条和开放型题条的优点，在一个题条中既包括了封闭型题条，又包括了开放型题条。两部分题条的设计存在相倚的关系。例如：

Q15：您认为政府施行的教育券计划好不好？（请在适当的□内打“√”）

A. 好　□

B. 难说　□

C. 不好　□

为什么？______________________________

① 风笑天．社会调查中的问卷设计．3 版．北京：中国人民大学出版社，2014：104－111.

8.3.5 问卷结束语

问卷结束语一般采用两种表达方式：

一是，在调查问卷末尾，用简短的语言对被调查者的合作再次表示感谢，并请求被调查者复核填答好的调查问卷。这一部分的目的在于显示调查者首尾一贯的礼貌，督促被调查者消除差错答案，保证问卷调查的质量。例如，我们可以在问卷末尾加上这样一段话："我们衷心感谢您对我们此次问卷调查的支持与合作。为了保证资料的完整与翔实，请您再复核一下填答过的问卷。谢谢!"

二是，在问卷末尾提出1～2个关于本次调查感受等方面的问题，征询被调查者的意见。例如，"您填完问卷后对我们这次调查有何感想?""您还有什么需要补充的吗?"或者，可以提出本次调查研究中的一个重要问题，请被调查者发表评论。例如，"您在增加自家收入的过程中，遇到过哪些主要困难？请写在下面的空白处。"

8.4 问卷题条表述的要求

用文字清晰准确地表达所要调查的问题及其答案，是调查问卷设计质量好坏的决定因素之一。问卷题条的表述包括题干和答案两部分。

8.4.1 题干表述的要求

(1) 表述问题的语言要通俗。

在表述问题时，要避免使用过于复杂、抽象或过于专业化的术语。例如，向一般农民询问"您生产每百公斤玉米的成本是多少?"和"您家庭当前的消费结构是怎样的?"等等这样的问题，就表现得过于专业和抽象了，这可能造成调查对象（农民）不能准确理解"成本""消费结构"等专业术语的含义，从而使问卷填答出现困难。如果胡乱填答，调查结果会更糟糕。

(2) 表述问题的词语要准确。

问题表述准确，能够反映调查意图，是对问题设计非常重要的要求。问题表述不能模棱两可、含混不清。诸如，"也许""好像""可能"这样的词，应尽量避免在问题中出现。如果出现"经常""偶尔""有时"这样的用词，也要对其进行具体的说明和规定，以使调查对象能够了解其具体内容。

(3) 表述问题要简短。

问题表述简短通常包括两点：一是问卷中的一个问题只能表述一个内容，而绝不能把两个或两个以上的问题内容放在一个问题中提出。对于一切比较复杂的问题，都应使它们具体化、单一化，对多重内容应分别提出多个问题，这样才可能使问题简短，也便于调查对象能够准确理解和回答问题。二是在表述问题时，要尽量使用简短的语句。越是冗长的语句越容易含糊不清，越容易使调查对象反感，从而影响回答问卷的质量。

（4）表述问题的方式要恰当。

表述问题的时候一般应避免使用否定形式的问句。例如，“你是否同意不进行农村土地宅基地流转?”这种否定形式的问题提法，往往容易造成调查对象理解上的困惑，因为人们一般习惯于正向思维，不适应这样违背一般思维习惯的问法，所以，这样的问题表述很容易造成调查对象回答上的混乱。

对于敏感性问题的表述也要根据问题的特点采用适当的问法。一般而言，尽量不直接提出敏感性问题，如果必须要问，也只问绝对必要的，且采用间接委婉的提问方式。另外，也可以给调查对象解释为什么要问这些问题，以使调查能够顺利进行。

（5）表述问题不能带有诱导性。

表述问题的言辞要中性，不要随意在提问中加入一些修饰和说明的语言。例如，“你赞成农村宅基地自由买卖吗?”这是一个相对中性的问题。与此内容相似的另外一个问法是“当前农村宅基地的流转很热，很多人赞成农村宅基地自由买卖，请问你的看法呢?”这个提法与前一个提法相比较，带有太多的修饰和描述，虽然现实可能如此，但是这对调查对象而言已经产生了非常强烈的影响，直接左右着调查对象对问题的看法和对答案的选择。因为人们一般具有从众心理，所以在过多诱导性语言的描述下，调查对象很容易失去自身对问题的判断能力，从而做出不正确的填答。

8.4.2　备选答案表述的要求

备选答案是封闭型题条设计的一个重要内容。备选答案设计的总体要求是：

（1）备选答案一定要与问题相对应，不能偏离问题；

（2）备选答案一定是穷尽的，要囊括问题可能涉及的所有结果，不能有遗漏；

（3）备选答案的用词一定是清晰准确的，不能模棱两可；

（4）各个备选答案之间是互斥的，一定不能出现相互交叉、重叠、包含的情况。

8.5　问题的内容类型

题条是反映调查问题的形式。调查问卷中的问题一般涉及背景问题、行为问题、主观问题、检验性问题、筛选性问题、相倚问题等六个方面。这些问题在题条设计的技巧、问卷中的编排结构和顺序上都有不同的特点。因此，在设计问卷的过程中，问卷设计者要注意各类问题的具体设计要领，以使问卷能够很好地反映调查目的和研究内容。

8.5.1　背景问题

背景问题，也称作特征问题，主要是指那些测量和询问调查对象基本情况的问题。例如，就消费者调查而言，一般包括调查对象的个人特征和家庭特征两部分。就调查对象的个体特征而言，一般包括性别、年龄、民族、受教育程度、婚姻状况、职业、个人收入、宗教信仰、党派团体等特征。就调查对象的家庭特征而言，一般包括家庭人口规模、家庭收入、家用电器拥有量、家庭人均住宅面积等。

背景问题通常是问卷调查中不可缺少的一部分，这些基本特征往往作为自变量来描述、分析和解释某一现象的原因。

8.5.2 行为问题

行为问题是用来测量和询问调查对象过去发生的或现在正在进行的各种客观事实和行为情况的问题。例如：

“您从事过哪些行业？”

“您是否自己创业过？”

“如果您曾经创业过，那么从事的是哪一个行业呢？”

“您为什么放弃创业？”

以上是关于调查对象的创业行为调查的几个问题，通过这样几个问题的调查，可以了解和把握调查对象打工和创业行为的历史状况、范围、现行状况等。

再如，我们调查消费者购买某品牌化妆品的行为，可以提出如下问题：

“您购买过某品牌化妆品吗？”

“您购买过该品牌化妆品中的哪些产品？”

“您一直使用该品牌的化妆品吗？”

在问卷设计中，背景问题和行为问题有时很难进行严格区分，因为这些问题反映的都是调查对象的基本事实，所以有时我们也将这两类问题统称为“事实问题”，用来反映调查对象曾经和现在的真实的、客观的情况。

8.5.3 主观问题

主观问题通常是指用来测量和询问调查对象对某一事物或现象的看法、意愿、情感、观念、认知等反映主观态度的问题。调查对象的观念、情感、认知等主观态度往往是其客观行为的基础，调查对象的很多客观行为是在主观态度、认知、动机等的支配下做出来的，因此，主观问题也是调查问卷设计中的重要内容。例如：

“您对当前的工作满意吗？”

“您认为创业最大的困难是缺乏资金吗？”

“您对该化妆品的使用效果满意吗？”

主观问题往往是对调查对象内心深处的、很个性化的、私人化的内容的测量和询问，很可能引起调查对象的心理防范，在调查中容易出现不理解调查活动、不愿意回答问题、不真实回答等情况，因此相对于事实问题的调查，主观问题的调查难度要大一些。特别是主观测量中涉及的一些问题是敏感性问题，需要研究人员在设计问卷时特别注意表达方式、问题排列的位置，甚至采用降低调查对象敏感性的调查方式，以使调查能够顺利完成，搜集到可信的资料。

在市场调查中，主观问题有很多。这在介绍量表的一章里已有详细的介绍。在设计主观问题时，除了要设计正向问题来测量调查对象的主观态度，还要配有适当的反向问题和中性问题，而且在问题的顺序安排上要打乱，防止出现正向问题或反向问题过于集中的情况。

8.5.4　检验性问题

检验性问题通常是用于检验调查对象已经回答问题的准确程度的。例如，在调查问卷开始时，可能会提出“您是哪一年出生的?”这样的关于年龄的问题，如果在问卷随后的问题中再提出“您孩子几岁啦?”和“您生孩子时多大年龄?”等问题，那么后面提问的这些问题就是针对前面年龄问题的检验性问题。通过这样的检验，可以判断调查对象的问题填答是否前后一致，从而可以判断其回答的真实程度。

检验性问题可以根据调研人员的需要灵活设计，其目的是对于研究中需要应用的关键指标变量进行检验，以保证调研所需数据的准确性。

8.5.5　筛选性问题

筛选性问题是指调查者用于对目标总体中的单位，以及调查过程中出现的需要适时变通的单位进行筛选的问题。

一类筛选性问题被用在调查目标总体和样本框总体不一致的时候，通过筛选性问题可以选择出调查对象。例如，当我们要调查当前北京市外来务工人员家庭中未满 18 岁的孩子是否与父母共同生活学习的情况时，那么在针对北京市外来务工人员的调查中，我们首先要选择当前有未满 18 岁孩子的外来务工人员家庭为调查对象。这里可以设置的筛选性问题为：

Q16：您家中是否有未满 18 岁的孩子?

A. 有，________个。

B. 没有（调查结束)。

这个筛选性问题将符合调查要求的外来务工人员家庭选择出来，从而使调查能够有针对性地进行下去。

另一类筛选性问题被用在问卷的部分内容需要筛选具有某一特征的特定调查对象的时候。例如，仍然以前面关于北京市外来务工人员家庭中未满 18 岁孩子与父母生活学习情况的调查为例，如果在该问卷调查中，调查者非常关注未满 18 岁孩子中的学龄前儿童与父母生活学习的情况，那么问卷可设置专门的内容针对家中有学龄前儿童的外来务工人员家庭进行调查，这一部分就是问卷调查中调查对象具有特定特征的部分。需要利用筛选性问题，从未满 18 岁孩子的外来务工家庭中筛选出有学龄前儿童的家庭，专门对此部分对象进行调查，而其他没有学龄前儿童的家庭就不用回答这部分问题了。

在问卷调查中，调查者不要事先告诉调查对象什么样的调查单位符合调查要求，防止出现调查对象因不想回答问卷而选择使调查无法进行的答案，因此筛选性问题在问卷中的出现一定要自然，使调查对象在非常自然的状态下终止回答问题。即使某些筛选性问题可能需要在问卷一开始就出现，在时间、费用和人力充足的情况下，问卷设计者最好在此之前设计一两个调查对象可能感兴趣、大众化、不敏感的问题，让调查对象能够打消疑虑，正确对待筛选性问题。

8.5.6 相倚问题

相倚问题是筛选性问题的后续问题。调查对象在填答调查问卷时，其依次需要回答哪个问题，是由其对前面问题的回答（选择）而定的，前面的问题被称作筛选性问题，后面的问题被称作相倚问题，两个问题之间具有相互依赖的关系。相倚问题要求调查对象必须按顺序回答问题，回答后一个问题时必须根据对前一个问题的回答情况来作答。在设计问卷时，除了运用词语来表达相倚关系，我们还可以应用符号或标识（箭头、括号）等图示性的工具来引导调查对象去填写需要回答的问题，这些工具被称作“航标”，经常被用在问卷中相倚问题的设计上，用来引导调查对象的填答路径（称作“航路”）。例如：

Q17：您是否购买过商业健康险？

○是　　　　○否（转向第 20 题）

此处括号里的文字是用来表达相倚关系的。

Q18：您每年购买商业健康险的费用是多少？（　　）元。

Q19：您购买了哪家公司的商业健康险？（在选项前打“√”）

○中国平安　○太平洋保险　○中国人寿　○中国太平　○友邦保险

○新华保险　○华夏保险　○中国人保　○其他________（请说明）

Q20：您在未来的两年内有购买商业健康险的打算吗？

○有　　　○没有

8.6 问题的选择要求

问卷中问题的选择一定是与调查研究目标和内容紧密相关的。问题的选择一定是为实现调查研究目标服务的，在选择调查问卷中的问题时，要注重考虑以下要求：

一是，问题必须是有效用的。

在问卷调查活动中，每一个问题的调查都需要花费人力、物力和时间，在资源有限的情况下，问卷中的问题不可能包罗万象，通常问卷设计者一定是紧紧围绕调查研究目标、需要论证的研究假设，设计和选择对完成调查研究工作最有用的问题。

问卷设计者必须考虑问题是否能够测量调查主题的某个方面，问卷调查后获取的信息是否能够作为计算自变量或因变量的指标变量的依据，如果可以肯定问题能够测量调查主题的某个方面或是可作为计算变量的依据，那么这样的问题通常是比较重要的，应该保留下来。当然，有的问题可能不能直接表明调查研究需要的指标变量，但是其对于获取资料是一个非常有益的补充，那么这样的问题也要考虑保留下来。

在进行问题设计时，设计者既要考虑问题是否能够满足调查需要，同时还要注意问题设计得是否过于简略，从而不能恰如其分地反映调查的内容，设计者要在繁简之间做好平衡。

二是，问题必须是符合客观实际的。

问卷问题的设计必须符合客观实际，这主要是考虑问题必须与社会经济发展的现状相符。例如，假定在 1992 年进行农村居民拥有耐用消费品的情况的调查时，仅仅设计手表、自行车、缝纫机这老“三大件”，就远远落后于农村经济发展的实际情况，而在设计时，如果加上微波炉、“大哥大”、小轿车等项目，又可能远远超过农村居民的现实状况。因此，在设计问题时，必须符合客观实际，加入电视机、摩托车等符合当时农村实际情况的耐用消费品，就比较符合实际情况，否则调查将失去现实意义和可信性。

三是，问题必须是易于被理解的。

即使是有效用的问题，在设计的时候，问卷设计者也必须考虑如何表述问题才能使之被正确理解和回答。因此，当问题被以各种方式表述的时候，设计者要问自己是否大多数调查对象都能够正确理解问题的内容和意思，是否调查对象能够准确回答问题。如果能够实现这样的目标，那么这样的问题是便于进行实地调查的，否则，可以选择改变问题提法或删除问题等做法。

四是，问题必须是易于被真实回答的。

问题是否能够被真实回答，一方面取决于提出来的问题是否合适，另一方面取决于具体问题的提法是否妥当。凡是调查对象不可能真实回答的问题，都不宜正面提出。

总之，问题的选择不仅决定着调查问卷内容的深度、广度和难度，而且决定着问卷调查的客观性、科学性和可行性，是问卷设计中的一个十分重要的步骤。

8.7　问题的排列要求

一份调查问卷中的问题少则可能有十几个，多则可能有上百个，因此，如何把这些问题合理编排好，既便于调查对象顺利、如实地回答问题，又便于对调查资料进行进一步的整理和分析，就显得相当重要。在排列问题的时候，要考虑问题之间的内在逻辑和各类问题之间的衔接。通常来讲，问卷的第一部分，也就是问卷最初的调查内容是比较简单的。调查问卷中问题的排列通常遵循相关性、方便性和适用性的总原则。具体来说：

一是按问题的性质或类别排列。问卷中问题的排列原则之一是把同类性质的问题安排在一起，这样就便于调查对象按照问题的排列顺序先回答完一类问题，然后再去回答另一类问题，而不致造成调查对象回答问题时的思路来回跳跃，从而造成不必要的麻烦。

二是按问题的复杂程度或困难程度排列。一般来说，问卷中问题的排列应该先易后难，由浅入深，先安排背景、行为方面的问题，后安排情感、认知等主观方面的问题，先安排一般性质的问题，后安排特殊性质的问题。这样的排序有利于把被调查者的填答逐步引向深入，增强其回答问题的信心，否则，一开始就把被调查者难倒，调查就很难进行下去了。

三是按问题的时间顺序排列。根据时间（历史）线索，问题的排列顺序一般是先现在、后历史。对于具有时间序列特点的问题，调查时最好先让调查对象回答现在的情况，然后再逐渐推到过去一定历史时点或时期的情况，这样的问题排列顺序使调查对象的思维由近及远，使之慢慢地进行回忆，有利于调查对象准确地回答问题。

在调查问卷中，哪一类型或特征的问题放在问卷的开头、中间还是结尾部分，取决于大多数调查对象对调查问题的兴趣、敏感程度和调查问题的难易程度等多方面的权衡。总之，问卷中问题的排列应尽量保持严密的逻辑性、层次性和连贯性，尽量有利于调查对象保持严密思维和有效填答。

8.8 问卷的使用方式

使用问卷的主要目的是开展调查工作，收集定量分析使用的数据资料。传统的问卷是纸面问卷，在打印之后供在调查中填答使用，之后再人工录入信息到电脑中。随着计算机技术、通信技术的发展，当代的问卷表现为电子问卷，可以直接在电脑、手机上填写并在网络上储存，甚至可以直接统计出结果。不管使用哪种问卷开展资料收集工作，皆被称作问卷调查。问卷采用的是标准化的设计，因此问卷调查以收集规范性的、可用于量化分析的资料为目标。

8.8.1 纸面问卷的使用

打印好的纸面问卷经常被用在面对面访谈调查、邮政问卷调查、送发问卷调查、电话调查等方法中。

（1）面对面访谈调查。

面对面访谈调查是指调查者利用统一设计的问卷，面向调查对象依次提出问题，然后再根据调查对象的口头回答来填写问卷的一种调查方法。本质上它属于实地调查方式的一种，也是一种标准化、结构式的访谈调查方法。

面对面访谈调查可以采用入户访问、商场拦截访问、办公室访问等方法开展。

该问卷调查的好处是有利于控制整个访谈过程，有利于调查者灵活使用各种访谈方法和技巧，有利于调查者对回答问卷的结果做出正确的分析和评价。一般而言，面对面访谈调查可以询问相对较复杂的问题，因为调查者有充足的时间和便利条件向调查对象解释问题，所以这类调查的质量比较高，问卷回收率和有效问卷的比率都是比较高的。

该问卷调查的不足在于面对面访谈交流所耗费的时间、人力和物力都比较大，而且在访谈的过程中也容易受到调查对象的主观素质、调查对象的合作态度，以及调查者沟通技巧等多方面因素的影响或制约，对于问卷回答的质量也要因人而异。对于一些敏感问题或是涉及个人隐私、价值判断等方面的问题，当面进行访谈调查获取信息的难度也比较大。

（2）邮政问卷调查。

邮政问卷调查是指调查者通过邮局向被选定的调查对象寄发纸质问卷，请求调查对象按照要求填答问卷，并通过邮局将问卷寄还给调查者的一种调查方法。在市场调查中，邮政问卷调查经常被用于专家意见的收集，特别适用于通过专家开展市场分析、评估和预测的调查活动。

邮政问卷调查需要预先给抽选出来的调查对象邮寄一封简短的通知信，或者是通过打电话的方式询问调查对象是否可能参与此次调查，以保证调查问卷的回收率，然后将打印好的问卷和详细的调查目的、意义、填答说明、调查截止时间、问卷回复地址等信息一并邮寄给调查对象。一般来讲，在邮寄的资料中还应该附带写好详细回复地址和贴好邮资或已付邮资的信封一个，以方便调查对象回寄信件。另外，调查者还须提供电话、E-mail 等相关联系方式，以便于调查对象在遇到疑难或对调查问题不十分清楚的时候进行询问。

在邮政问卷调查中，调查对象的分布面比较广，并且调查不受地域的限制。调查者只需要收集或编制研究总体的姓名和地址清单，然后采用抽样方式将调查对象抽取出来，这有利于控制问卷分发的范围和对象。

相对于实地的面对面访谈调查，邮政问卷调查不需要交通费、住宿费等差旅费用，只需要购买信封、打印复印、邮资等费用，以及和其他调查方式都一样的问卷录入、处理等相关费用，因此，采用邮政问卷调查，其费用要节省很多。

另外，相对而言，邮政问卷调查的匿名程度要高。特别是对于一些敏感性话题或问题的调查，邮政问卷调查由于匿名程度高而使其回答问题的数量和比例提高，问卷调查的质量也比较高。当然，对于敏感性或意识形态等方面问题的调查，即使采用匿名的方式，其调查结果也未必理想，因此，这里所说的质量较高，也只是说相对或可能的一种结果。

邮政问卷调查的时间周期通常为 8～10 周。这一般包括寄出问卷、调查对象填答问卷、问卷寄回、补发无回答问卷及等待的时间。

邮政问卷调查的不足之处在于：一是问卷的回收率比较低。出现这种情况的原因通常有调查对象因为文化程度低或对回答问卷不感兴趣等原因而不愿意回答问卷，或者问卷邮寄过程中出现丢失等情况，调查对象未能及时收到问卷。二是调查者难以把握回答或填写问卷的人员的情况，因此难以判断回复者的代表性。三是对于已回复问卷的质量，调查者难以控制，部分问卷可能是无效问卷。为了提高问卷的回收率，有奖回答、补发问卷等方式经常被采用。而对于问卷填答情况的控制，则往往只能采取优化问卷题条设计、有目的地选择调查对象等方式予以弥补。

(3) 送发问卷调查。

送发问卷调查是指调查者将问卷送给被选定的调查对象，并待其填完后马上收回的问卷调查方法。这种问卷调查方法适用于有组织、有目的、集体性的调查活动。

送发问卷调查的最大优点是回收及时、回收率高、节省费用，且有利于对调查对象的疑难问题做出某些口头的说明或解释，有利于调查者了解和分析影响调查的因素。但是，送发问卷调查也容易出现调查对象过于集中而致使调查范围比较狭窄、问卷回答质量较低的情况，因为调查对象之间往往互相询问、互相影响，从而造成回答结果失真的情况。

(4) 电话调查。

电话调查是调查者通过拨打抽取的电话号码，向被调查的家庭询问问题，由调查对象回答问题，由调查者填答问卷，从而获取信息资料的方法。

在调查相同数量的被访者的情况下，与面对面访谈调查相比，电话调查的费用低，只需要花费一定的电话费就可以了，也比较节省时间，回答问题的质量也比较好。但是问卷的长度相对不能太长，问题也不能太过复杂，应该尽可能简短，否则被访者可能出现不愿回答或者中途挂掉电话的情况。电话调查的范围可以比面对面访谈调查的范围广。

8.8.2 电子问卷的使用

电子问卷的使用依托于计算机和网络技术的发展。

(1) 电脑辅助电话访谈系统。

电脑辅助电话访谈（CATI）系统是调研人员、电子问卷、电话和电脑相结合的访谈系统。当利用这种方式进行调研时，每一位调查员都坐在一台计算机终端前。在调查对象的电话接通后，调查员通过启动机器开始提问，问题和答案会立刻出现在屏幕上。调查员说出问题并键入回答者选择的答案，计算机会自动显示恰当的下一道问题。例如，当调查员问调查对象“是否拥有个人电脑”时，如果回答为“是”，接下去会显示一系列有关选择“个人电脑”的问题。如果回答为“否”，那么这些问题就不恰当了，计算机会自动显示与调查对象个人有关的问题，或是直接跳过去选择其他合适的问题。

另外，电脑还能帮助整理问卷。例如，在一个长时间访谈的开始，调查员可能会问到调查对象所拥有的电脑的生产时间问题，接下来的问题就可能与电脑型号有关。以前这类问题是通过一支笔和一份问卷来完成的，而现在通过电脑就可以极其方便地完成了。这一方法省略了数据的编辑及录入的步骤。由于没有实物问卷，因此不需要编辑。应进一步说明，在大多数计算机系统中不可能出现“不可能”的答案。如果回答的形式或组合是不可能的情况，计算机将不接受这一答案。当访谈完成时，有关问卷问题所键入的答案也随之消失，因为数据已输入计算机内。

电脑的另外一个优点便是统计工作可以在任何时候进行。无论是在访谈了 200 名、400 名还是任何多名调查对象的时候，统计工作均可随时完成，这是用纸笔进行统计所无法做到的。以往传统的访谈都要在全部访谈样本调查完成后的一周甚至更长的时间后才能开始进行统计工作，而电脑辅助电话访谈系统在这方面很有优势。根据电脑列表统计的结果，某些问题可能被删掉，以节省以后的调研时间和经费。例如，如果有 98%的被访谈者对某一问题的回答是相同的，基本上就不需要再问这个问题了。统计结果同样也会提出增加某些问题的要求。如果产品的某项用途在先前的调研中未被涉及，则可以在访谈中加上这道问题。总之，管理者会发现，调研结果的提前统计对调研计划及战略的实施是有帮助的。

(2) 网络问卷调查。

网络问卷调查是利用互联网开展线上问卷调查的方法。随着网络技术的发展和互联网的普及，利用互联网开展市场调研越来越普遍。基于网络的在线调查速度快、操作简单、成本低廉，使用标准化问卷进行的调查灵活，且可以向受访者展示调查统计数据和图表，实时、生动、形象。

在线调查要求受访者通过互联网填写调查问卷。因此，网络问卷设计要符合线上填答的要求，可以采用文字、图片、视频等形式来体现在线问卷灵活、生动的特点，并且要方便被访者在电脑、手机、平板电脑等载体上填写。

在线调查的实施可以通过网页拦截发放问卷、发送电子邮件、使用专业网络调查平台、使用在线调查 App 等多种方式进行，受访者可以自我完成问卷回答。

网页拦截发放问卷是指在人们打开网页的时候弹出问卷调查链接，感兴趣的网页使用者可以点击链接进入特定的网址去完成调查。该调查很难确定受访者的人数，问卷回收率很难把握。

发送电子邮件的速度快、灵活、成本低，只要有电子邮件的地址，就可以将问卷发至调查对象邮箱。但是该方法的问卷回收率也很难控制。

使用专业网络调查平台是市场调查中一个很重要的途径。当你打开搜索引擎输入“网络问卷调查”时，很多在线网络调查平台会呈现出来，比如问卷星、问卷网、调研家、网易定位等。在这些网络平台上有市场调查主题的专业模板，可以提供不同行业的产品调研、品牌调研、用户满意度调研、忠诚度调研等调研服务。

在网络问卷调查平台上，你可以设计问卷，然后通过网络服务器系统将你的问卷发布出去，如果有问卷被填答回收，那么这部分问卷被归档到网络数据库，你可以在服务器上随时查看问卷完成情况，有的平台开发了问卷回复之后的数据描述性统计和图形表现功能。在线问卷调查的关键是调查对象的选择，也就是在线抽样问题，我们将在第 9 章中介绍。

使用在线调查 App 进行问卷调查是更适应移动网络的调研方式。随着智能手机、平板电脑等移动设备的广泛使用，人们通过它们完成工作、消费、娱乐、学习等各项活动，现代生活中的人们已经离不开网络和移动设备。利用移动设备完成网络问卷调查已成为一种趋势。

手机本身就是一个使用者信息的集合，你的消费记录、位置信息、聊天信息、照片等都可以成为调查者追踪的内容。在利用网络和移动设备进行问卷调查时，被访者可能根据自己的时间和地点，随时进行体验性填写，便利度高。移动设备比台式机等固定设备的使用面、受访面要宽，只要有网络，就可以调查偏远地方使用网络和移动设备的人群。对于市场活动、产品测试、消费体验等方面的调查，该方法也可以及时反馈。该方法节约成本，可以广泛招募受访者。移动网络问卷的设计和寻找被访者是移动网络调查的关键环节。

移动网络问卷设计得一般比较简短，太长的问题很容易导致被访者失去信心，放弃填答，所以移动网络问卷的题项控制在 10 个左右比较合适；移动网络问卷的界面设计要考虑移动设备屏幕阅读的要求，要以题项简单明确为好，不要有过于复杂的填答设计，也尽量不要设置开放型题条。总之，移动网络问卷调查要以提升被访者的填答体验、提高问卷回收率为目标来设计移动网络问卷。

8.9　回收问卷的审查

不论是使用纸质问卷还是电子问卷开展调查工作，回收问卷的审查都是调查之后的一项重要工作。对回收的问卷必须认真审查，该工作的主要目的是审查问卷的可信性和有效性。具体来讲，主要包括以下几方面的内容：

(1) 审查问卷填答是否有效。

一是要关注问卷填答的完整性。审查问卷是否被填答，是否存在问卷无回答的情况。

审查问卷各个项目是否填写齐全，是否有无回答题项的情况。根据无回答问卷或题项的占比情况，考虑无填答的原因，找到可能弥补的措施。纸质问卷的填答可能存在漏填，或者被访者不愿意填答的情况，甚至出现拒绝填答问卷的情况，对这些情况在问卷调查结束问卷回收时就可以进行初步审核，无效的问卷可以直接剔除，例如，页码缺损或者相当多的问题没有被回答的问卷。另外，要关注问卷是不是由调查对象填写的，非调查对象填写的问卷属于无效问卷。

二是要关注问卷填答的唯一性。问卷调查要关注是否存在一人填写多份问卷的情况。如果是电子问卷调查，则可能出现被访者重复填答问卷的情况，那么审查时要特别关注问卷的 IP 地址是否相同。纸质问卷调查也存在问卷高度雷同的情况，这样的问卷的有效性会大打折扣，很可能出现了代填或者造假的情况。关注问卷填答明显存在的敷衍情况，特别是要根据问卷填答者的合作情况判断，合作程度不高或者不合作的问卷需要认真审查。

（2）审查问卷填答是否可信。

一是要关注填答内容的准确性。根据问卷填答的前后逻辑，检查填答者是否按照逻辑关系填写了数据，或者数据是否出现了前后矛盾的情况。按照问卷中各题项的指导语、数据填写口径、计量单位等要求，检查问卷填答的数据是否遵循了这些要求，检查数据计算方法和结果的准确性，从而发现问卷填答的内容是否准确。有的问卷选项填写没有差异性，都选择 2 或者 3，显然这样的填答没有经过深思熟虑，填答内容的可信度不高。

二是要关注填答内容的清晰性。纸质问卷中如果出现字迹模糊、涂改严重等影响问卷质量识别的情况，那么就需要调查员予以校正。

回收来的问卷总有一些是不合格和无效的，只有坚持淘汰一切回答不合格的无效问卷，把调查资料的整理、加工工作建立在有效问卷的基础上，才能保证调查结果的可靠性和科学性。做好这一步，问卷调查收集资料的工作才告一段落，为后续问卷调查资料的整理和分析工作打下基础。

8.10 提高问卷回收率

影响问卷回收率的因素有很多，问卷设计的质量、调查的方式、调查对象的合作程度等因素都可能影响问卷回收率。因此，要提高调查问卷回收率，必须做好以下几方面的工作：

一是努力提高问卷设计的质量。问卷设计的质量主要取决于问卷调查的内容，特别是表达调查内容的题条设计。同时，问卷的形式，特别是问卷的版面和长度，对问卷回收率也有相当影响。一般来讲，内容简单、版面清晰、题目简短的问卷的回收率和有效率可能高一些，反之，则可能低一些。总之，过于冗长和复杂的问卷不利于提高问卷回收率。

二是选择具有吸引力的调研课题。如果调研课题是被调查者感兴趣的内容，那么调研就可能获得调查对象的配合，问卷回收率就可能较高，反之，则可能较低。

三是慎重选择调查对象。调查对象的能力、学识、态度往往对调查问卷的回收率和质量产生影响。一般来讲，有一定学识和能力的调查对象，对问卷内容的理解较深，回答问题的可靠性、真实性较高。因此，根据调查问卷内容的特点和难易程度，选择合适的调查对象进行调查是相当重要的。

四是采取回收率较高的调查方式。一般来说，面对面访谈调查问卷的回收工作量不大，回收率最高，一般可达 100%。送发问卷调查只要组织得当，及时派人回收问卷，回收率也较高，可达 80%～90%。邮政问卷调查则不同，初始问卷回收率一般都较低，为 30%～60%，因此，必须在问卷设计规定的回收时间内，向被调查者发出 1～3 次提示或催复，这样才可能使问卷的回收率达到 70%～80%。电子问卷调查的回收率取决于调查方法，回收率高低很难确定。

除了提高问卷调查的回收率，调查还要考虑所回收问卷的有效率问题。调研人员期待的是问卷的高回收率和高有效率，这样的调查才是效率最高、最经济的。

8.11　对无回答和无效回答问卷的处理

在问卷调查中，经常出现无回答和无效回答的情况，无回答是指问卷发送出去后，没有收到回答，无效回答是指在回收的问卷中，部分问题的回答不符合要求，或出现错误。对于如上两种情况，必须作认真研究。

8.11.1　对无回答问卷的处理

在一项调查中，如果问卷的回收率很低，调查资料所反映的信息就十分有限，调查效果也就难以保证。因此，应采用多种方法进行处理。

一方面要弄清楚无回答的原因。问卷一般是通过有关机构下发的，因此，回收问卷时应通过有关机构了解无回答者的情况和无回答的原因。探究报刊问卷和邮政问卷的无回答原因比较困难，但调查者可根据回复问卷的邮戳，弄清楚哪些地区问卷回收率高，哪些地区问卷回收率低，然后再有的放矢地处理。总体来说，问卷无回答的原因有：被调查者有意拒绝回答、丢失问卷或因丢失调查组织者的通信地址而无法回答。

另一方面要采取措施进行补救。例如，向未回答者再次寄发问卷，这对不愿回答者起到督促和提醒的作用，为丢失问卷者提供新的材料，进而提高问卷的总回收率。采取有奖调查、赠送礼物等多种激励措施，提高调查对象对调查重要性的认知，提高反馈的比率。另外，可以从未返回问卷的被调查者中再抽取一些样本，集中力量进行访谈调查，从而搜集到这些单位的资料，确保较高的问卷回收率。

访谈调查的回收率虽然高，但是也会存在无回答的情况。为此，采取消除调查对象害怕泄露信息、对调查员充满怀疑、不友好等现象的措施是非常有必要的。例如，利用预调查方式做好事前沟通、进行调查项目内容的必要解释、选择调查对象熟悉的调查员，这些途径都有利于提高调查问卷的回收率，减少无回答的情况。

8.11.2　对无效回答问卷的处理

研究人员需要研究无效回答的类型和频率，看看哪些是个别性的错误，哪些是共性的问题。一般来讲，共性的问题都与问卷的设计有关，或者是问题选择不当，或者是问题表达不准确，或者是答案设计不符合实际，等等。总之，应把设计中存在的问题作为研究的重点，并根据研究的结果不断改进问卷的设计工作。

8.12 对问卷调查的评价

问卷调查适用于定量研究所需的数据收集工作。如果运用电子计算机作为统计分析的工具，那么问卷调查就成为一种容量大、效率高的定量调查研究方法。在市场调研中，使用问卷作为调查工具收集资料的做法已经非常普遍。

邮政问卷调查、电子问卷调查方法由于使用方便、能够突破时空限制而使调查对象的分布比较广泛。而且这类非访谈调查方法不需要调查者和调查对象见面，这使调查具有很好的匿名性，可以大大减轻调查对象的心理压力，有利于调查一些不宜于当面询问的敏感问题、尖锐问题和隐私问题，有利于调查对象如实填答问卷。这类调查也可以节省人力和经费。当然，这类调查方法的不足点在于调查者对调查对象的了解比较少，对于问卷的回收情况和问卷质量不能有很好的把握和控制。

访谈调查的问卷回收率和获取资料的准确程度都比较高。但是，面对面访谈调查所需的人力、物力费用比较高，而且相对于邮政问卷调查、电子问卷调查，面对面访谈调查涉及的范围有限，调查空间不能无限大。同时，面对面访谈调查还会受到调查对象的情绪、语言、态度等多种因素的影响，一定程度上增加了调查的难度。当然，在面对面访谈调查中，调查对象的文化水平、态度、责任心等因素也会影响调查问卷的质量。

非面对面的电话调查和交互式电脑辅助电话访谈系统在调查中的应用可以避免面对面访谈所带来的一些困扰，但是电话的使用是调查对象被选择的主要标志，这客观上会造成没有电话的单位被排除在样本框之外。虽然随着电话在农村地区的普及，这类调查的适用条件逐渐得以满足，但是由于调查对象对电话调查往往不予理解，或者由于调查对象不能看到问卷而只能凭借记忆来回答调查者提出的问题，电话调查往往会产生一定的调查误差。

另外，调查问卷的题目设计统一会使问卷没有弹性，在调查过程中就没有伸缩余地，很难适应复杂多变的实际情况，这就对问卷设计的质量提出了很高的要求。调查员对调查问卷内容的理解程度、与调查对象沟通的交流技术、访谈中的责任心等都可能影响调查问卷的质量，因此调查员的培训工作也是非常关键的环节。

问卷调查的这些局限性决定了其不能完全代替其他社会调查方法，正如其他社会调查方法也不能代替问卷调查一样。因此，如果条件允许的话，问卷调查应尽量与其他调查方法结合使用，这样才能取得理想的效果。如果只运用这一种方法，就必须充分考虑其局限性可能为调查结果带来的影响。

思考题

1. 什么是问卷？什么是问卷调查方法？

2. 简述问卷设计的步骤和方法。

3. 调查问卷中的问题一般包括哪几类？

4. 简述题条问题的表述要求。

5. 简述题条备选答案的表述要求。

6. 简述问卷的使用方式。

7. 对利用纸面问卷和电子问卷进行调查的各种方法进行优缺点评价。

8. 对问卷调查方法的优势和局限性进行评价。

9. 问卷设计练习：体验营销是一种营销方式。某企业打算推出按摩椅、血压计两类产品的体验营销活动。请你以其中一个产品为例，设计一份问卷，在活动前调查了解消费者对该产品的品牌、功能和价格的认知；消费者购买此类产品的意愿、行为；消费者的体验经历、感受、需求等。

第 9 章

抽样调查

本章内容

抽样调查的关键是抽取样本单位，其目的是获取统计数据，并用样本调查的结果来推断总体特征。本章介绍了抽样调查中的几组关键概念；介绍了随机抽样的五种方法和抽样方案设计的内容；介绍了非随机抽样的五种方法和在线调研抽样的方法；介绍了抽样误差和极限抽样误差的概念和计算方法；介绍了简单随机抽样下样本规模的推算方法。

学习目标

掌握随机抽样和非随机抽样的概念和二者之间的区别；掌握随机抽样方法的具体操作步骤、优点和局限性；了解非随机抽样方法和在线调研抽样方法；掌握抽样误差和极限抽样误差的概念和计算方法；了解简单随机抽样下样本规模的推算方法。

抽样调查是从调查对象的总体中抽取一部分单位组成样本，将样本作为调查对象开展调查活动，并根据样本调查的结果来推断总体特征的方法。抽样调查属于非全面调查，是随着近代数学和计算机技术的发展而发展的。抽样方法决定抽样的“代表性”，样本规模决定抽样的“精确性”。本章介绍的主要是以获取统计数据为目标的各种抽样调查方法。

9.1 几组关键概念

9.1.1 总体和抽样框

（1）总体。

总体是指所要调查研究对象的全体，是由所有性质相同的个体所组成的，也称作目标总体。组成总体的每个个体则被称作总体单位。总体调研对象的选择取决于调研目标。

例如，我们要调研某个市中小企业融资需求情况，那么目标总体是该市所有的中小企业。在任何一项调研中，调研人员都要对目标总体的范围做出具体规定。

（2）抽样框。

抽样框，也称作抽样总体，是抽样的范围。具体来看，抽样框可以是一份包含所有抽样单位的名单，给每一个抽样单位编上一个号码，就可以按一定的随机化程序进行抽样。

抽样框可以是按照名录排列的名录框，也可以是按照地域进行选择的地域框，当然也可以是将名录和地域结合起来的抽样框。

理想状态下抽样框与总体一致的话最好，但是实践中经常出现两者不一致的情况。例如，总体是某市的所有中小企业，但是由于一些中小企业已经关停并转，但没有在工商部门注销或更改信息，实际上造成抽样框与目标总体存在差异，造成所谓的范围误差，也称作抽样框误差。

从统计学上讲，样本只能代表样本框中的总体，而不能代表抽样框之外的单位。因此，在抽样时，如何使抽样框能够与所要描述的总体保持一致就是关键的问题。

例如，当我们利用电话调查方法来进行家庭调查时，没有电话的家庭就已经被我们排除在抽样框之外了，出现了抽样框与总体不一致的情况。

因此，在确定抽样框时，必须保证抽样框的全面性，即具有某种特征的单位要被全部包括在抽样框中，并且使每个单位具有被抽中的机会。如果我们对于某些单位进行排除，那么我们必须对哪些单位被排除，以及被排除单位的特别情况做一个明确的交代。当然，我们把所有单位全部归入抽样框也是可以的，但这样做可能会增加工作量。

9.1.2　抽样和样本

抽样是从抽样框中抽取样本的过程。

样本是从抽样框中抽取的若干单位的集合。样本中的每一个单位被称为样本单位。样本单位可以是一个消费者、一家企业、一个学校等。当从抽样框中抽取样本后，样本中所包含的单位数量被称作样本规模，也被称作样本容量。

例如，从 5 000 个家庭中抽取 100 个家庭进行互联网消费情况调查。在这里，5 000 个家庭的综合即是“总体”，也是在这里使用的“抽样框”；抽取出的 100 个家庭构成一个“样本”，其中，被抽中的每一个家庭即为一个“样本单位”，“100 个家庭”就是样本规模。

9.1.3　总体参数和样本统计量

（1）总体参数。

在统计学中，总体的特征被称为参数，也可以说，一个参数是总体的某个特征值，是总体的某个特征的数量表现。只要确定了总体的范围，那么总体参数就客观存在了。总体参数值是数据的理论值，是唯一确定的，但是经常是未知的，需要通过抽样调查的结果来对总体参数进行推断。

假定总体有 N 个基本单位，X_1，X_2，…，X_N 为基本单位的数值，X_i 表示总体的第 i 个单位的数值。可以计算的总体参数为：总体均值（$\overline{X}$）、总体方差（σ^2）和标准差（σ）。

假定N_1为总体 N 中具有某一特征的单位数量，N_0为总体 N 中不具有某一特征的单位数量，且$N_1+N_0=N$。可以计算的总体参数为：总体比例（P）、总体比例方差（σ^2）和标准差（σ）。总体比例（P），也称作总体成数，是指总体中具有某一特征的单位数量占总体数量的比例。总体比例的计算公式为：$P=\frac{N_1}{N}$ 或者 $P=\frac{N_0}{N}$。总体比例方差（σ^2）的计算公式为：$\sigma^2=P(1-P)$；总体比例标准差（σ）的计算公式为：$\sigma=\sqrt{\sigma^2}=\sqrt{P(1-P)}$。

（2）样本统计量。

样本统计量，也称作估计量，是根据样本中 n 个单位的变量值计算出的一个量，用于对总体参数的估计。总体参数通常表示为大写字母，估计量通常表示为小写字母。

假定从总体中抽取的样本包含 n 个样本单位，即样本规模为 n。x_1，x_2，…，x_n分别代表样本单位的观察值，x_i 表示样本中第 i 个样本单位的观察值。与总体参数相对应的常用估计量分别为：样本均值（$\bar{x}$）、样本方差（s^2）和标准差（s）；样本比例（p）、样本比例方差（s^2）和样本比例标准差（s）。

统计量是样本的函数，是随机变量，其结果取决于抽样设计和被选入样本的基本单位的特定组合。在同一个总体中，抽取若干个样本，即使每个样本的规模相同，样本统计量的结果也会不同。当然，统计量的真正价值并不在于自身结果的数值大小，而在于提供有关总体参数的信息。

9.1.4 随机抽样和非随机抽样

根据抽样是否遵循随机原则，抽样调查可以分为随机抽样和非随机抽样两类。也有的学者认为，抽样可以分为概率抽样和非概率抽样两类。我们的理解是，这两种分类方法本质上无太大的差别。随机抽样一般是概率抽样，只要遵循随机原则抽取每一个样本单位，都是可以计算概率的；非随机抽样一般是非概率抽样，不遵循随机原则意味着抽取的每一个样本单位都是无法明确计算概率的；普遍调查、典型调查、重点调查、个别调查等本身不应用抽样方法，所以也是非概率抽样的。

（1）随机抽样。

随机抽样是遵循随机原则，按照某种事先设计的程序，从总体中抽取部分单位的抽样方法。概率抽样又可分为等概率抽样和不等概率抽样两种类型。

概率抽样是指总体中的每个单位都有以一定的非零概率被抽中的机会，且每个单位被抽中的概率是已知的，或是可以计算出来的。如果抽中每个被抽中单位的概率相等，那么这样的抽样被称为等概率抽样。

概率抽样的特征是遵循随机原则，样本单位的入样概率是已知的，从而可达到对总体数量特征进行描述及统计推断的目的。概率抽样的关键之一是调查者事先知道样本单位进入样本的概率，其目的是为了计算“权数”，权数又被称为“扩张因子”，其计算方法是“入样概率的倒数”，其作用在于将样本调查结果放大，从而达到推断总体的目的。例如，简单随机抽样就是等概率抽样的方法，每一个单位都有同等的被抽中的概率；分层抽样中同一层内的抽样是等概率抽样，但是不同层的抽样可能是不等概率抽样。

如果每个被抽中单位的概率不相等，那么这样的抽样被称为不等概率抽样。

不等概率抽样的特征是不完全遵循随机原则，而是遵循方便原则或者目标原则，使样本单位的选取非常方便，并且可以更好地提高估计精度，减少抽样误差。但是它的使用必须具有一定的条件，一般是通过辅助变量（单位规模、地区远近）的设置来确定每个样本单位的入样概率，以使大的或重要的单位入样的概率大，而小的或不重要的单位入样的概率小。

随机抽样的主要特点是：调查对象是总体单位中的一部分，而不是全部，但也不是个别或少数几个单位；样本单位是按随机原则抽取的，而不是按照调查者的主观意愿进行选择或确定的；抽样调研的目的不仅仅是了解样本本身的情况，而是要通过样本来推断总体、说明总体。

（2）非随机抽样。

非随机抽样是抽样时并不遵循随机原则，而是依据研究者的主观意愿、判断或方便与否来抽取调查对象的方法。

非随机抽样的优点是简单、快捷、经济，不需要样本框就可以收集数据，应用空间比较大。其局限是难以保证样本的代表性，不能计算抽样误差，且容易产生较大的系统性误差，因此，常常被用在研究的初期阶段或者探索性研究上。如果样本不够大，就不能用样本数据对总体情况进行推断。如果样本足够大，那么非随机抽样数据也可以被用来推断总体。

9.2　随机抽样方法

9.2.1　简单随机抽样

简单随机抽样，又称纯随机抽样，是对总体单位不进行任何处理，仅按随机原则直接从总体（样本框）中抽取样本的方法。调查总体中的任何单位都有同样被抽取的机会，即总体中每一个单位的入样概率是一样的。

（1）直接抽选法。

该方法就是直接从调查总体中随机抽取样本单位的方法。俗话说，“闭着眼睛摸一个”，就是这种方法的生动展现。例如，我们打算调查食品标签标识是否规范，就可以直接从货架、摊位上抽取商品。

（2）抽签法。

抽签法也是盲抽的方法，其做法是：先将总体的每个单位编上序号，将号码写在纸片上捏成团，做成签，掺和均匀后，再从中随机抽选，一直到抽满预先设计的样本量为止。

（3）随机数表法。

随机数表法，也称作乱数表抽样法。随机数表是统计工作者用计算机生成的随机数组成的，表中每个位置上出现哪一个数字是等概率的。利用随机数表抽取样本保证了每个个体被抽取的概率是相等、已知或可计算的。这种方法适用于抽取的样本规模不太大的情况；如果样本规模要求比较大，使用随机数表法就比较费时费力了。

具体做法是：首先对调查总体中的所有单位加以编号，根据编号的最大位数确定使用随机数表中若干列或行数字的栏数，以组成需要的抽样数字。然后从任意组成的行或列的任意一个数字开始，向任何方向数去：碰上属于总体单位编号范围内的数字号码就摘录下来，作为样本单位；碰上不属于总体单位编号范围内的数字号码就越过去。如果是不重复抽样，那么碰到重复的数字就跳过去。最后，抽样一直到抽足预定的样本数量为止。

（4）计算机抽取法。

计算机抽取法是指利用计算机生成符合总体单位编码要求的随机数，将其作为抽取样本单位的方法。这种方法适用于抽取的样本规模比较大的情况。

具体过程是：对总体（抽样框）中的所有单位进行唯一编码；然后利用 Microsoft Excel 中的随机数生成函数，计算机可以很容易地、快速地生成一列或一行、多列或多行的随机数；调研人员对生成的随机数与总体单位的编码进行匹配，按照样本规模要求，选择足够数量的随机数，就可以形成一个样本。如果有重复的随机数，则直接跳过，不再选用。

专栏 9.1

Excel 中的随机数生成函数

用 Excel 中的随机数生成函数可以快速生产一个随机样本。你只需要在 Excel 的单元格里输入以下常用的函数命令（见表 9.1），就可以完成抽取样本的工作。

表 9.1　Excel 中的随机数生成函数

公式	功能
=RAND()	生产大于或等于 0 且小于 1 的随机数字
=RAND() * 100	生成大于或等于 0 且小于 100 的随机数字
=RAND() * 1 000	生成大于或等于 0 且小于 1 000 的随机数字
=INT(RAND() * 100)	生成大于或等于 0 且小于 100 的随机整数
=INT(RAND() * 1 000)	生成大于或等于 0 且小于 1 000 的随机整数
=RANDBETWEEN(a, b)	生成位于两个指定数之间的随机整数

例如，生成大于或等于 0 且小于 100 的 10 个随机整数。

步骤：在单元格 E1 处输入函数表达式“=INT(RAND() * 100)”，按下回车键，得到第一个随机整数“15”；复制以上表达式，按样本规模要求可得一个随机样本或多个随机样本。如图 9.1 所示，在 G 列的样本中，G1 与 G2 的随机数皆为“71”，将重复的 G2 跳过，直至抽够需要的样本单位数。

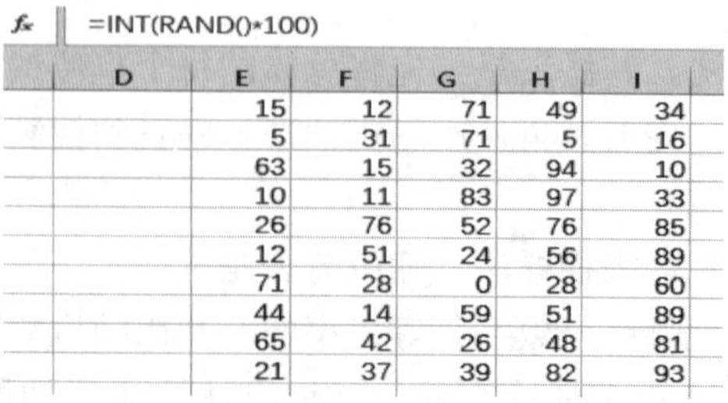
fx =INT(RAND()*100)

D	E	F	G	H	I
	15	12	71	49	34
	5	31	71	5	16
	63	15	32	94	10
	10	11	83	97	33
	26	76	52	76	85
	12	51	24	56	89
	71	28	0	28	60
	44	14	59	51	89
	65	42	26	48	81
	21	37	39	82	93

图 9.1　生成大于或等于 0 且小于 100 的 10 个随机整数

简单随机抽样是一种最基本的概率抽样方法，是其他抽样方法的基础。此方法的优点是符合随机原则，简单易行，可以保证每个总体单位都有相等的机会被选入样本，所选取的样本可以有效地代表总体。但是该方法要求必须具备总体单位的名册和登记表，这样才具有抽样的可行性。如果没有电子清单式的抽样框，那么对抽样单位进行手工编号就比较麻烦。如果总体数量多，那么这样的工作就更麻烦。因此，手工编号适用于总体单位数量不多且分布较均匀的调查总体，在这种情况下才能保证样本的代表性。

9.2.2　等距抽样

等距抽样，又称机械抽样或系统抽样，是把总体中所有单位按某一标志排列，然后依照固定顺序和相等的间隔来抽取样本单位的方法。

等距抽样的步骤是：

- 确定样本框和调查总体数量；
- 确定抽样间距；
- 确定抽样随机起点；
- 抽样。

首先，把总体单位按一定顺序排列，这个排列可以是完全随机的，可以按样本框原有的顺序，也可以按一定的标志排列，如按姓氏笔画、时间先后、地理位置等排序。

其次，确定抽样间距。计算公式为总体规模（N）除以样本规模（n），即可得出抽样间距（k）。

再次，选择随机起点（r）。在第一个抽样间距（1～k）内，随机抽取一个单位作为第一个样本单位。第一个样本单位的抽取完全是随机的。

最后，以第一个样本单位（r）为起点，每隔固定间距（k）抽取一个样本，直到抽取完最后一个样本为止。

例如，采取等距抽样的方法，从 20 000 个消费者中选择 400 个消费者作为调查对象。

步骤 1：确定一份拥有 20 000 个消费者的名单，将其作为抽样框（N）。

这个名单可以按消费者的电话号码、姓氏笔画、姓名拼音字母或随机进行排序。

步骤 2：将抽样总体（N）除以样本规模（n），可得抽样间距（k）。

$$k=20\,000/400=50$$

步骤 3：选择随机起点（r）并抽样。

可以在抽样框名单排序的第一个抽样间距 1～50 内，随机抽取一个单位作为第一个样本单位，比如抽取 13；然后加上 50，可得第二个样本单位的编号为 63、第三个样本单位的编号为 113，依此类推，直到抽取完第 400 个样本单位为止。

所举的例子体现了总体规模 N（20 000）是样本规模 n（400）的整倍数，也就是说，等距抽样中的间距是整数，因此，不难看出，在随机选取一个随机数 r 后，其后的样本单位就可以确定了。

如果总体规模 N 不是样本规模 n 的整倍数，也就是说，当 k 不是整数时，如何按照随机原则选取样本呢？通常的处理方法有两种：

方法 1：循环等距抽样。

将 N 个总体单位首尾相接，形成一个封闭的圆圈，间距 k 可以采取四舍五入的方法，取一个整数；随机起点 r 需要在 $1\sim N$ 的总体单位中随机选取，然后按照一定的方向，在封闭的圆圈中依次选取需要的样本数量。这样可以保证每个入选的样本单位被抽取的概率是相同的。

方法 2：调整直线等距抽样。

这种方法是将非整数的抽样间距 k 的小数点后移，使其成为整数，然后在扩展后的第一个间距之间任意选取一个随机起点 r；然后，将随机起点 r 的小数点移动回来，转变成非整数的随机起点；在此起点上，依次可以计算出非整数的随机样本单位的号码；最后，将抽取的非整数号码的小数点后面的部分略掉，即可确定选中的样本单位的号码。

例如，使用调整直线等距抽样方法，从 1 700 个总体单位中选取 200 个样本单位。

首先，计算抽样间距 $k=1\ 700/200=8.5$；接着，利用调整直线等距抽样，将 1～8.5 间距的小数点后移，确定为 10～85，在此间距间随机选取一个抽样起点 r，假定为 56；然后将此号码的小数点重新移回来，得到非整数的随机起点为 $k=5.6$；在此起点的基础上，可以抽取的随机号码依次为 5.6，14.1，22.6，31.1 等；接下来，将所有号码后的小数去掉，就是选中的抽样单位，号码为 5，14，22，31 等。利用此方法抽取的样本单位被选中的概率都是相同的。

等距抽样因为使用了一个随机起点而保证了具有充分的随机性，使总体中的任何一个单位的入样概率是相等的，随机起点保证了所选中的样本是随机选取的。

等距抽样的优点在于抽取的样本单位在总体中的分布比较均匀，所以与简单随机抽样相比较而言，等距抽样的样本代表性较好；同时，等距抽样比较简便易行，只要选定了第一个样本单位，整个样本也就选定了。

等距抽样的不足之处在于：调查总体的单位不能太多，否则对总体单位进行编号的工作量非常大；同时，等距抽样需要有调查总体单位的完整的登记册，否则就难以进行操作。如果出现目标总体与抽样总体不一致的情况，则会出现范围误差。

需要注意的一个问题是，等距抽样要避免抽样间距与调查对象本身生产活动的周期相一致，否则，等距抽样就会产生周期性偏差。例如，采取等距抽样方法调查某一种产品在某个季度的平均销售价格。如果总体单位是某个季度的 120 天，要注意避免以 7 天为一个抽样间距从而受与销售活动有关的周期性价格的影响，因为这样的周期性抽样选择出的样本单位很可能是一个星期中的固定的某一天，而一个星期当中的每天的农产品价格都是有变化的，倘若以某星期当中的固定某一天的产品价格进行平均，这样的样本平均值对总体的代表性就很差。解决这种问题的方法就是对总体单位进行重新排列，或者不使用等距抽样方法。

9.2.3 类型抽样

类型抽样，又称分层随机抽样，是将总体的所有单位按某种属性或特征进行分类，或者称作分层，然后按照随机原则在每一类或每一层中分别独立地、随机地抽取样本单位，最后将抽中的每一类或每一层中的样本集合起来，组成抽取的所有样本的方法。

类型抽样的步骤是：

- 对总体单位进行分层；
- 确定各层中抽样的数量；
- 从各层中随机抽取样本单位。

（1）首先，按照某一个或几个特征对总体单位进行分类或分层。之所以进行分层或分类，其主要目的是要把总体单位中性质相近的单位分在一起，使按照某类性质划分的每一类或每一层内的单位的差异尽可能地小，而类与类之间、层与层之间的差异尽可能地大，这样分类或分层抽取的子样本对每一类或每一层的代表性就更高、更好，子样本的集合对调查总体的代表性也就会更好。因此，在分层或分类的时候，各类或各层的划分务必明确，不要发生混淆或遗漏，当然分层也不宜过多，否则操作起来就很困难。例如，我们可以把消费者按性别、年龄、受教育程度、地区等特征进行分层。

（2）其次，确定从各类或各层中抽取样本的数量。通常采用等比例分层抽样和不等比例分层抽样两种方法来确定各层次的样本单位数。

等比例分层抽样是指各层样本单位数占样本单位总数的比例与各层单位数占总体单位数的比例相同，即

各层样本单位数/样本单位总数＝各层单位数/总体单位数

非等比例分层抽样是指各层样本单位数占样本单位总数的比例与各层单位数占总体单位数的比例不相同。这种抽样方法一般适用于分层后各层的单位数相差较大的情况。如果仍按照等比例抽样的方法抽取各层的样本，可能会出现从单位数比较少的层中抽取的样本单位数也比较少的情况，从而该层因为样本单位数太少而不能代表该层的情况，有的层甚至会因为该层单位数过少而被忽略。因此，在这种情况下必须人为提高层内单位数较少的层的样本单位数的抽取量。

在非等比例分层抽样中，不同层的单位的入样概率会不同，因此，非等比例分层抽样是不等概率抽样，在利用样本数据推断总体的时候，应进行加权处理，否则容易出现推断偏差。一般而言，为了避免出现推断偏差，对那些入样概率较大的单位，应该赋予一个较小的权重；而对那些入样概率较小的单位，应该赋予一个较大的权重，从而保证用样本推断总体的无偏性。

（3）最后，从各类或各层中按照随机原则抽取样本单位。可以采用简单随机抽样方法在各层中抽取样本单位。

例如，我们试图了解某市 400 家工业企业的生产经营情况，决定选取 20 家单位进行调查。

方法 1：按工业企业产值规模分层后进行等比例分层抽样。

首先，将 400 个工业企业按产值规模大小分为三类（层）。假定大型企业 60 个，占企业总数的 15％；中型企业 160 个，占企业总数的 40％；小型企业 180 个，占企业总数的 45％。其次，确定各层抽取的样本单位数占样本单位总数的比例。根据等比例抽样原则，我们分别从大、中、小型三类企业中分别抽取的样本单位数占样本单位总数的比例应该分别为 15％、40％和 45％，则抽取的各层样本单位数分别为 3 个、8 个和 9 个。最后，根据确定的各层样本单位数，采用简单随机抽样或等距随机抽样的方法，从各类企业中抽取如上数量的样本单位。

方法 2：按工业企业所有制性质分层后进行非等比例分层抽样。

首先对 400 个工业企业按照所有制性质进行分类。假定其中的国有工业企业有 20 家，民营工业企业有 380 家。如果按照等比例分层抽样的方法在各层抽取样本单位的话，那么国有工业企业这一层中只能抽选 1 个样本单位。然而因为国有工业企业的产值和利税在该市的工业企业中占重大比重，所以调查者想增加 1 家国有工业企业进行调查，那么工业企业的抽样比为 1∶10；民营工业企业的抽样比为 1∶20。最后在将抽取的国有工业企业和民营工业企业的样本单位合并在一起来推断总体的时候，国有工业企业的权重要减一半，这样才能表示国有企业的抽样比是民营企业抽样比的 2 倍。

类型抽样适用于总体单位数量多，且各单位间差异性大的调查对象。类型抽样的优点在于：同一层次中每个单位间的差异较小；各种类型的情况都能包括在所抽取的样本中，保证抽取的样本中包含具有各种特征的抽样单元，样本的结构与总体的结构特征相近，不仅可以对各类型的目标量进行估计，而且还可以进一步估计总体参数；另外对调查总体分层后，各层间的差异不再影响抽样误差，为有效估计总体提供了基础；类型抽样便于组织实施，例如按照行政区域或者是农户类型进行抽样都是比较容易的；与简单随机抽样和等距抽样相比，在样本数量相同的情况下，类型抽样的抽样误差更小，样本的代表性更高。其主要局限性是，调查者必须对总体各单位的情况有较多的了解，否则便无法进行恰当的分类。

9.2.4 整群抽样

整群抽样，又称聚类抽样、分群抽样，它先将总体各单位按一定标准分成许多子群体或集体，然后以子群体为抽取样本的单位，运用简单随机抽样、等距抽样、类型抽样等方法从中抽取若干子群体，然后全面调查被抽中的子群体内的所有单位。

整群抽样的步骤是：

- 将调查总体划分出子群；
- 以群为抽样单位抽取样本。

可以以地理区域或时间为标准划分子群体，如以村落、街区、行政单位等为抽样单位，则村落、街区、行政单位即为群。如工厂按日期抽检产品质量，则同一天生产的产品即为一群。整群抽样与类型抽样比较，两者都将调查总体划分为许多组，但划分的作用不同。如果是对电子数据库里的对象分群，则可以按照姓氏拼音字母进行分群。类型抽样划分层次是为了归类，使组内差异减少，组间差异加大；整群抽样却正好相反，它要求群间差异小，群内差异大，使之对于总体更有代表性。整群抽样以群为单位进行随机抽样，对抽中的子群内的所有单位进行全面调查。没有抽中的群内单位都不作为样本。

例如，采取整群抽样方法，抽取消费者进行消费态度调查。

根据案例要求可知，调查总体是消费者的总体，调查对象是消费者，抽样方法是整群抽样，抽取的是调查总体的消费者子群体。具体抽样步骤是：调研人员可以把总体按照区域划分为若干子群，把总体细分为要调查的地理区域，可以是城市、郊区、村庄等易于识别的区域名称；以这些区域为子群，按照简单随机抽样、等距抽样或类型抽样等方法，抽取以区域为抽样单位的样本；然后对被抽中的区域内的所有消费者进行调查。

整群抽样的优点在于：在抽取样本时只需要编制以群为单位的样本框，这简化了样本框的编制工作，进而调查工作便于组织，调查样本容易抽取，达到了节省人力、物力和财力的目的。在涉及的抽样面比较广、层次比较多、对总体情况又不太了解的情况下，使用这一方法较简便。

整群抽样的局限性在于：虽然我们在分群的时候尽量要求群体内部的各单位的差异性要尽可能地大，但是群内的各单位之间或多或少存在相似性，因此样本的代表性和精确性都会差一些。与其他抽样方法相比，在样本量相同时，整群抽样的误差较大。当然为了提高精度，可以采用增加基本调查单位数量的做法。

9.2.5　多阶段抽样

多阶段抽样，又称分段抽样，是把从调查总体中抽取样本的过程分成两个或几个阶段来进行的方法。它是在整群抽样的基础上发展起来的。

多阶段抽样的步骤是：

- 从总体中采用随机方法抽取第一级单位（初级单位）；
- 从被抽取的第一级单位中，抽取第二级单位；
- 从被抽取的第二级单位中，抽取第三级单位；
- 依此类推，不断抽取第四级、第五级等单位，直至抽取到最后需要进行调查的样本单位为止。

多阶段抽样适用于大范围的抽样调查，且抽样单位的抽取一次无法完成的情况。其优点在于：可以把各种抽样方法的优点综合起来加以利用，用于研究总体单位多、分布面广、各单位之间差异性大的情况。多阶段抽样可以分级准备抽样框，每一阶段的抽样框可以根据每一阶段的情况分别进行设置。其局限性在于：抽样设计比较复杂，每一阶段抽取多少样本量以及每一阶段采用什么抽样方法都需要认真考虑；每段抽样都可能产生误差，因此，经过多阶段抽样得到的样本误差也会相应增大。

9.2.6　对随机抽样方法的评价

随机抽样调查是一项技术性非常强的调查方法。

优点在于：样本具有较强的代表性和客观性，因为样本一般是按随机原则抽取的，用来进行总体推断就会比较准确，适宜对总体做定量研究。与普查相比，抽样调查花费少，速度快，因为调查是针对总体中的部分样本单位进行的。

局限性在于：抽样调查中严格的抽样技术要求，以及较多的数学知识、统计知识、计算机知识等，使缺乏这方面知识的人应用起来非常困难。同时，与典型调查、个别调查相比，抽样调查涉及的调查对象数量多，因此其调查内容的深度和广度受到一定的局限。

9.3　抽样方案设计

抽样调查从抽样选取调查对象（利用各种抽样方法和技术抽取样本单位），到利用具体调查方法和技术开展调查（利用各种调查方法，包括实地观察法、问卷调查法、访谈调查法等收集资料），再到收集、整理、分析资料，最后形成调查研究报告，是一个重要的调查类型。其中，抽样是抽取样本的过程，是开展抽样调查活动的基础。抽样环节直接决定了调查研究的可行性和调查数据的质量。

为了能够保证抽样的质量，按照一个科学、有序的程序完成抽样过程是非常必要和重要的，因此必须进行抽样方案的设计，具体内容包括：

- 界定目标总体和抽样总体；
- 确定和编制样本框；
- 确定抽样类型和方法；
- 确定样本规模；
- 落实抽样方案；
- 评估样本质量。

9.3.1 界定目标总体和抽样总体

目标总体是我们在进行调研方案设计时的理想调查对象的范围。但是现实情况往往与理想状态不符，为了使调研方案中的调查工作能够操作和落实下去，调研人员必须进一步明确抽样总体。例如，如果你使用消费者的在线样本，你会发现目标总体和调查总体存在不一致的情况，因为有一些消费者没有使用互联网，所以目标总体中的一部分消费者就会被排除在调查总体之外，形成抽样框误差，这是非抽样误差的一种。

9.3.2 确定和编制样本框

样本框是具有操作意义的调查对象的集合，也就是调查总体中能够被找到的调查对象的名单。没有样本框，就没有办法进行实际的抽样。当抽样被分成几个阶段、在不同的抽样层次上进行时，则需要分别编制几个不同的样本框。样本框是计算样本单位入样概率的依据。样本框的质量决定样本质量。一个样本只能代表一个样本框。

样本框通常包含抽样单位的一个或一组信息。这些信息可以是抽样单位的名称、地址、电话号码、身份证号码、企业工商登记号码、性别、收入等相关信息。一份包含了上述一个或两个组合信息的人员或企业名册、电话簿、电子数据库、档案编码本等，都可以作为样本框，从中抽选样本。

9.3.3 确定抽样类型和方法

抽样类型和方法会决定样本的代表性。

具体的抽样方法有多种，不同的抽样方法有不同的特点和使用范围，在进行社会经济调查研究时，应该根据不同的研究目的，选择恰当的抽样方法，并综合考虑各种影响抽样进程和效果的可能性，做好预案，以保证抽样过程顺利和抽样结果合意。如果确定采用的是随机抽样这一类型，那么意味着我们选择了概率抽样方法，需要进一步确定是采取等概率抽样方法还是不等概率抽样方法。如果确定采用的是非随机抽样这一类型，那么意味着我们选择了非概率抽样方法。

9.3.4　确定样本规模

样本规模决定样本的精确性或误差率，影响样本结果与总体真实值之间的一致性，与样本的代表性无关。

确定样本规模是一个复杂的过程，从调研者主观角度来看，主要考虑：一是资源约束，如果资金、时间、人员等资源充足，则可以抽取多一点的样本单位进行调查；如果资源不充足，则需要量力而行。二是调研类型，如果是探索性调研，少量样本规模即可，如果是描述性和解释性调研，则需要较大的样本规模。三是调研内容，如果调研内容比较多，涉及的调查指标或分析变量比较多，那么样本规模就要大一些；相反情况的话，则不需要太大的样本规模。四是调查的回收率和有效率，如果调查的回收率比较低、调查质量不高，那么样本规模就需要大一些。从量化分析角度确定样本规模的方法将在后面进行描述。

9.3.5　落实抽样方案

落实抽样方案就是完成样本抽取的工作。在实际抽取样本的过程中，可能会遇到各种困难以及非预期的情况，特别是在涉及复杂抽样方法应用的时候，可能需要一边调查，一边抽样。作为调研人员，在实际抽样阶段要有耐心、信心和决心，同时还要把握四个原则：一是高效率，即精度和费用的关系要合理。高效率就是用尽可能少的经费而取得尽可能高的精度。高效率有两种情况：(1) 在规定的费用之内达到尽可能高的精度；(2) 以尽可能少的费用达到规定的精度。二是目的性，即一个样本选择的好坏，不能仅从样本本身来看。抽样本身不是目的，而是手段，是工具，样本选择的好坏还要从样本能否很好地为调查服务方面来看。三是可度量性，即从样本能算出抽样误差，可拿样本来推断总体。这是样本设计最基本的问题。四是可行性，即必须考虑调查在实地实施时能否完成。

9.3.6　评估样本质量

抽出样本工作的完成并不意味着抽样过程的结束。调研人员还需对样本的质量、代表性、偏差等进行初步的检验和衡量。这一步骤被称为样本评估，其目的是避免样本与总体之间出现过大的偏差，从而导致推断结果出现失误、甚至是错误的情况。

基本做法是：根据调研人员对抽样总体特征信息的了解，选择一个或多个特征指标，与样本中的同类指标进行对比，如果二者相差不大，则样本的质量可能比较高，代表性比较好；相反，如果二者相差比较大，则样本的质量可能比较差，代表性也不太好。

例如，我们从一个有 10 000 个消费者的电子数据库中按照随机原则选择了 1 000 个消费者构成一个样本。我们从数据库的消费者特征统计中得知，该抽样总体中的男性占比为

62%，女性占比为 38%。如果我们对抽取的 1 000 个消费者的性别进行统计，发现男性占比为 60%，女性占比为 40%，与已知的总体的性别比例相近，则可以认为我们所抽取的样本在一定程度上具有较好的质量和代表性。如果我们不只比较性别特征指标，还加入年龄特征指标，那么对样本质量的评估就更有效。

9.4 非随机抽样的方法

非随机抽样是根据研究者的意愿、判断或方便程度等条件来选取样本的方法。非随机抽样具有很强的主观性，抽取的样本单位很难确定抽样概率，因此，也被称作非概率抽样。常用的非概率抽样方法有：偶遇抽样、判断抽样、定额抽样、滚雪球抽样、自愿抽样等。

9.4.1 偶遇抽样

偶遇抽样，又称任意抽样、方便抽样，是调研人员凭借偶然的机会或方便条件任意地抽选样本。例如，当我们深入农村调查时，经常是在田间、地头、马路等处，随便选择一些农民作为调查的对象进行调查。这样的抽样方法简便易行，省时省钱，但样本的代表性差，有很大的偶然性。

9.4.2 判断抽样

判断抽样，又称立意抽样、目的抽样，是调查者根据自己的主观判断来抽选样本。样本的代表性取决于调查者对总体的了解程度和判断能力。判断抽样主要适用于以下情况：(1) 调查总体范围较小，总体各单位之间差异较小，或由于调查时间、设备的限制而无法进行随机抽样的情况。(2) 用于探索性研究的情况。例如，为了设计调查问卷，检验问卷题条的设计是否得当，可采用判断抽样进行研究探索。

9.4.3 定额抽样

定额抽样，又称配额抽样，与类型抽样的相似之处是，先将总体中的所有单位按其属性或特征，以一定的分类标准划分为若干层次或类型，然后在各层中抽样。与类型抽样不同的是，在进行定额抽样时，并不遵循随机原则，而是由调查者主观确定各层中抽取的样本，只需在各层抽取样本时保持适当比例。

定额抽样简单易行，快速灵活，在民意调查或市场调查中被经常使用。在大多数市场调研中，调研人员对目标总体都有一定的了解，可以利用顾客数据库、地理人口特征、普查数据等已有资料，按照一定特征构建一个配额，并将配额分配给调查对象，调研人员的任务就是将符合特征的调查对象挑选出来，按照分配任务完成配额。

在设计配额分配数量时，有两种方法：一是独立指标配额分配；二是交互指标配额分配。

例如，从目标总体中抽取 200 个单位进行调查。

方法 1：独立指标配额分配方法。

选择一个指标对目标总体进行分类；计算各类的单位数分别占目标总体规模的比例；按照这个比例确定分配给每一类的调查单位数。假定分别以“性别”“产品购买行为”作为分类指标，独立指标配额分配结果见表 9.2。

表 9.2 独立指标配额分配方法举例

指标	各类单位数占目标总体的比例（%）	配额分配数目（个）
性别		
男	58	116
女	42	84
产品购买行为		
有	60	120
无	40	80

方法 2：交互指标配额分配方法。

选择至少两个指标对目标总体进行交互分类；计算出交互后的各类的单位数占目标总体规模的比例；按照这个比例确定分配给每一类的调查单位数。假定以“性别”“产品购买行为”作为交互分类指标，交互指标配额分配结果见表 9.3。

表 9.3 交互指标配额分配方法举例

	男		女	
	占比（%）	配额分配数目（个）	占比（%）	配额分配数目（个）
有产品购买行为	23.2	46	35.7	71
无产品购买行为	34.8	70	6.3	13

配额抽样与随机方法相比，执行比较快、成本相对低，但是配额抽样是非随机抽样，所以尽管通过分配配额来控制样本单位的选择，但是仍然无法计算抽样误差、无法计算测量值的精度、无法限定估计值的置信区间，不能进行统计检验。如果你对数据进行了统计检验，那么你必须谨慎解释结果。

9.4.4 滚雪球抽样

滚雪球抽样，也叫推荐抽样，是先从总体中的少数几个成员入手调查，然后通过对他们的调查，得到更多的适合调查的对象或单位，从而进一步扩大调查范围的方法。依此调查下去，就如同滚雪球一样，我们可以找到越来越多具有相同性质的群体成员；如果总体不大，有时会达到近似饱和的状况，后面访问的人再介绍的调查对象可能都是以往已经调查过的人。

9.4.5 自愿抽样

自愿抽样是指调查对象自愿参加，成为样本中的一分子，向调查人员提供信息。例如，我们在做某一地区某一重大疾病的防控调查时，由于预先不知道哪些人患有该疾病，抽样总体是未知的，无法开展调查活动，这时就可以通过募集志愿者的方式获取自愿样本，以完成该项调查。在实验调查中，也会通过征集实验对象的方法，获得自愿参与实验调查的样本单位。

非随机抽样对样本的选取主要取决于调查者的主观因素，样本的代表性和客观性差。另外，不能随便根据样本资料推断总体的全面情况，因此，非随机抽样主要用于不可能或不需要推断总体的社会调查研究。

随机抽样和非随机抽样的主要区别之一就是样本选择的随机性。这里需要注意："随机"不等于"随便"。"随机"有严格的科学含义，可以用概率来描述，而"随便"带有人为的主观因素。

9.5 在线调研抽样

在线调研与线下调研一样，都需要获得调查样本。第 8 章介绍了一些线上问卷调查的方式，在这里介绍关于线上问卷调查对象的选择方法。因为线上问卷调查的对象来源不同，线上调研样本的生成有多种路径，但是综合来看，线上调研对象的选择也是集中在对概率抽样和非概率抽样的考量上。

9.5.1 随机在线调研抽样

随机在线调研抽样主要是指在线抽取样本的过程是随机的。随机在线调研抽样主要依赖于在线样本库，在线样本库包括在线客户名单数据库、电子邮件列表清单、在线企业名录、在线电话名录等。从在线样本库中抽取样本，可以把在抽样时间段内的样本库看做是一个抽样框，从中随机抽取在线调查对象，这属于随机抽样，当然这个抽样过程调研人员是看不见的；这个抽样获得的样本数据应该是对此阶段抽样框总体具有代表性的。

调研个人或公司可以委托拥有在线样本库的互联网公司或服务商提供样本抽取和调查服务，购买一个用于分析的样本数据。基于此，调研人员作为需求方需要向供给方支付一定的费用，支付标准可根据调研人员对抽样的严格程度、样本规模大小等由双方商定。当然，调研人员在付费的同时，为了获得高质量的样本数据，也有权利要求供给方提供如下信息：样本单位是随机抽选的，还是非随机抽选的？样本库的规模有多大？成员是如何被招募的？样本库的大小是多少？如何控制样本数据质量？

在线样本库一般是由专业互联网公司投资进行建设和维护的。它们会在互联网上招募愿意参与在线市场调查的人员，构建在线样本库；并且它们可依据加入样本库时个人提供的年龄、性别、学历、家庭规模、工作行业、生活方式、居住地址等多方面的信息，构建基于不同特征的在线样本组，这样在寻找调查对象时容易找到符合市场调研客户要求的人选。

在线样本库中成员的招募有开放式招募和封闭式招募两种方式。[①] 开放式招募的环境宽松，只要是能够上网并且愿意参加市场调研的人，都可以选择加入。通过这种方式招募成员的好处是可以快速建立起一个在线样本库。

当前在线调研中出现了职业问卷填答者，他们加入各种线上样本库，填写各类问卷，从而获得各种奖励。当参与在线调研成为一种职业时，主要的潜在问题是填答者对于问卷的填答仅以完成为标准，有的填答者在几个线上样本库中注册，有时一天需要完成多份问卷，思考不认真、填写随意的现象使调研人员获得的调查数据质量不高。更有甚者，在线问卷并不是由在线样本库中的调查对象填写完成，你可能根本不知道填答的人是谁。因此，在线调查数据出现偏差或不具有代表性的问题一直是困扰调研人员的问题。

封闭式招募的在线样本库的成员是应邀参加的，一般只允许具有某一特征的人或者提前得到验证的人加入样本库。在这种招募方式下，提供在线样本库的互联网公司或服务商通常会与大公司、大品牌、特定行业企业建立合作关系，向它们的客户发送邀请，建立起具有某种特征、能够满足某种具体需求的在线样本库。因为市场上的企业分布行业广泛、类型多样，所以构建多个在线样本库需要市场调研服务平台与企业进行沟通，从而花费比较多的时间和精力。封闭式招募的好处是在线样本库提供商的服务对市场调研人员来讲更珍贵，样本数据的代表性相对较好，也可以大大减少职业问卷填答者带来的问题。

在线问卷的回答率并不高，有效回答的比率可能更低。因此，在在线问卷调查中，给予问卷回答者以激励是鼓励在线样本库中的成员参与在线调研的一种手段。通常参与在线调研可以获得现金、代金券、积分换购、抽奖等多种奖励，这也是出现职业问卷填答者的主要原因。

除了构建在线样本库、积极鼓励成员参与调研，在线样本库的供给方也必须持续地加强对在线样本库成员的管理，控制好成员参与市场调查的次数，保护好成员的个人隐私和信息，及时更新成员信息，保持在线样本库的规模等。

9.5.2　非随机在线调研抽样

因为调研成本和便利性等原因，当前调研人员经常采用网络在线调研平台提供的免费网络调查服务，样本选取没有抽样框，回收问卷的数量依赖于与填答者的网络偶遇或者调查人员的运气，属于非随机在线调研抽样。这样的抽样没有代表性，适用于试调查或者仅限于对收集的资料进行描述。比如，利用免费的问卷星进行网络问卷调查、利用微信朋友圈或互联网论坛发放问卷等方式，均属于非随机在线调研抽样。

9.6　非抽样误差和抽样误差

调查总是会有误差的。由于产生误差的原因不同，可以把误差分为非抽样误差和抽样

---

① 小卡尔·麦克丹尼尔，罗杰·盖茨．当代市场调研．10 版．李桂华，等译．北京：机械工业出版社，2017：145-146.

误差两大类。

9.6.1 非抽样误差

非抽样误差是指在抽样误差之外，由其他原因引起的样本统计量与总体真值之间的差异。任何由调查者带来的概念性、逻辑性错误以及被访者不回答或者回答错误等都是引起误差的原因，需要尽量避免。具体有以下几个方面需要关注：

一是抽样框误差。要尽量避免抽样框与总体之间范围的差异，避免抽样框不完善、覆盖不全面所带来的误差。

二是受访者无回答误差。考虑可能由于被调查对象不在家、不愿意接受调查等原因带来的无回答情况。在邮政问卷调查、在线问卷调查等调查中，若随机抽选出来的样本单位没有反馈调查，这种无回答情况就会减少有效样本量，造成估计量方差增大。另外，也会出现被调查者虽然反馈了调查，但是没有如实回答问题或者关键问题不予回答的情况，从而出现了样本量不变但是部分样本单位在关键指标回答上的无效性，从而造成估计方差增大、出现估计偏差的问题。受访者无回答的原因可能是对调查问题不理解、对调查问题记忆不清、刻意隐瞒敏感或隐私问题等。

三是调查人员误差。这类误差是指调查人员因为提问错误、记录错误甚至访问作弊等造成的调查误差。

四是其他误差。这类误差是指由测量工具不科学和不准确、数据录入错误等原因造成的误差。

非抽样误差成因复杂，难以进行计量，且样本量越大，非抽样误差出现的可能性越大，所以在调查设计、调查方法、测量工具、数据采集和录入等全过程中，都必须进行精心设计和实施。

9.6.2 抽样误差

抽样误差不是指个体误差，而是指抽样平均误差。

个体误差是指一个样本指标与总体指标之间的离差。

抽样误差是指多个样本单位误差的平均数，也被称为抽样平均误差，可以用来测定抽样指标与总体指标的离差的平均数，是所有样本平均值的标准差。

在统计学中，抽样误差也被称作“标准误”。它反映了样本统计量与相应总体参数的平均误差程度，表示用样本统计量推断总体的精准程度。

抽样误差是由抽样的随机性引起的，是用样本统计量估计总体参数时出现的误差。当从总体中随机抽取样本时，待选样本很多，从中选出任何一个样本都是随机的，而抽到不同的样本，对总体的估计就会不同，这就是抽样误差产生的原因。公式中常用的一些符号见表 9.4。

表 9.4 公式中常用的一些符号

	目标总体	抽样总体
单位数	N	n
平均数	μ	$\bar{x}$
成数	P	p
方差	σ^2	s^2
标准差	σ	s
平均数抽样误差	$\sigma_{\bar{x}}$	
成数抽样误差	σ_p	
平均数极限抽样误差	$\Delta_{\bar{x}}$	
成数极限抽样误差	Δ_p	

在重复抽样和不重复抽样下，抽样平均数和抽样成数的抽样误差的计算方法不同。

- 抽样平均数的抽样误差计算公式。

重复抽样下：

$$\sigma_{\bar{x}}=\sqrt{\frac{\sigma^2}{n}}=\frac{\sigma}{\sqrt{n}}$$

不重复抽样下：

$$\sigma_{\bar{x}}=\sqrt{\frac{\sigma^2}{n}\cdot\frac{N-n}{N-1}}$$

当总体单位数 N 很大时，$N-1$ 接近于 N，可用 N 代替 $N-1$，则可将上面的公式简化为：

$$\sigma_{\bar{x}}=\sqrt{\frac{\sigma^2}{n}\left(1-\frac{n}{N}\right)}$$

- 抽样成数的抽样误差计算公式。

重复抽样下：

$$\sigma_p=\sqrt{\frac{P(1-P)}{n}}$$

不重复抽样下：

$$\sigma_p=\sqrt{\frac{P(1-P)}{n}\cdot\frac{N-n}{N-1}}$$

当总体单位数 N 很大时，$N-1$ 接近于 N，可用 N 代替 $N-1$，则可将上面的公式简化为：

$$\sigma_p=\sqrt{\frac{P(1-P)}{n}\left(1-\frac{n}{N}\right)}$$

以上抽样误差的计算是在简单随机抽样方法下推导出来的。

重复抽样和不重复抽样的误差计算公式的不同之处在于：不重复抽样的抽样误差是在重复抽样的抽样误差基础上乘了一个修正系数$\sqrt{1-\frac{n}{N}}$。这个修正系数小于 1，因此，不重复抽样所得的抽样误差总是小于重复抽样的抽样误差。如果抽样单位数 n 很小，那么修正系数接近于 1，重复抽样和不重复抽样的抽样误差基本一致，所以采用哪种抽样方法对抽样误差的影响不大。

计算抽样误差需要有总体方差的资料。在事先不知道总体方差的情况下，可用样本方差s^2来替代。另外，成数方差在总体中 P 和 $1-P$ 两种情况出现的比率各占 50%时达到最大，此时成数方差为 $P(1-P)=0.5\times(1-0.5)=0.25$。在成数方差未知的情况下，也可用 0.25 来替代。

在概率抽样中，抽样误差主要受以下因素的影响：

一是抽样误差与总体各单位标志值的差异有关。差异越大，意味着总体方差越大，抽样误差也就越大；反之，抽样误差就比较小。

二是抽样误差与抽取的样本规模有关。随机抽取的样本规模越大，精确度越高，抽样误差相对就越小，普查就是一种极端地把所有单位都抽取出来的调查方式，样本规模最大，误差也最小；反之，抽样的误差就比较大。

三是抽样误差与抽样方法和估计方法有关。与简单随机抽样相比，在同样的总体下，面对相同的抽样规模要求，人们会选择分层抽样，因为分层抽样具有显著的统计效果，分层抽样的估计精确性高于简单随机抽样。整群抽样的抽样误差比简单随机抽样的抽样误差就要大一些。

9.6.3 极限抽样误差

极限抽样误差是控制在一定范围内的抽样平均误差。抽样误差可以在调查前根据调查样本数量和总体中各单位之间的差异程度进行计算，并被控制在允许的范围内。根据概率原理以一定的可靠程度保证抽样误差不超过某一给定的范围，统计上把这个给定的范围称作极限抽样误差，用 Δ 表示。

用公式表示的极限抽样误差 Δ、倍数 t 和抽样平均误差$\sigma_{\bar{x}}$或σ_p之间的一般关系为：

$$\Delta_{\bar{x}} = t\sigma_{\bar{x}} \text{ 或 } \Delta_p = t\sigma_p$$

可见，极限抽样误差是用一定倍数的抽样平均误差（标准误）来表示的。倍数 t 在统计学中也称作“概率度”。

对于一定的抽样平均误差 $\sigma_{\bar{x}}$或σ_p，倍数 t 值越大，极限抽样误差$\Delta_{\bar{x}}$或Δ_p越大，用指标样本值估计指标总体值的范围越大，估计的精确度越低；反之，t 值越小，极限抽样误差$\Delta_{\bar{x}}$或Δ_p越小，用指标样本值估计指标总体值的范围越小，估计的精确度越高。

根据前述的抽样平均误差和极限抽样误差的计算公式，可得样本平均数和样本成数的极限抽样误差的计算公式。

- 样本平均数的极限抽样误差计算公式。

重复抽样下：

$$\Delta_{\bar{x}}=t\sigma_{\bar{x}}=t\sqrt{\frac{\sigma^2}{n}}$$

不重复抽样下，当总体单位数 N 很大时，$N-1$ 接近于 N，极限抽样误差的计算公式简化为：

$$\Delta_{\bar{x}}=t\sigma_{\bar{x}}==t\sqrt{\frac{\sigma^2}{n}\left(1-\frac{n}{N}\right)}$$

● 样本成数的极限抽样误差计算公式。

重复抽样下：

$$\Delta_p = t\sigma_p = t\sqrt{\frac{P(1-P)}{n}}$$

不重复抽样下，当总体单位数 N 很大时，$N-1$ 接近于 N，极限抽样误差的计算公式简化为：

$$\Delta_p = t\sigma_p = t\sqrt{\frac{P(1-P)}{n}\left(1-\frac{n}{N}\right)}$$

通过计算极限抽样误差，我们可以根据样本指标和样本指标可允许变动的上限或下限来推算总体指标的可能范围，即进行区间估计。

总体平均数的区间估计方法为：

因为

$$\mu=\bar{x}\pm\Delta_{\bar{x}}=\bar{x}\pm t\sigma_{\bar{x}}$$

所以

$$\bar{x}-t\sigma_{\bar{x}}\leqslant\mu\leqslant\bar{x}+t\sigma_{\bar{x}}$$

总体成数的区间估计方法为：

因为

$$P=p\pm\Delta_p=p\pm t\sigma_p$$

所以

$$p-t\sigma_p\leqslant P\leqslant p+t\sigma_p$$

根据如上的公式可知，在总体平均数和总体成数、平均数标准差和成数标准差都定下来的情况下，倍数 t 影响总体均值的分布区间。

根据中心极限定理，对于任何总体，不论其分布如何，随着样本容量的增加，抽样平均数和抽样比例的分布（抽样分布）趋近于正态分布。正如图 9.2 所示，正态分布的形状由平均数和标准差决定，并且以平均数为轴对称，呈钟形；正态曲线下方面积等于 1，表明它包括了所有的观测值。

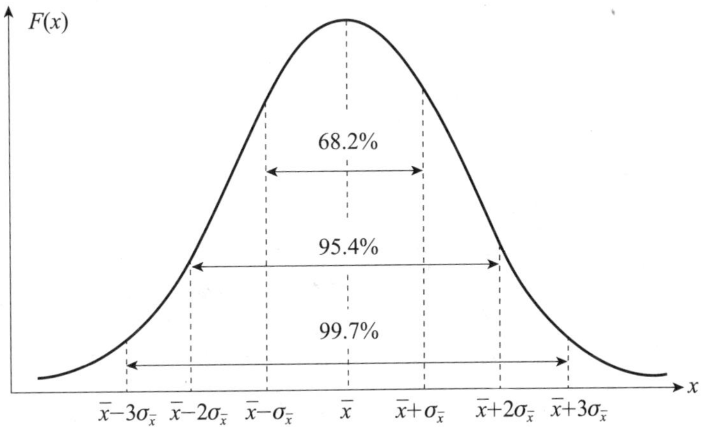

图 9.2　正态分布曲线图

当标准误的倍数 $t=1$ 时，实际总体平均数落在样本平均数±1 个标准误范围内的概率是 68.2%；

当标准误的倍数 $t=2$ 时，实际总体平均数落在样本平均数±2 个标准误范围内的概率是 95.4%；

当标准误的倍数 $t=3$ 时，实际总体平均数落在样本平均数±3 个标准误范围内的概率是 99.7%。

通过查标准正态分布函数的概率分布表可知，标准误的倍数 t 每取一个值，都有一个唯一确定的概率值与之对应。在统计学中，此概率又被称作"置信度""信度"，是指样本值可以代表总体值的把握程度，用 $1-\alpha$ 表示。

表 9.5 显示了抽样分布中的标准误的倍数、置信概率与显著性水平之间的关系。

表 9.5 标准误的倍数、置信概率与显著性水平之间的关系

倍数 t（概率度）	置信概率（$1-\alpha$）	显著性水平（α）
1.00	68.2%	31.8%
1.50	86.6%	13.4%
1.68	90.0%	10.0%
1.96	95.0%	5.0%
2.00	95.4%	4.6%
2.50	98.7%	1.3%
2.58	99.0%	1.0%
3.00	99.7%	0.3%

根据上述公式可以看出，极限抽样误差（精确度）与样本规模有关系。样本容量越大，精确度越高，抽样误差越小；但是，随着样本规模的增加，抽样误差下降得越来越慢，也就是说，样本规模的等量增加并不能带来精确度的等量增加。

例如，假定在抽样成数的极限抽样误差公式中，t 值设定为标准误的 1.96 倍（也就是说，置信概率为 95%），显著性水平为 0.05。观察随着样本规模 n 变化的极限抽样误差的变化情况（见图 9.3）。

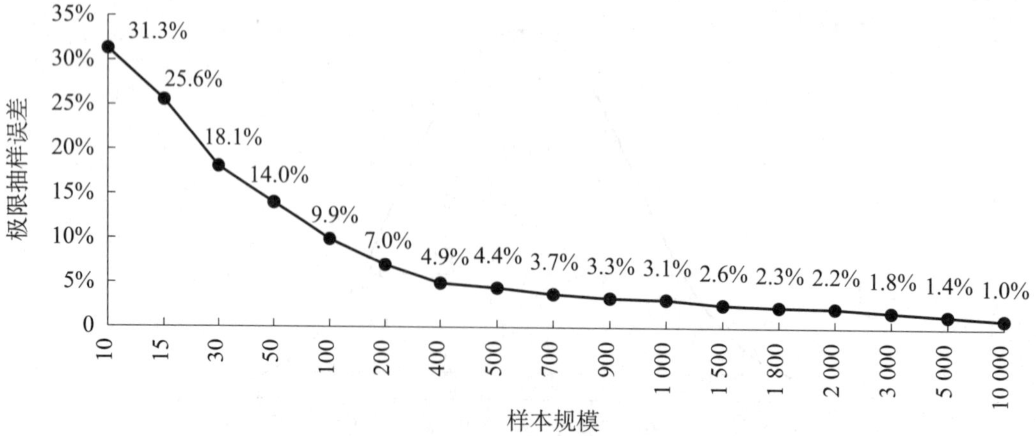

图 9.3 样本规模与极限抽样误差之间的关系

9.7　确定样本规模

根据极限抽样误差的计算公式，我们可以在控制抽样误差范围的情况下，在抽样之前就确定抽样的数量 n。

9.7.1　简单随机抽样下的样本规模推算

（1）按照平均数的极限抽样误差公式推算样本规模 n。

重复抽样下，样本规模公式为：

$$n=\frac{t^2\sigma^2}{\Delta_{\bar{x}}^2}$$

不重复抽样下，当总体单位数 N 很大时，样本规模公式为：

$$n=\frac{Nt^2\sigma^2}{N\Delta_{\bar{x}}^2+t^2\sigma^2}$$

例如，某奶业企业拟从抽样总体 $N=20\ 000$ 的消费者名单中抽取样本，对消费者每月对奶制品的消费支出情况进行调查。管理者对调查精确度的要求是控制消费支出的估计值与实际值的差异 $\Delta_{\bar{x}}$ 为 ±1.5 元；总体消费者月均奶制品支出平均数标准误的倍数为 1.96（或者说置信度为 95%）；根据以往经验，确定消费者奶制品月消费支出的标准差 σ 为 10.5 元。根据以上条件，计算抽取的样本规模。

重复抽样下，计算的样本规模为：

$$n=\frac{1.96^2\times10.5^2}{1.5^2}\approx188$$

不重复抽样下，计算的样本规模为：

$$n=\frac{20\ 000\times1.96^2\times10.5^2}{20\ 000\times1.5^2+1.96^2\times10.5^2}\approx186$$

根据抽取出的样本规模，可以推出样本规模仅占总体规模的 1%，因此你可以认为这是一个大规模的总体。

（2）按照成数的极限抽样误差公式推算样本规模 n。

重复抽样下，样本规模公式为：

$$n=\frac{t^2p(1-p)}{\Delta_p^2}$$

不重复抽样下，当总体单位数 N 很大时，样本规模公式为：

$$n=\frac{Nt^2p(1-p)}{N\Delta_p^2+t^2p(1-p)}$$

例如，某奶业企业拟从抽样总体 $N=20\ 000$ 的消费者名单中抽取样本，对消费者是否购买本企业奶制品的情况进行调查。管理者预期 50%（P）的人会购买企业的奶制品；对调查精确度的要求是控制极限抽样误差 Δ_p 在 $\pm3\%$ 以内；假定成数标准误的倍数分别为 1.96 和 2.58（或者说置信度分别是 95% 和 99%）。根据以上条件，计算抽取的样本规模。

当 $t=2.58$ 时，重复抽样下，样本规模为：

$$n=\frac{2.58^2\times 50\%\times(1-50\%)}{(3\%)^2}=1\ 849$$

不重复抽样下，样本规模为：

$$n=\frac{20\ 000\times 2.58^2\times 50\%\times(1-50\%)}{20\ 000\times(3\%)^2+2.58^2\times 50\%\times(1-50\%)}\approx 1\ 693$$

当 $t=1.96$ 时，重复抽样下，样本规模为：

$$n=\frac{1.96^2\times 50\%\times(1-50\%)}{(3\%)^2}\approx 1\ 067$$

不重复抽样下，样本规模为：

$$n=\frac{20\ 000\times 1.96^2\times 50\%\times(1-50\%)}{20\ 000\times(3\%)^2+1.96^2\times 50\%\times(1-50\%)}\approx 1\ 013$$

通过以上公式可以发现，影响样本规模的因素主要有抽样的精确度、总体方差、极限抽样误差、置信度、抽样方式和方法等。上述例子也表明，置信度越大，精确性越高，需要抽取的样本规模就越大。

在实际的调研活动中，有时候很难完全按照公式来计算样本规模，依据经验来确定样本规模也是一种方法。例如，在全国性的民意调查中，1 200 的样本规模是一个经验性的约定。

另外，需要关注的是从小规模总体中抽取样本的规模确定问题。一般来讲，样本规模超过总体规模 5%的总体，被称作小规模总体，此时，抽取的样本规模需要使用有限总体修正乘数进行调整。当从大规模总体中抽取的样本规模占总体的比例很少时，可假设样本的抽取是相互独立的；但是当样本规模占总体的比例大于 5%时，这个假设就不成立了。此时需要对样本规模进行调整。小规模总体调整后的样本规模可在原有的样本规模 n 基础上乘以有效总体修正系数$\sqrt{\frac{N-n}{N-1}}$得到。因为 n 一定大于等于 1，所以有效总体修正系数值小于 1，故修正后的样本规模会减少，在相同的精确度下，调查可以减少成本。

上述公式是针对简单随机抽样方式中的样本规模计算的，如果抽样不是简单随机抽样，那么需要根据具体的抽样方式进行确定。这里介绍使用设计效应进行调整的一种简单的样本规模调整方法。

(3) 设计效应。

设计效应是指一个特定的抽样设计的估计量方差与相同样本规模下不放回简单随机抽样的估计量方差的比值。

设计效应通常是从过去相同或相似主题的调查中获得的，前提是过去调查使用的抽样设计与现在计划实施的抽样设计相同或相似。

在随机抽样类型下，各种抽样方法的设计效应为：

在简单随机抽样下，设计效应$=1$；

在等距抽样下，设计效应$\leqslant 1$；

在类型抽样下，设计效应<1；

在整群抽样下，设计效应>1；

在多阶段抽样下，设计效应>1。

在简单随机抽样下的样本量 n 比较容易确定，通过设计效应可以对随机抽样下的样本量进行调整，得到其他抽样方法所需的样本量 n'：

$$n' = \text{设计效应} \times n$$

另外，无回答也会造成样本量事实上的减少，为了弥补这种缺失，也需要根据回答率 r 对计算出来的样本规模再次进行调整，以确定最终的样本规模。回答率 r 可根据以往类似的经验确定。

$$\text{最终样本规模} = \frac{n}{r} \text{ 或 } \frac{n'}{r}$$

9.7.2　非随机抽样下的样本规模确定

在随机抽样下确定样本规模的目的是考虑样本的精确性，随机抽样过程和使用的抽样方法则保证了样本的代表性，其目的在于用样本来推断总体。在非随机抽样下确定样本规模的大小取决于管理者和调研人员对所要收集信息的价值判断，同时要考虑获得一定数量样本规模的成本。可见，非随机抽样的样本规模的确定是一种主观决定。

思考题

1. 什么是抽样？什么是抽样调查？
2. 什么是总体和抽样框？
3. 什么是随机抽样？随机抽样有哪些方法？
4. 什么是非随机抽样？非随机抽样有哪些方法？为什么非随机抽样方法在市场调研中也普遍使用？
5. 什么是简单随机抽样？简单随机抽样的具体方法有哪几种？
6. 什么是等距抽样？什么是循环等距抽样？什么是调整直线等距抽样？
7. 简述等距抽样方法的优点和不足。
8. 什么是类型抽样？简述其抽样步骤和优缺点。
9. 什么是随机抽样？随机抽样主要有哪几种方法？
10. 什么是整群抽样？简述整群抽样有哪些优点和不足。
11. 简述抽样设计的主要内容。
12. 什么是定额抽样？设计配额分配数量的方法有哪几种？
13. 讨论在线调研抽样的方法、特点和存在的问题。
14. 什么是抽样误差？在概率抽样中，影响抽样误差的主要因素有哪些？
15. 简述抽样平均数和抽样成数的抽样平均误差的计算方法。
16. 简述抽样平均数和抽样成数的极限抽样误差的计算方法。
17. 简述简单随机抽样下的样本规模推算方法。
18. 讨论置信度、精确度、极限抽样误差和样本规模之间的关系。
19. 在一些研究论文中，你经常会看到“本文采取了随机抽样的方式选取样本”这样的一语带过的调查方法表述，对于这样的表述你会有哪些基本判断？请给出相应的理由。

20. 一项关于快餐店消费情况的调查显示，某快餐店的消费者平均消费支出为 20 元，标准差为 3 元；管理者希望控制极限抽样误差在±0.5 元；置信水平为 95%（$t=1.96$）。根据以上条件，计算简单随机抽样需要的样本规模。

21. 仍然是关于快餐店消费情况的调查，该快餐店 70%的消费者喜欢盖浇饭；调查人员希望极限抽样误差控制在±6%内；置信水平为 99%（$t=2.58$）。求简单随机抽样需要的样本规模。

第 10 章

资料编码、录入和清理

本章内容

调研资料的编码、录入和清理是资料分析研究必不可少的工作。本章介绍了资料的编码类型；介绍了编码技术，特别是阐释了对不同类型的问卷题条如何进行编码；介绍了资料录入和清理的方法。

学习目标

了解编码的分类；掌握编码的技术；了解资料录入和清理的方法。

通过访谈调查、观察调查、问卷调查等方法收集到的资料，经过整理后都可以进行编码、录入和清理工作。对于以访谈或观察笔录、视频、音频等表现的非结构性资料，编码工作复杂且以调研人员的主观意图为主。而对于以问卷收集的结构性资料，编码、录入和清理工作相对规范，有章可循。本章主要介绍问卷资料的编码、录入和清理方法。

10.1 编码的类型

编码是将问卷中的题条信息以计算机可识别的符号、数字标识出来的过程。编码的目的是方便将资料信息录入计算机，也可以减少录入误差；编码使问卷信息标准化，为利用软件进行量化分析提供了条件。

10.1.1 前编码和后编码

按照编码的时间来看，编码可以分为前编码和后编码两类。

前编码是指在问卷设计的同时、调查实施之间就进行的问卷编码。只要问卷确定下来，那么编码工作就可以同步进行。后编码是在调查结束之后对问卷进行编码。前编码主要适用于问卷设计中的封闭型题条，对于开放型题条，需要等资料收集完毕，才可能根据填答情况进行编码，因此，完全开放的题条或者带有“其他（请说明）”这样选项的封闭型题条的编码适宜采用后编码。对开放型题条的编码是一项复杂而耗时的工作，因为调研人员在事前不知道会得到什么答案，所以编码是事前不能确定的，且编码依赖于研究人员的主观判断。当然，采用前编码还是后编码并不是绝对要求，研究者可以按照时间和习惯确定编码进度。

开放型题条的编码一般要经历三个阶段：一是根据开放型题条的答案，用简洁的文字提炼出每一条答案，获得一份答案清单；二是依赖于主观判断，对答案清单中的答案进行合并归类；三是对合并归类后的答案类型进行编码，并将编码再重新分配给每一条原始答案，使每一个开放型题条都有一个对应的编码。

例如，某购物广场打算进行升级改造，为此开展一项市场调研活动。针对来广场消费的顾客进行的调查中有这样一个开放型问题：“您觉得该购物广场可以在哪些方面进行改善?”针对如上开放型题条的回答，可采用以下编码步骤。

首先，进行原始记录答案的录入。正如表 10.1 的第 A 列和第 B 列所示。

其次，对录入的答案按拼音进行排序，并且根据关键词对排序后的答案进行调整，然后进行答案的合并归类。表 10.1 的第 C 列和第 D 列显示了按拼音对答案进行排序的结果，经过排序的答案为研究者提供了对归类有用的关键词信息。第 E 列和第 F 列是根据关键词对排序后的答案进行调整的结果。无论是排序还是调整，每一个原始记录答案所对应的答案号都是不变的。表 10.1 中的第 G 列给出了两种答案合并归类的方法，其中，方法 1 给出的第一种答案合并归类的方法采取的分类原则主要是按照顾客认为需要对商场进行改善的具体内容进行分类；方法 2 给出的第二种答案合并归类的方法采取的分类原则主要是按照购物广场需要改善的设施和服务类型进行分类，也是在第一种分类方法的基础上进行再次归纳分类。可见，开放答案依据主观判断可以分成不同的类型，这表明对开放型问题的分析比较灵活。

表 10.1　开放答案的排序、调整和合并归类

<table>
<tr><td colspan="8">Q：您觉得该购物广场可以在哪些方面进行改善?</td></tr>
<tr><td>A</td><td>B</td><td>C</td><td>D</td><td>E</td><td>F</td><td colspan="2">G</td></tr>
<tr><td rowspan="2">答案号</td><td rowspan="2">原始记录的答案</td><td rowspan="2">答案号</td><td rowspan="2">按拼音对答案进行排序</td><td rowspan="2">答案号</td><td rowspan="2">根据关键词对排序后的答案进行调整</td><td colspan="2">答案的合并归类</td></tr>
<tr><td>方法 1</td><td>方法 2</td></tr>
<tr><td>1</td><td>网络覆盖面不够广</td><td>8</td><td>节假日停车难</td><td>8</td><td>节假日停车难</td><td rowspan="4">停车场</td><td rowspan="5">硬件改善</td></tr>
<tr><td>2</td><td>增加直梯数量</td><td>14</td><td>可以增加儿童活动场所</td><td>13</td><td>停车场标识不明显</td></tr>
<tr><td>3</td><td>网速应该提高一下</td><td>11</td><td>商铺可以再多样化一些</td><td>6</td><td>停车收费高</td></tr>
<tr><td>4</td><td>收银台设置不合理</td><td>4</td><td>收银台设置不合理</td><td>5</td><td>增加停车位</td></tr>
<tr><td>5</td><td>增加停车位</td><td>13</td><td>停车场标识不明显</td><td>2</td><td>增加直梯数量</td><td>电梯</td></tr>
</table>

续表

Q：您觉得该购物广场可以在哪些方面进行改善？

A	B	C	D	E	F	G	
答案号	原始记录的答案	答案号	按拼音对答案进行排序	答案号	根据关键词对排序后的答案进行调整	答案的合并归类	
						方法 1	方法 2
6	停车收费高	6	停车收费高	1	网络覆盖面不够广	网络服务	软件改善
7	我希望有儿童照管服务	1	网络覆盖面不够广	3	网速应该提高一下		
8	节假日停车难	3	网速应该提高一下	14	可以增加儿童活动场所	儿童服务	
9	问询服务处难找	9	问询服务处难找	7	我希望有儿童照管服务		
10	信息查询设备不够	12	我希望室内可以多一些绿植	11	商铺可以再多样化一些	商品服务	
11	商铺可以再多样化一些	7	我希望有儿童照管服务	12	我希望室内可以多一些绿植	室内环境	
12	我希望室内可以多一些绿植	10	信息查询设备不够	4	收银台设置不合理	收银服务	管理改善
13	停车场标识不明显	5	增加停车位	9	问询服务处难找	咨询服务	
14	可以增加儿童活动场所	2	增加直梯数量	10	信息查询设备不够		

最后，对答案的合并归类进行编码。表 10.2 展示的是按照表 10.1 中方法 1 进行答案合并归类后的类别编码。

表 10.2　方法 1 下答案合并类别的编码

答案的合并类别	类别编码	将编码分配给表 10.1 中对应的答案
停车场	1	5，6，8，13
电梯	2	2
网络服务	3	1，3
儿童服务	4	7，14
室内环境	5	12
商品服务	6	11
收银服务	7	4
咨询服务	8	9，10

根据表 10.1 中答案的合并归类方法 2 进行的编码见表 10.3。

表 10.3　方法 2 下答案合并类别的编码

答案的合并类别	类别编码	将编码分配给表 10.1 中对应的答案
硬件改善	1	2，5，6，8，13
软件改善	2	1，3，7，11，12，14
管理改善	3	4，9，10

根据以上对调查获得的开放回答的分类编码过程，可以将开放答案转化为标准式的答案，有利于资料的统计分析和描述。

10.1.2 题条问题编码和备选项编码

从编码的对象来看，编码包括对题条问题的编码和对题条备选项的编码。

编码既要给问卷中的每一个问题一个独一无二的特定名称，一般称作变量名称（代码），也要给问题备选项指定符合统计分析的代码。这两部分编码对象是分不开的。有经验的问卷设计者在设计问卷时就考虑尽量将备选项按照编码要求进行设计以节省工作量。

编码的最终产物是形成编码手册（编码簿、编码本）形式的文档。编码手册实际上记载了资料中所有项目转换成的变量和所有答案转换成的数字码。通过编码手册可以找到不同变量在资料中的位置以及这些编码的意思，为进一步做分析提供基础依据。因此，编码手册中的变量信息记录要比较全面，变量名称、属性、数值等信息都要标识清楚。

10.2 编码的技术

针对一份问卷，调研人员需要对每一个题条的问题和答案逐一进行编码，不能有任何遗漏。在对所有问题的编码完成之后，一般要形成一份编码手册（或者是编码簿或编码表），其作用是对问卷题条编码内容进行完整的、准确的汇总和展现，方便使用和查阅，为后来的使用者再次开发资料提供统一的参考。

编码的内容包括：问卷编号代码、问题代码（题号）、变量名、变量类型、变量标签（变量的含义）、变量值标签（备选项的设置和对应含义）。表 10.4 是问卷题条编码表格式的一个例子。

表 10.4　问卷题条编码表格式

题号/问题	变量名	变量标签	变量值标签	变量类型	对应问题	备注
A1						
A2						
⋮						

在对封闭型题条进行编码时，因为题条的类型不同，所以编码表现的方式也有所不同。下面以问卷中的题条为例，进行编码方式介绍。

10.2.1 填空式题条的编码

题条举例如下：

A1. 您家有几口人？________人。

A2. 您家住房的面积是________平方米。

编码表见表 10.5。

表 10.5　填空式题条的编码表格式

题号	变量名	变量标签	变量值标签	变量类型	备注
A1	VA1	家庭人口数	按实际数填写（个）	数值型	空格表示该题无回答
A2	VA2	住房面积	按实际数填写（平方米）	数值型	

10.2.2　单选式题条的编码

题条举例如下：

B1. 您的性别：（　　）。

1. 男　　2. 女

B2. 您的职业属于哪一大类？（　　）

1. 国家机关、党群组织、企业、事业单位负责人
2. 专业技术人员
3. 办事人员和有关人员
4. 商业、服务业人员
5. 农、林、牧、渔、水利业生产人员
6. 生产、运输设备操作人员及有关人员
7. 军人
8. 其他

B3. 您最近一年购买过某品牌的咖啡豆吗？（　　）

1. 是　　2. 否

B4. 您对该品牌咖啡豆的包装满意吗？（　　）

1. 很不满意　　2. 不满意　　3. 一般　　4. 满意　　5. 非常满意

编码表见表 10.6.

表 10.6　单选式题条的编码表格式

题号	变量名	变量标签	变量值标签	变量类型	备注
B1	VB1	性别	1=男，2=女	数值型	空格表示该题无回答
B2	VB2	职业类型	1=国家机关、党群组织、企业、事业单位负责人，2=专业技术人员，3=办事人员和有关人员，4=商业、服务业人员，5=农、林、牧、渔、水利业生产人员，6=生产、运输设备操作人员及有关人员，7=军人，8=其他	数值型	
B3	VB3	近一年是否购买过某品牌咖啡	1=是，2=否	数值型	
B4	VB4	是否喜欢该品牌咖啡的包装	1=很不满意，2=不满意，3=一般，4=满意，5=非常满意	数值型	

10.2.3 多项式多选题条的编码

(1) 多项式无序多选题条的编码。

题条举例如下：

C1. 您购买咖啡豆时会关注下列哪些方面？(可以多选，在选项前的括号内打“√”)

(　　) 价格

(　　) 产地

(　　) 品牌

(　　) 口味

(　　) 烘焙度

(　　) 品种

(　　) 其他

编码表见表 10.7。

表 10.7　多项式无序多选题的编码表格式

题号	变量名	变量标签	变量值标签	变量类型	备注
C1：选择您购买咖啡豆时关注的要素	VC101	价格	1=价格，其他选项=0	数值型	空格表示该题无回答
	VC102	产地	1=产地，其他选项=0	数值型	
	VC103	品牌	1=品牌，其他选项=0	数值型	
	VC104	口味	1=口味，其他选项=0	数值型	
	VC105	烘焙度	1=烘焙度，其他选项=0	数值型	
	VC106	品种	1=品种，其他选项=0	数值型	
	VC107	其他	1=其他，其他选项=0	数值型	

(2) 多项式有序多选题条的编码。

D1：您购买咖啡豆时会关注下列哪些方面？(可以多选，并按关注程度将选择出来的答案编号为 1，2，3，…)

(　　) 价格

(　　) 产地

(　　) 品牌

(　　) 口味

(　　) 烘焙度

(　　) 品种

(　　) 其他

D1 题条属于有序多选题条，同时对备选项可以选择的数量没有限制。此类题条的编码表见表 10.8。

表 10.8　多项式有序多选题条（无限选项）的编码表格式

题号	变量名	变量标签	变量值标签	变量类型	备注
D1：选出您购买咖啡豆时关注的要素并排序	VD101	价格	1～7，表明该因素的关注度排名	数值型	空格表示该题无回答
	VD102	产地	1～7，表明该因素的关注度排名	数值型	
	VD103	品牌	1～7，表明该因素的关注度排名	数值型	
	VD104	口味	1～7，表明该因素的关注度排名	数值型	
	VD105	烘焙度	1～7，表明该因素的关注度排名	数值型	
	VD106	品种	1～7，表明该因素的关注度排名	数值型	
	VD107	其他	1～7，表明该因素的关注度排名	数值型	

D2：您购买咖啡豆时会关注下列哪些方面？（请选 3 项，并按关注程度将选择出来的答案编号为 1，2，3）

（　　）价格

（　　）产地

（　　）品牌

（　　）口味

（　　）烘焙度

（　　）品种

（　　）其他

D2 题条也属于有序多选题条，但是对备选项的选择数量有限制要求。此类题条的编码方法主要有两种。

方法 1：编码表见表 10.9。

表 10.9　多项式有序多选题条（有限选项）的编码表格式（一）

题号	变量名	变量标签	变量值标签	变量类型	备注
D2：选出 3 项您购买咖啡豆时关注的要素并排序	VD201	价格	1～3，表明该因素的关注度排名	数值型	空格表示该题无回答
	VD202	产地	1～3，表明该因素的关注度排名	数值型	
	VD203	品牌	1～3，表明该因素的关注度排名	数值型	
	VD204	口味	1～3，表明该因素的关注度排名	数值型	
	VD205	烘焙度	1～3，表明该因素的关注度排名	数值型	
	VD206	品种	1～3，表明该因素的关注度排名	数值型	
	VD207	其他	1～3，表明该因素的关注度排名	数值型	

方法 2：编码表见表 10.10。

方法 2 是将被访者按要求选出的三个选项设置为 3 个变量。问题被转化为：

D2：您购买咖啡豆时会关注下列哪些方面？

第一关注的是________；第二关注的是________；第三关注的是________。

表 10.10 多项式有序多选题条（有限选项）的编码表格式（二）

题号	变量名	变量标签	变量值标签	变量类型	备注
D2：选出 3 项您购买咖啡豆时关注的要素并排序	VD201	第一关注因素	1～7，备选项答案的编码	数值型	空格表示该题无回答
	VD202	第二关注因素	1～7，备选项答案的编码	数值型	
	VD203	第三关注因素	1～7，备选项答案的编码	数值型	

10.2.4 表格式题条的编码

表格式题条中的每一个空格都代表一个问题，需要一个变量编码，因此，在编码时要特别注意不要遗漏表格中的每一个空格。例如，表 10.11 是一个关于询问过去三年企业产品销售量变化情况的表格式题条，这个表格实际上包含了 9 个问题，都需要进行变量编码。另外，关于“其他”选项的原因说明也需要给予变量编码。我们把变量编码直接写在表格中，你可以非常清楚地了解每个变量编码对应的问题。

表 10.11 E1：过去三年企业产品销售量的变化情况（当年与上一年的比较）

年份	a. 变化：①增加；②减少	b. 变化数量（万元）	c. 变化原因（见原因编码）
2018	VE1a01	VE1b01	VE1c01
2017	VE1a02	VE1b02	VE1c02
2016	VE1a03	VE1b03	VE1c03

原因编码：①产品价格提高；②产品价格下降；③增加广告投入；④增加销售人员；⑤客户流失；⑥推出新产品；⑦原材料价格上涨；⑧劳动力成本上升；⑨市场需求下降；⑩其他（请说明）__VE1010__。

根据表 10.11 的变量编码形式，可以形成表 10.12 所示的编码表。

表 10.12 针对 E1 问题设计的表格式题条的编码表格式

题号	变量名	变量标签	变量值标签	变量类型	备注
E1：过去三年企业产品销售量的变化情况	VE1a01	2018 年比 2017 年销售量增减情况	1＝增加，2＝减少	数值型	空格表示该题无回答
	VE1a02	2017 年比 2016 年销售量增减情况	1＝增加，2＝减少	数值型	
	VE1a03	2016 年比 2015 年销售量增减情况	1＝增加，2＝减少	数值型	
	VE1b01	2018 年比 2017 年销售量增减数量	按实际值填写	数值型	
	VE1b02	2017 年比 2016 年销售量增减数量	按实际值填写	数值型	
	VE1b03	2016 年比 2015 年销售量增减数量	按实际值填写	数值型	
	VE1c01	2018 年比 2017 年销售量变化原因	1～10，备选项答案编码	数值型	
	VE1c02	2017 年比 2016 年销售量变化原因	1～10，备选项答案编码	数值型	
	VE1c03	2016 年比 2015 年销售量变化原因	1～10，备选项答案编码	数值型	
	VE1010	第 10 个备选项“其他”的说明	开放式的答案	文本型	

10.3 资料的录入

资料录入就是将编码之后的数据输入计算机可以识别的存储介质中的过程。一般来讲，经过核查的问卷、编码表会交给录入人员，他们使用专业数据录入软件将资料录入计算机中。一般的数据可以利用 Excel、Access、EpiData、SPSS、Stata 等常用数据库和分析软件的数据编辑器完成录入工作，方便调研人员进行资料分析。

人工键盘输入目前仍是主要的资料录入方式。如果数据规模不是很大，一般的调研人员自己就可以完成。如果数据规模较大，可以请专业的问卷录入公司完成录入工作，在调研方案设计时调查者需要考虑数据录入费用。

人工录入容易出现看错数据、输入错误等问题，出现非抽样误差，因此，需要特别注意控制录入质量。一方面，可以通过挑选负责的录入人员、创造安静的录入环境、抽查核对等方式控制部分录入误差；另一方面，可以采用两个人、两台计算机分别录入的双机录入方式，对录入的资料进行比较，从而检查录入中存在的错误。双机录入的数据质量较高，但是录入所花的时间和费用要高一些。

通过电话辅助电脑访谈系统、网络调查系统等途径收集数据时，数据的录入同步进行，不需要再进行人工录入，节省了很多人力、物力。

10.4　资料的清理

10.4.1　资料的逻辑检验

数据录入计算机以后的资料清理工作主要是检查数据的一致性，包括是否存在逻辑错误、是否存在极端值、是否存在录入错误等问题。

逻辑检验主要是根据数字资料之间的逻辑关系来判断其是否准确和符合实际。

一是可以根据经验判断。例如，没有孩子，却填写了孩子的教育支出费用；年龄为 18 岁的人的受教育程度为博士，虽不是绝对不可能，但是根据经验判断，需要对数据进行核对；这些问题的回答是否准确和符合实际，可以根据经验进行判断。

二是可以利用计算审核的方法进行判断。例如，被访者的收入与支出、企业的产品销量、价格、销售额之间存在一定的逻辑性，可以通过公式计算结果，判断数据填写是否符合实际；可以检查各分组数字之和是否等于总数、各部分占总体的百分比相加是否等于 1，通过这些运算来审核各项数字是否有差错。

极端值检查可以通过数据描述统计的方法进行审查，并不是所有的极端值都是错误的，但是通过极端值查找和审核，可以对数据进行进一步的审查，以尽量减少录入误差。

另外，数据审查还包括完整性检查。主要内容是检查表格的填报是否齐全、表格的答案是否完整等。比如，变量的取值范围与数据录入值是否一致，有无与变量值标签不符的情况，及时发现，可以及时进行修正。

10.4.2　资料缺失值的处理

缺失值一般是指数据空缺或无效，是数据审查中经常出现的问题。缺失值有合理缺失的情况，比如，在问卷中存在转向问题的时候，就会存在合理的缺失。例如，若消费者没有看过某个广告，就不会填写对该广告的认知，这样的缺失不会对分析产生影响。

当然也有部分缺失值会对分析结果产生影响。数据缺失不仅造成有用信息的丢失，还会造成数据整体分析的不确定性。比如样本中关键变量的缺失比例比较大，可能会影响分析结果；或者一部分问卷（样本单位）因为缺失部分数据而被剔除，从而造成剔除后的数据分布与总体分布有明显差异，可能使分析有偏。虽然在资料收集过程中，调研人员要提高调查质量，尽量避免不合理的缺失值出现，控制数据质量；但是调查完毕之后，在数据清理阶段，一旦出现缺失值，还是要对缺失数据进行处理的。常用的方法如下。

（1）个案删除。

一个样本单位就是一个个案。如果一个变量有数据缺失的情况，那么其缺失值所对应的样本单位会被从分析的样本中删掉。如果存在数据缺失情况的样本单位数量规模比较大，那么在删除有缺失数据的样本单位后，保留下来的样本单位所构成的样本的分析结果可能存在偏差。因此，这样直接删除样本单位的方法适用于样本规模很大且删除的有缺失数据的样本单位组成的样本与无缺失数据的样本单位组成的样本在分布上无显著差异的情况。个案删除法以减小样本规模来换取分析数据信息的完备性，花费很多时间和经费完成的样本规模被剔除了一定数量，会造成资源的浪费。SPSS、SAS 软件对于缺失值的处理默认了该方法。

（2）缺失值删除。

此方法不删除存在数据缺失情况的样本单位，而是在分析时仅删除该样本单位数据缺失变量的值。在进行量化分析时，所要研究的变量都被完整回答的样本单位纳入计算分析范围，而变量值有缺失的样本单位不被纳入此次分析；如果改变所要研究的变量，那么纳入分析的样本单位和数量与上次分析的样本单位和数量可能是不同的。因此，此方法适用于样本规模较大、缺失数据较少且变量间不高度相关的情况。

（3）采用插补法为缺失值找到替代值。

均值插补法是一种简便快速的缺失数据处理方法。均值插补法对该变量均值的估计不会产生影响，但可能导致对估计量方差的低估。

如果缺失数据是数值型的，那么可以用该变量非缺失数据的平均值来替代该缺失值。为使缺失值的插补更贴近样本单位的实际情况，调研人员还可以利用辅助信息对样本进行分层，然后以分层后的层内均值来代替变量的缺失值，这种方法也被称作分层均值插补法。如果缺失值是非数值型的，那么可以用该变量非缺失数据中取值次数最多的值来替代缺失值。

回归均值插补法是通过建立回归方程对缺失数据进行预测的方法。应用该方法的前提假设是存在缺失值的变量与其他变量之间是线性关系，构建的是线性回归模型，而没有考虑其他非线性关系存在的情况。

除了以上插补法，还有 k 最近邻插补、多重插补、热卡插补等方法，此处不做赘述。

思考题

1. 什么是编码？什么是前编码？什么是后编码？

2. 简述编码的内容。

3. 简述资料的清理方法。

4. 问卷编码练习：(1) 从问卷逻辑结构、题条表达等方面对《新能源汽车的消费者购买态度和行为的调查问卷》进行评价；(2) 对问卷题条进行编码。

新能源汽车的消费者购买态度和行为的调查问卷

朋友：您好！为了了解消费者对于新能源汽车的消费态度和行为，开展此次调查，以期为新能源汽车的生产和营销提供参考。调查采取匿名方式，遵守保密原则，所有信息仅用于分析研究，请您如实填写。如无特殊说明，选择题为单选题，请在选择项前画"√"或按要求填写。

1. 您的性别：

○男

○女

2. 您的婚姻状况：

○已婚

○未婚

3. 您的家庭人口数：

____

4. 您有孩子吗？

○ 0个

○ 1个

○ 2个

○ 3个及以上

5. 您的年龄是多少？

○ 18～24岁

○ 25～34岁

○ 35～44岁

○ 45～54岁

○ 55～64岁

○ 65岁以上

6. 您的受教育程度：

○初中及以下

○高中（中专）毕业

○大学肄业

○大学毕业

○研究生肄业

○研究生毕业

7. 您的职业是什么？

○在校学生

○公司普通职员

○私营业主
○政府工作人员
○教育工作者
○公司管理者
○自由职业者

8. 您家庭的年收入水平为：
○ 10 万元以下
○ 10 万～20 万元
○ 20 万～30 万元
○ 30 万～40 万元
○ 40 万～50 万元
○ 50 万～60 万元
○ 60 万元以上

9. 您是否关注全球气候变暖问题？
○非常关注
○比较关注
○一般关注
○不太关注
○完全不关注

10. 您是否同意“汽车尾气排放导致全球变暖”？
○非常同意
○比较同意
○同意
○不同意
○强烈不同意
○无所谓

11. 您认为自己的生活方式属于以下哪种类型？［矩阵单选题］

	跟我完全相符	跟我比较相符	一般	跟我不太相符	跟我完全不符
前卫型	○	○	○	○	○
领导型	○	○	○	○	○
主流型	○	○	○	○	○
传统型	○	○	○	○	○

12. 您家里有几辆汽车？
○ 0（请跳至第 16 题）
○ 1
○ 2
○ 3
○ 3 辆以上

13. 您购置的汽车中有新能源汽车吗？

○有

○没有（请跳至第 16 题）

14. 您购置新能源汽车的原因是：[排序题，请在中括号内依次填入 1，2，3 等数字]

[ ] 节能

[ ] 环保

[ ] 价格合适

[ ] 上牌容易

[ ] 有购车补贴

[ ] 政府提倡

[ ] 售后服务好

[ ] 维修简单

15. 您购买新能源汽车的价格是：

______________________________万元

16. 您在未来的 2 年内（还）打算购买家用汽车吗？

○是

○否（请跳至问卷末尾，提交答卷）

17. 您会购买新能源汽车吗？

○是

○否（请跳至问卷末尾，提交答卷）

18. 您愿意支付的新能源汽车的价位在：

○ 10 万元以下

○ 10 万～20 万元

○ 20 万～30 万元

○ 30 万元以上

19. 您想购买的新能源汽车的品牌是什么？

○国产品牌

○日系品牌

○欧美品牌

○其他品牌

20. 您打算购买下面哪一种新能源汽车？

○纯电动汽车

○混动汽车

○新型燃料汽车

问卷结束！谢谢您的合作！

第 11 章

描述统计方法

本章内容

描述统计是数据资料分析的基本方法。本章介绍了单变量数据的基础描述指标；介绍了单变量数据集中趋势的度量指标；介绍了单变量数据离散程度的度量指标；介绍了双变量指标的交叉分析方法；并以案例对数据资料描述统计方法进行了演示。

学习目标

掌握定类、定序、定距、定比四类数据描述统计指标选择上的差异化；掌握单变量数据集中趋势和离散程度度量的指标和计算方法；掌握双变量交叉分析方法和相关系数的应用。

市场调研在收集数据之后需要对数据资料进行统计分析，常用的方法主要包括描述统计方法、推断统计方法、方差分析、相关分析、回归分析和预测分析等。本章主要介绍描述统计方法。描述统计方法主要是对调查资料数据分布的基本特征进行总结和反映的方法。在第 6 章中我们介绍了按照数学特性不同而将数据划分为定类、定序、定距、定比四类。下面就围绕这四类数据的集中趋势、离散程度、分布的状态进行描述统计分析。

11.1　单变量数据的基础描述指标

11.1.1　定类数据

定类数据本身是对现象特征分类的数字表达。市场调查中关于消费者性别、产品品牌类型、广告形式等的数字表达，都属于定类数据。关于定类数据的基本描述方法主要是频数、比例、比率等。

（1）频数。

频数（frequency）是指变量分布在各个类别的数据个数，也称作次数。把各个类别的频数分别列出来就是频数分布；用表格的形式列出来就是频数分布表。

（2）比例。

比例（proportion）是指总体中各类别的频数分别占总频数的比重，通常用来反映总体的构成，反映的是部分与总体之间的关系。将计算出的比例乘以 100%，可得百分比。

（3）比率。

比率（ratio）是指总体中各个类别之间的频数比值，反映的是总体中部分与部分之间的关系。比率也可以用来反映同一现象在不同时间或空间上的数量关系。

11.1.2　定序数据

定序数据本身是对现象特征在有序分类基础上的数字表达。定序数据具有定类数据的特点，但是强调分类的前后位置和排列顺序。因此，定类数据描述中的频数、比例、比率等在定序数据描述中都适用，同时，定序数据还可以应用累积频数和累积频数百分比的方式来描述数据，定类数据则不能应用此方法。

（1）累积频数。

累积频数（cumulative frequency）方法是把总体中各类别的频数依顺序逐级累加起来的方法。从类别顺序开始的位置依次向后进行累加，称为向上累积；从类别顺序最后的位置依次向前进行累加，称为向下累积。该方法反映某一类别以上或某一类别以下的频数之和。

（2）累积频数百分比。

累积频数百分比（cumulative percentage）方法是将各类别频数占总频数的百分比逐级累加起来的方法。在计算市场集中度的方法中，经常使用的洛伦兹曲线就是应用累积频数百分比方法绘制累积频数分布图的典型。

11.1.3　定距和定比数据

定距和定比数据的数学特性高于定类和定序数据，用来描述定类和定序数据的方法皆适用于定距和定比数据。为了对定距和定比数据的频数、比例、比率、累积频数等进行描述，必须根据研究需要对数据进行分组。分组的方法可以分为单变量值分组和组距分组两种。

（1）单变量值分组。

单变量值分组是把每一个变量值单独作为一组。一个数值即是一组，变量值相同的，视为一组；相同变量值的个数，即是这个变量值的频数。这样的分组方法仅适用于变量是离散变量且变量值和数据都比较少的情况。如果数据比较多，单变量值分组就比较多，很难观察出数据分布的特征，特别是对于连续变量，这样的分组意义不大且不可行，适宜采用组距分组的方法。

（2）组距分组。

组距分组是将全部变量值划分为若干区间，每一个区间的变量值即为一组的分组方法。该方法适用于连续变量或变量值比较多的情况。在组距分组中，每一组的最小值称为下限（lower limit），每一组的最大值称为上限（upper limit）。组距分组需要确定组数、组距和组限等。

● 分组步骤。

一是确定组数。组数的确定是为了观察数据分布特征的需要。组数的确定既要参考已有经验，也要结合数据的特点和多少。

在实际分组时，可以按斯特奇斯（Sturges）提出的经验公式来确定组数 K，作为确定组数的参考。①

$$K = 1 + \frac{\lg n}{\lg 2}$$

其中，n 为数据的个数；组数 K 采用四舍五入的方法取整数。

二是确定组距。组距（class width）可以根据全部数据的最大值、最小值，以及所划分的组数来确定。

组距 =（最大值 − 最小值）÷ 组数

分组之后的第一组的下限应该低于变量最小值；分组之后的最后一组的上限应该大于变量最大值。

在进行组距分组时，一定要遵循“不重不漏”的原则，既不能有数据被漏掉，也不能有重复出现的数据。为此，在统计分组时，为了避免重复，按照惯例“上组限不在内”原则，当相邻两组的上限和下限重叠时，与上限值和下限值相同的数据，要自动归入下限值所在的组内。如果数据是离散的，那么数据本身就是间断的，分组时相邻两组的组限可以采用间断、不重复的方法解决问题；如果数据是连续的，那么分组时相邻两组的组限可以相同、重叠，此时可以遵照“上组限不在内”原则解决可能产生的重复问题。

● 不等距分组。

在进行组距分组时，如果因为特殊原因或研究需要，每组的组距不等，那么这样的分组称作不等距分组。不等距分组的组距差异比较大，各组的绝对频数分布情况不能反映频数分布的实际情况，为此，需要计算频数密度（frequency density）来消除组距不同对频数分布的影响。

频数密度 = 频数 ÷ 组距

● 等距分组。

在进行组距分组时，如果各组的组距相等，那么则称作等距分组。等距分组的各组频数分布不受组距大小的影响，与用来消除组距影响的频数密度的分布是一致的，因此可以直接用每组的绝对频数来观察频数分布的特征和规律。

● 组中值。

组距分组只是对数据的整体情况进行了描述，但是对于组内数据的分布状况没有反映，为此可以采用组中值（class midpoint）作为各个分组数据的代表值。

---

① 贾俊平，何晓群，金勇进．统计学．5版．北京：中国人民大学出版社，2000：36.

封闭式组距数列：

$$组中值=\frac{下限+上限}{2}$$

开放式组距数列：

$$缺下限的组中值=开放组上限-\frac{相邻组的组距}{2}$$

$$缺上限的组中值=开放组下限+\frac{相邻组的组距}{2}$$

组中值的代表性假设要求各组数据在本组内呈均匀分布或在组中值两侧呈对称分布；如果实际数据的分布不符合这一假设条件，那么用组中值代表一组数据的代表值就会有一定的误差。

11.2　单变量数据集中趋势的度量指标

经过对数据的基本描述，我们对调查数据整体情况有了一个大概的了解和认识，但是这些认识还不够深入，需要找到更具有代表性的统计量来描述数据分布的特征和规律。集中趋势分析是一种方法。

集中趋势（central tendency）是指一组数据向某一中心值靠拢的程度，寻找一组数据中心点的位置是度量集中趋势的关键。

下面仍然按照数据类型，分别介绍其集中趋势的度量方法。要注意的是，数学特性低的数据的集中趋势度量方法适用于数学特性高的数据；但是反过来，数学特性高的数据的集中趋势度量方法并不适用于数学特性低的数据。

11.2.1　众数

众数（mode）是指一组数据中出现次数最多的变量值，可以用M_o表示。众数适用于对所有数据的集中趋势进行度量，特别适用于定性数据的集中趋势度量。

一组数据可能有一个或几个众数。当出现一个众数的时候，代表一组数据中只有这一个变量值的频数最高；如果一组数据出现了两个众数，那么该数据分布称作“双峰分布”；如果一组数据出现了三个众数，则称作“三峰分布”。如果一组数据没有明显的集中趋势，那么也可能不存在众数。

11.2.2　中位数和分位数

除了众数，中位数和分位数可以用来度量定序数据、定距数据和定比数据的集中趋势，但是不能用来度量定类数据的集中趋势。

(1) 中位数。

中位数（median）是指按某一标志量将一组数据从小到大排序后处于中间位置的变量值，可以用M_e表示。中位数是一个位置的代表值。

● 根据未分组数据确定中位数。

步骤如下：

①对数据进行排序。假设某一变量的一组数据值分别为x_1，x_2，…，x_n，按从小到大排序为$x_{(1)}$，$x_{(2)}$，…，$x_{(n)}$。式中的 n 为数据个数。

②确定中位数的位置。

$$中位数的位置=\frac{n+1}{2}$$

③确定中位数的值。

当 n 为奇数时，

$$M_e = x_{(\frac{n+1}{2})}$$

当 n 为偶数时，

$$M_e = \frac{1}{2}\{x_{(\frac{n}{2})} + x_{(\frac{n}{2}+1)}\}$$

其中，$x_{(\frac{n+1}{2})}$是数据序列$\frac{n+1}{2}$位置上的变量值；$x_{(\frac{n}{2})}$是数据序列$\frac{n}{2}$位置上的变量值；$x_{(\frac{n}{2}+1)}$是数据序列$\frac{n}{2}+1$位置上的变量值。

● 根据分组数据确定中位数。

步骤如下：

①确定中位数的位置。

$$中位数的位置=\frac{n}{2}$$

②确定中位数所在的组。在向上累积的频数分布中找到“中位数的位置”所在的组，这就是中位数组。

③确定中位数的值。由于中位数组是一个区间，可用如下公式计算中位数的近似值：

$$M_e \doteq L + \frac{\frac{n}{2} - f_{m-1}}{f_m} \times d$$

其中，n 为数据个数（总频数）；L 是中位数所在组的下限值；$\frac{n}{2}$为中位数的位置；f_m为中位数所在组的频数；f_{m-1}为中位数所在组之前各组的累积频数；d 为中位数所在组的组距。

中位数的大小不受极大值和极小值的影响，作为一个位置代表值，具有稳健性的特点。

（2）四分位数。

中位数将全部数据从中间点分为两部分。同理，我们可以将数据分成四部分、十部分，形成四分位数、十分位数。常用的四分位数（quartile）是通过三个点将全部数据分为四部分，每部分包括25%的数据，处在分位点上的数值就是四分位数。第一个四分位数称为下四分位数；第二个四分位数，也就是中间四分位数，就是中位数；第三个四分位数称为上四分位数。

计算四分位数的方法与计算中位数的方法类似。

● 根据未分组数据确定四分位数。

步骤如下：

①对数据进行排序。

②确定四分位数的位置。

$$下四分位数Q_L的位置=\frac{n+1}{4}$$

$$中间四分位数Q_M的位置=\frac{2(n+1)}{4}=\frac{n+1}{2}$$

$$上四分位数Q_U的位置=\frac{3(n+1)}{4}$$

其中，n 为数据个数；Q_L为下四分位数；Q_M为中间四分位数；Q_U为上四分位数。

③确定四分位数的值。

当四分位数的位置在某一个具体数值上时，这个值就是分位数值；

当四分位数的位置不在某一个具体数值上时，需要按照四分位数的位置，按比例分摊四分位数位置两侧数值的差值。

● 根据分组数据确定四分位数。

步骤如下：

①确定下分位数Q_L和上分位数Q_U的位置。

②确定下分位数Q_L和上分位数Q_U所在的组。

$$下四分位数Q_L的位置=\frac{n}{4}$$

$$中间四分位数Q_M的位置=\frac{2n}{4}=\frac{n}{2}$$

$$上四分位数Q_U的位置=\frac{3n}{4}$$

在向上累积的频数分布中找到“四分位数的位置”所在的组，这就是四分位数所在的组。

③确定四分位数的值。

仿照中位数的近似值计算公式，可得计算下四分位数和上四分位数近似值的公式如下：

$$Q_L \doteq L_L+\frac{\frac{n}{4}-f_{L-1}}{f_L}\times d_L$$

其中，n 为数据个数（总频数）；L_L是下四分位数Q_L所在组的下限；$\frac{n}{4}$为下四分位数Q_L的位置；f_L为下四分位数Q_L所在组的频数；f_{L-1}为下四分位数Q_L所在组之前各组的累积频数；d_L为下四分位数Q_L所在组的组距。

$$Q_U \doteq L_U+\frac{\frac{3n}{4}-f_{U-1}}{f_U}\times d_U$$

其中，n 为数据个数（总频数）；L_U是上四分位数Q_U所在组的下限；$\frac{3n}{4}$为上四分位数Q_U的位置；f_U为上四分位数Q_U所在组的频数；f_{U-1}为上四分位数Q_U所在组之前各组的累积频数；d_U为上四分位数Q_U所在组的组距。

11.2.3 均值

均值（mean）是指算数平均数（arithmetic mean），是全部数据加总后除以数据个数而得到的值。均值在统计学中具有重要地位，是数据集中趋势的最主要度量指标。

算数平均数的计算方法主要适用于数学特性强的定距数据和定比数据，不适用于定类数据和定序数据。

（1）未分组数据的算数平均数的计算方法。

假设某一变量的一组数据值分别为x_1，x_2，…，x_n，数据的个数为 n 个，算数平均数（均值）用$\overline{x}$（读作 x - bar）表示，计算公式为：

$$\overline{x}=\frac{x_1+x_2+\cdots+x_n}{n}=\frac{\sum_{i=1}^{n}x_i}{n}=\frac{\sum x}{n}$$

该公式计算出的算数平均数被称为简单算数平均数。

（2）分组数据的算数平均数的计算方法。

假设某一变量的一组数据值被分成了 k 组，各组的变量值（或组距式分组的组中值）分别为x_1，x_2，…，x_k，各组变量值出现的频数分别用f_1，f_2，…，f_k表示①，则均值的计算公式为：

$$\overline{x}=\frac{x_1f_1+x_2f_2+\cdots+x_kf_k}{f_1+f_2+\cdots+f_k}=\frac{\sum_{i=1}^{k}x_if_i}{\sum_{i=1}^{k}f_i}=\frac{\sum xf}{\sum f}$$

该公式计算出的算数平均数被称为加权算数平均数。

除了算数平均数，平均数还有调和平均数（harmonic mean）和几何平均数（geometric mean）两种形式，本质上这两种平均数都是算数平均数的变形。但是调和平均数和几何平均数只适用于定比数据，不适用于定距数据。

11.2.4 众数、中位数和均值的关系

众数、中位数和均值是集中趋势的主要度量指标，具有不同的特点和适用性。

对于具有单峰分布的数据而言，众数M_o是一组数据中频数最多的变量值，一定位于数据单峰分布中的最高峰；中位数M_e是处于一组数据中间位置上的值；均值$\overline{x}$则是全部数据的算数平均值。

根据数据分布的特征，众数、中位数和平均数的关系见图 11.1。

如果数据分布是对称的，那么众数、中位数、均值三者相等，即$\overline{x}=M_o=M_e$；

① 卢冶飞，孙忠宝．应用统计学．4 版．北京：清华大学出版社，2019：78.

如果数据分布是左偏的，说明数据存在极小值，拉动均值向极小值方面靠拢，众数、中位数是位置代表值，不受极值的影响，那么三者的关系是：$\bar{x}<M_e<M_o$；

如果数据分布是右偏的，说明数据存在极大值，拉动均值向极大值方面靠拢，众数、中位数是位置代表值，不受极值的影响，那么三者的关系是：$M_o<M_e<\bar{x}$。

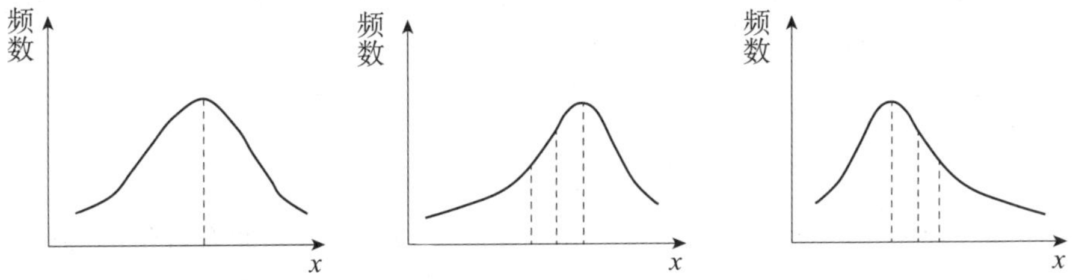

$\bar{x}=M_o=M_e$　　$\bar{x}<M_e<M_o$　　$M_o<M_e<\bar{x}$

(a) 对称分布　　(b) 左偏分布　　(c) 右偏分布

图 11.1　众数、中位数和均值的关系图

众数是位置代表值，其特点是不受极端值的影响，但是众数不唯一。虽然所有类型的数据都可以计算众数，但是众数最适用于定类数据的集中趋势度量。

中位数也是位置代表值，其特点是不受极端值的影响，当一组数据的分布偏斜程度较大时，使用中位数比较合适。中位数最适用于定序数据的集中趋势度量。分位数与中位数类似。

均值是所有数据的平均数，利用了全部数据信息，因此，均值的计算容易受到数据极端值的影响，对于偏态分布的数据，均值的代表性较差。均值最适用于定距和定比数值型数据的集中趋势度量。

综上来看，不同类型数据的集中趋势度量需要采用恰当的度量指标（见表 11.1）。

表 11.1　数据类型和集中趋势度量指标的选择

	定类数据	定序数据	定距数据	定比数据
数学特性	类别区分（=，≠）	次序区分（>，<）	距离区分（+，−）	比例区分（×，÷）
市场调查指标举例	性别、品牌	满意度、市场地位	年龄、态度值	收入、成本、销量
集中趋势度量方法	— — — — — * 众数、比例、频数	— — — * 中位数 分位数 众数、比例、频数	* 均值 — — 中位数 分位数 众数、比例、频数	* 均值 调和平均数 几何平均数 中位数 分位数 众数、比例、频数

注：* 标识表示该类型数据最适合使用的集中趋势度量方法。

11.3　单变量数据离散程度的度量指标

集中趋势用来反映一组数据的各个变量值向其中心值聚集的程度。均值作为集中趋势的代表值之一，其代表性的优劣取决于离散程度的大小。

离散程度（dispersion tendency）是指一组数据的各个变量值远离其中心值（均值）的程度，是考察数据分散程度的度量方法。一组数据的离散程度越大，其均值的代表性就越差；一组数据的离散程度越小，其均值的代表性就越好。

依据数据类型的不同，比较常用的离散程度度量指标有异众比率、四分位差、平均差、方差、标准差和离散系数等。

11.3.1 异众比率

异众比率（variation ratio）又称作离异比率或变差比，是指非众数组的频数占总频数的比率。计算公式为：

$$V_R = \frac{\sum f - f_m}{\sum f} = 1 - \frac{f_m}{\sum f}$$

其中，V_R为异众比率；$\sum f$ 为一组数据变量值的总频数；f_m为众数所在组的频数。

异众比率越大，说明非众数组的频数占总频数的比重越大，众数的代表性就越差。

异众比率越小，说明非众数组的频数占总频数的比重越小，众数的代表性就越好。

异众比率指标适用于定类数据的离散程度的度量，当然也适用于定序、定距和定比数据的离散程度的度量。

11.3.2 四分位差

四分位差（quartile deviation）也称为内距或四分间距，即上四分位数减去下四分位数的差值，用Q_D表示。计算公式为：

$$Q_D = Q_U - Q_L$$

四分位差反映了排序之后的一组数据中间 50%数据的离散程度。

四分位差的数值越小，说明中间数据越集中。

四分位差的数值越大，说明中间数据越分散。

四分位差的特点是不受极端值的影响，而且数据的中间位置恰巧也是中位数所处的位置，因此，四分位差的大小也一定程度上能够说明中位数对一组数据的代表性。

四分位差主要适用于对定序数据的离散程度的测量，当然也适用于对定距、定比数据的测量，但是不适用于对定类数据的测量。

11.3.3 方差和标准差

方差和标准差是最广泛使用的离散程度度量指标。

方差（variance）是一组数据中变量各个值与其均值的离差平方值的平均数。

标准差（standard deviation）是方差的平方根。

（1）总体方差和标准差。

假设总体方差为σ^2，标准差为σ，总体均值为$\overline{X}$，总体单位数（总体总频数）为N。

● 未分组数据的总体方差和标准差。

计算公式为：

$$\sigma^2=\frac{\sum_{i=1}^{N}(X_i-\overline{X})^2}{N}$$

$$\sigma=\sqrt{\frac{\sum_{i=1}^{N}(X_i-\overline{X})^2}{N}}$$

● 组距分组数据的总体方差和标准差。

计算公式为：

$$\sigma^2=\frac{\sum_{i=1}^{k}(X_i-\overline{X})^2F_i}{\sum_{i=1}^{k}F_i}$$

$$\sigma=\sqrt{\frac{\sum_{i=1}^{k}(X_i-\overline{X})^2F_i}{\sum_{i=1}^{k}F_i}}$$

其中，k 为组数，F_i 为每组频数。

与方差不同的是，经过开平方获得的标准差具有与变量值相同的计量单位（量纲），因此其实际意义比方差更清楚，在对实际问题的分析中使用更方便。

（2）样本方差和标准差。

假设样本方差为s^2；样本标准差为 s；样本均值为$\overline{x}$；样本单位数为 n；样本方差的自由度为 $n-1$。

● 未分组数据的样本方差和标准差。

计算公式为：

$$s^2=\frac{\sum_{i=1}^{n}(x_i-\overline{x})^2}{n-1}$$

$$s=\sqrt{\frac{\sum_{i=1}^{n}(x_i-\overline{x})^2}{n-1}}$$

● 组距分组数据的样本方差和标准差。

计算公式为：

$$s^2=\frac{\sum_{i=1}^{k}(x_i-\overline{x})^2f_i}{\sum_{i=1}^{k}f_i-1}$$

$$s=\sqrt{\frac{\sum_{i=1}^{k}(x_i-\overline{x})^2 f_i}{\sum_{i=1}^{k}f_i-1}}$$

其中，k 为组数；f_i 为样本中的每组频数。

11.3.4 离散系数

离散系数（coefficient of variation），又称变异系数，使用比较多的离散系数是标准差系数，是利用一组数据的标准差与其相应的均值对比而获得的系数。可以用 V 表示。

离散系数的计算公式为：

$$V_\sigma=\frac{\sigma}{\overline{X}}$$

$$V_s=\frac{s}{\overline{x}}$$

离散系数的特点是可以消除标准差、方差等离散程度度量指标的量纲，其作用是可以比较不同总体或样本数据的离散程度。离散系数大的，说明变量数据的离散程度大；离散系数小的，说明变量数据的离散程度小。

总体来看，不同类型的数据适宜采用的离散程度度量方法也不相同，调研人员要根据所收集的数据采用恰当的度量方法（见表 11.2）。

定类数据适合采用异众比率度量离散程度；定序数据可以采用异众比率来度量离散程度，但是更适合采用四分位差度量方法；定距数据和定比数据最适合采用方差和标准差来度量离散程度，离散系数则最适合用于比较不同总体或样本数据的离散程度。

表 11.2 数据类型和离散程度度量指标的选择

	定类数据	定序数据	定距数据	定比数据
数学特性	类别区分（=，≠）	次序区分（>，<）	距离区分（+，－）	比例区分（×，÷）
市场调查指标举例	性别、品牌	满意度、市场地位	年龄、态度值	收入、成本、销量
离散程度度量方法	— — — * 异众比率	— — * 四分位差 异众比率	* 方差和标准差 * 离散系数 四分位差 异众比率	* 方差和标准差 * 离散系数 四分位差 异众比率

注：* 标识表示该类型数据最适合使用的离散程度度量方法。

11.4 数据分布形态的描述

集中趋势和离散程度是数据分布的最基本、最重要特征。但除此之外，数据还有形态分布的特征，偏态和峰度就是描述数据分布形态的度量指标。

11.4.1　偏态及其度量

偏态（skewness）是对数据分布的偏斜方向和程度的度量。虽然利用众数、中位数和均值的关系可以判断数据分布是对称的，还是左偏或是右偏的，但是要精确判断数据分布不对称的方向和程度，计算偏度系数更为有效。

偏度系数的计算公式为：

不分组数据：

$$\alpha_3=\frac{\sum_{i=1}^{n}(x_i-\overline{x})^3}{n\cdot\sigma^3}$$

组距分组数据：

$$\alpha_3=\frac{\sum_{i=1}^{k}(x_i-\overline{x})^3 f_i}{\sum_{i=1}^{k}f_i\cdot\sigma^3}$$

其中，α_3为偏度系数；σ^3为标准差的三次方；k 为组数；f_i 为每组频数。

当分布对称时，离差三次方后的正负值相互抵消，公式中的分子等于 0，则 $\alpha_3=0$。

当分布不对称时，分子上的正负值不能相互抵消。当 $\alpha_3>0$ 时，表示正偏离值比较大，可以判断一组数据的分布呈右偏或正偏状态；当 $\alpha_3<0$ 时，表示负偏离值比较大，可以判断一组数据的分布呈左偏或负偏状态。总结为：

$$\alpha_3\begin{cases}>0\text{，分布为右偏分布}\\=0\text{，分布为对称分布}\\<0\text{，分布为左偏分布}\end{cases}$$

偏度系数 α_3的值没有一定的分界线，一般当$|\alpha_3|>2$ 时，就表明数据偏斜程度很大了。

11.4.2　峰度及其度量

峰度（kurtosis）是指数据分布图形与正态分布相比较的尖峭程度。如果数据分布图形比正态分布更高、更瘦，则称作尖峰分布；如果数据分布图形比正态分布更矮、更胖，则称作平峰分布。

判断峰度程度可以用峰度系数指标来度量。峰度系数的计算公式为：

不分组数据：

$$\alpha_4=\frac{\sum_{i=1}^{n}(x_i-\overline{x})^4}{n\cdot\sigma^4}$$

组距分组数据：

$$\alpha_4=\frac{\sum_{i=1}^{k}(x_i-\overline{x})^4 f_i}{\sum_{i=1}^{k}f_i\cdot\sigma^4}$$

其中，α_4为峰度系数；σ^4为标准差的四次方；k为组数；f_i为每组频数。

正态分布的峰度指标为常数3。因此，与正态分布的峰度相比较，当$\alpha_4>3$时，数据分布的图形为尖峰分布；当$\alpha_4<3$时，数据分布的图形为平峰分布。总结为：

$$\alpha_3\begin{cases}>3\text{，分布为尖峰分布}\\=3\text{，分布为正态分布}\\<3\text{，分布为平峰分布}\end{cases}$$

11.5 案例：单变量数据的描述统计

案例所用数据来自城市消费者新能源汽车购买意愿的调查数据。该数据仅用于学习使用，不代表真实的市场情况。数据可从 www. crup. com. cn 下载，文件名为“ch11 data”。

11.5.1 定类数据的描述统计

在城市消费者新能源汽车购买意愿的调查问卷中，购买意愿被分成了“有购买意愿”和“无购买意愿”两类，这是典型的二分类变量，变量数据是定类数据。基于这一变量的调查数据，可以进行频数、众数、异众比率的描述统计。

（1）频数。

关于消费者新能源汽车购买意愿的二分类数据的频数统计见表11.3。

表11.3 城市消费者新能源汽车购买意愿的频数统计

购买意愿	频率（人）	比例	百分比（%）
无	128	0.538	53.8
有	110	0.462	46.2
总计	238	1	100.0

（2）众数。

众数是定类数据的唯一的集中趋势描述指标。

根据频数分布表11.3可以看出，“无购买意愿”是消费者购买新能源汽车意愿的众数。

（3）异众比率。

异众比率是非众数组的频数占总频数的比率。根据表11.3可知，非众数组是“有购买意愿”，异众比率为46.2%。这个异众比率的值比较大，说明用“无购买意愿”来反映城市消费者对新能源汽车的购买意愿的一般趋势，代表性比较差。

11.5.2 定序数据的描述统计

在城市消费者新能源汽车购买意愿的调查问卷中，消费者对气候变化的关注度被分成了“完全不关注”“比较不关注”“一般关注”“比较关注”“非常关注”五个层次，这五个层次代表了消费者对气候变化关注度的不同，这是一个定序变量，变量的赋值依次为“1”“2”“3”“4”“5”。有序数据的变量可以进行频数、众数、中位数、四分位数、四分位差的描述统计。

（1）频数。

关于消费者对气候变化关注度的频数统计见表 11.4。

表 11.4 消费者对气候变化关注度的频数统计

关注程度	频率（人）	百分比（%）	向上累积频数（人）	累积百分比（%）
完全不关注	28	11.8	28	11.8
比较不关注	44	18.4	72	30.2
一般关注	62	26.1	134	56.3
比较关注	58	24.4	192	80.7
非常关注	46	19.3	238	100.0
总计	238	100		

（2）众数。

根据表 11.4 的数据可知，出现次数最多的“一般关注”是消费者对气候变化关注度的众数。

（3）中位数。

消费者对气候变化的关注度本身是一个定序数据，5 个选项就是变量值，且是排序的，数据个数 n 为 238，是偶数。根据未分组数据的中位数计算方法，对 238 个数据从小到大进行排列。计算中位数的位置为 $\frac{238+1}{2}=119.5$，即表示中位数位置落在第 119 个数和第 120 个数之间，计算可得中位数值是 3，是“一般关注”的值。因此，中位数是“一般关注”。另外，根据表 11.4 中的向上累积频数分布可知，中位数的位置 119.5 也落在“一般关注”这一类中，也证明了中位数是“一般关注”。

（4）四分位数。

仍以消费者对气候变化的关注度为例，四分位数的确定步骤如下：

对数据进行排序，确定四分位数的位置和值。下四分位数 Q_L 的位置 $=\frac{238+1}{4}=59.75$。表示下四分位数的位置落在第 59 个数和第 60 个数之间，计算可得中位数值是 2，是“比较不关注”的值。因此，下四分位数等于“比较不关注”。另外，根据表 11.4 中的向上累积频数分布可知，下四分位数的位置 59.75 也落在“比较不关注”这一类中，也证明了下四分位数等于“比较不关注”。

中间四分位数 Q_M 的位置 $=\frac{2\times(238+1)}{4}=119.5$。同理，中间四分位数 $Q_M=$ “一般关注”，其值为 3。

上四分位数 Q_U 的位置 $=\frac{3\times(238+1)}{4}=179.25$。同理，上四分位数 $Q_U=$ “比较关注”，其值为 4。

（5）四分位差。

利用上述计算的上四分位数 Q_U 与下四分位数 Q_L，可以计算二者之差 $Q_D=4-2=2$。这说明，中位数（一般关注）两侧共有 50% 的消费者对气候变化的关注度介于“比较不关注”和“比较关注”之间。

11.5.3 定距和定比数据的描述统计

以城市消费者新能源汽车购买意愿的调查数据为例。“消费者家庭年总收入”变量收集的是连续的数值型数据，属于定距和定比数据类型。样本变量可以采用分组、均值、方差、标准差等多个指标进行描述统计。

(1) 分组。

对于“消费者家庭年总收入”连续变量，可以采取分组的方法进行描述。

● 等距分组。

首先，确定组数。

$$K=1+\frac{\lg 238}{\lg 2}\approx 9\ (组)$$

其次，确定组距。

组距＝(500 000－50 000)÷9＝5（万元）

最后，进行分组。分组结果见表 11.5。

表 11.5 家庭年总收入等距分组的频数分布和组中值

家庭年总收入分组	组中值（万元）	频数（人）	百分比（%）	向上累积频数（人）	累积百分比（%）
5 万～10 万元	7.5	29	12.2	29	12.2
10 万～15 万元	12.5	71	29.8	100	42.0
15 万～20 万元	17.5	48	20.2	148	62.2
20 万～25 万元	22.5	35	14.7	183	76.9
25 万～30 万元	27.5	21	8.8	204	85.7
30 万～35 万元	32.5	15	6.3	219	92.0
35 万～40 万元	37.5	9	3.8	228	95.8
40 万～45 万元	42.5	6	2.5	234	98.3
45 万～50 万元	47.5	4	1.7	238	100.0
总计		238	100		

等距分组的特点是：各组频数的多少不受组距大小的影响，不需要消除组距对频数分布的影响，可以直接通过各组的频数来观察频数分布的特征。但组距分组掩盖了各组内的数据分布情况。为了反映各组数据的一般水平，可以通过计算组中值作为各组的一个代表值。表 11.5 中列出了组中值的大小。

除了采用表格的形式对数据进行描述，还可以采用图形对数据进行展示。比如，关于家庭年总收入分组数据的描述，可以采用图 11.2 中直方图和折线图的形式来表示。

● 不等距分组。

根据表 11.5 展示的分组结果可以发现，等距分组的结果是高收入组的频数较少，频数在各组间的分布不均衡。虽然这样的分组并不影响对数据的基本了解，但是对于进一步

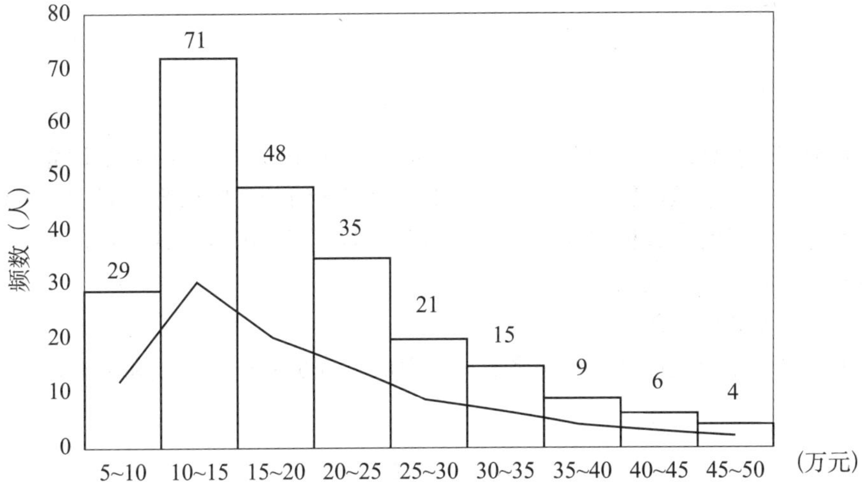

图 11.2　城市消费者家庭年总收入分组的直方图和折线图

量化分析的需要，特别是对于判断低收入组消费者对新能源汽车的购买意愿的影响，表 11.5 的分组不利于进一步的分析。

另外，基于对数据的基本了解可以发现，全部数据中最大值和最小值与其他数据相差比较大，为了避免出现空白组或者数据被漏掉的情况，可以考虑设置第一组和最后一组为开口组。

为了简化分组，下面采用不等距分组的方法，对家庭年总收入进行分组，结果见表 11.6。

表 11.6　家庭年总收入不等距分组的频数分布表

收入分组	频数（人）	百分比（%）	向上累积频数（人）	累积百分比（%）
10 万元以下	29	12.2	29	12.2
10 万～15 万元	71	29.8	100	42.0
15 万～25 万元	83	34.9	183	76.9
25 万～40 万元	45	18.9	228	95.8
40 万元以上	10	4.2	238	100.0
总计	238	100		

注：根据“上组限不在内”原则解决数据重复的问题。

不等距分组的特点是：各组频数的多少受组距大小的影响，各组频数的多少不能反映频数分布的实际情况，需要消除组距不同对频数分布的影响。

（2）样本均值。

根据未分组原始数据计算的消费者家庭年总收入变量的均值为：

$$\bar{x} = \frac{\sum_{i=1}^{238} x_i}{238} = 193\,030(\text{元})$$

根据表 11.5 的分组数据，可知家庭年总收入的数据被分成了 9 组，根据各组的组中值和频数，可得消费者家庭年总收入变量的均值为：

$$\bar{x}=\frac{\sum_{i=1}^{9}x_i f_i}{\sum_{i=1}^{9}f_i}=192\ 437\text{（元）}$$

根据原始数据计算的均值193 030元肯定是一个准确的数，分组数据计算的均值与之相差593元，这个误差是比较小的。使用组中值代表各组的实际数据需要假定各组数据在组内分布均匀，如果实际数据与这一假定相吻合，那么用分组数据计算均值的结果相对是比较准确的，否则会存在较大的误差。

（3）样本方差和标准差。

根据未分组原始数据计算的消费者家庭年总收入变量的样本方差和标准差为：

$$s^2=\frac{\sum_{i=1}^{238}(x_i-\bar{x})^2}{238-1}=9\ 412\ 278\ 567\text{（元）}$$

$$s=\sqrt{\frac{\sum_{i=1}^{238}(x_i-\bar{x})^2}{238-1}}=\sqrt{9\ 412\ 278\ 567}=97\ 016.89\text{（元）}$$

根据分组数据计算的消费者家庭年总收入变量的样本方差和标准差为：

$$s^2=\frac{\sum_{i=1}^{9}(x_i-\bar{x})^2 f_i}{\sum_{i=1}^{9}f_i-1}=8\ 966\ 820\ 906\text{（元）}$$

$$s=\sqrt{\frac{\sum_{i=1}^{9}(x_i-\bar{x})^2 f_i}{\sum_{i=1}^{9}f_i-1}}=\sqrt{8\ 966\ 820\ 906}=94\ 693.30\text{（元）}$$

（4）离散系数。

按照样本未分组原始数据计算的消费者家庭年总收入变量的离散系数为：

$$V_s=\frac{s}{\bar{x}}=\frac{97\ 016.89}{193\ 030}=0.503$$

离散系数说明了单样本数据的家庭年总收入数据的离散程度。如果是不同样本数据，那么可以通过离散系数来比较不同样本数据的质量。

11.6 双变量数据的描述统计

11.6.1 双变量交叉列表

双变量交叉列表，也称为列联表、交互分析表，常用来对双变量和多变量的关系进行分析。交叉列表是由行和列组成的，行与列交叉的部分被称作“交叉列表单元格”。一般来讲，交叉列表中的“行”指标用来表示“因变量 Y”，“列”指标用来表示“自变量 X”。

下面仍以城市消费者新能源汽车购买意愿的调查数据为例，用消费者新能源汽车的购买意愿变量（will）和对气候变化的关注度变量（cc）构建交叉列表，并进行交叉分析，判断两个变量之间的关系。①

（1）频数交叉列表。

表 11.7 是两个变量数据的频数交叉列表，反映了消费者新能源汽车的购买意愿和对气候变化的关注度两个变量的交互信息，构成了一个 2 行、5 列的列联表，也记作 2×5 列联表。在表 11.7 中，“行合计”，也称作“行边缘频数”，由行数据加总而得的，如“无购买意愿”的消费者为 128 人，“有购买意愿”的消费者为 110 人；“列合计”，也称作“列边缘频数”，是由各列的数据汇总而得的，如表格中的 28 人、44 人、62 人、58 人、46 人；“总合计”是行合计或列合计的频数之和，如表中的 238 人。这样，列联表所表现的就是在变量 X 条件下变量 Y 的分布，或者在变量 Y 条件下变量 X 的分布，因此，列联表中的观察值分布称为条件分布，每个具体的观察值就是条件频数，如表中的 15 人、24 人、33 人、26 人、30 人、13 人、20 人、29 人、32 人、16 人就是条件频数。

表 11.7　消费者新能源汽车的购买意愿与对气候变化关注度的频数交叉列表　单位：人

		对气候变化的关注度					
		完全不关注	比较不关注	一般关注	比较关注	非常关注	行合计
购买意愿	无	15	24	33	26	30	128
	有	13	20	29	32	16	110
列总计		28	44	62	58	46	238

通过表 11.7 可以看到，消费者新能源汽车的购买意愿在不同的消费者对气候变化关注度分组下的频数分布是不同的。例如，对气候变化“完全不关注”的消费者有新能源汽车购买意愿的为 13 人，“一般关注”的消费者有购买意愿的为 29 人，“非常关注”的消费者有购买意愿的为 16 人。如上的条件频数统计数据反映了数据的分布，但是，是否就可以说对气候变化“一般关注”的消费者就比“完全不关注”或者“非常关注”的消费者更愿意购买新能源汽车呢？显然对气候变化关注度的每一个分组下的消费者基数不同，通过频数进行直接比较的结论不可靠，计算包含百分比的列联表可以提供更多的信息。

（2）百分比交叉列表。

按照百分比计算方式不同，百分比交叉列表可以分成三类：原始百分比交叉列表、列百分比交叉列表和行百分比交叉列表。②

表 11.8 将表 11.7 的条件频数分布表转化为原始百分比交叉列表。原始百分比交叉列表展示的是交叉列表单元格中的原始条件频数占总合计的百分比。

---

① 贾俊平，何晓群，金勇进．统计学．5 版．北京：中国人民大学出版社，2000：208－211.

② 阿尔文·伯恩斯，罗纳德·布什．营销调研．10 版．于洪彦，金钰，译．北京：中国人民大学出版社，2015：328－320.

表 11.8　消费者新能源汽车的购买意愿与对气候变化关注度的原始百分比交叉列表

		对气候变化的关注度					
		完全不关注	比较不关注	一般关注	比较关注	非常关注	行合计
购买意愿	无	6.3%	10.1%	13.9%	10.9%	12.6%	53.8%
	有	5.5%	8.4%	12.2%	13.4%	6.7%	46.2%
列总计		11.8%	18.5%	26.1%	24.4%	19.3%	100.0%

表 11.9 是将表 11.7 的条件频数分布表转化为列百分比交叉列表。列百分比交叉列表展示的是交叉列表单元格中的原始条件频数占列合计的百分比。

表 11.9　消费者新能源汽车的购买意愿与对气候变化关注度的列百分比交叉列表

		对气候变化的关注度					
		完全不关注	比较不关注	一般关注	比较关注	非常关注	行合计
购买意愿	无	53.6%	54.5%	53.2%	44.8%	65.2%	53.8%
	有	46.4%	45.5%	46.8%	55.2%	34.8%	46.2%
列总计		100.0%	100.0%	100.0%	100.0%	100.0%	100.0%

表 11.10 将表 11.7 的条件频数分布表转化为行百分比交叉列表。行百分比交叉列表展示的是交叉列表单元格中的原始条件频数占行合计的百分比。

表 11.10　消费者新能源汽车的购买意愿与对气候变化关注度的行百分比交叉列表

		对气候变化的关注度					
		完全不关注	比较不关注	一般关注	比较关注	非常关注	行合计
购买意愿	无	11.7%	18.8%	25.8%	20.3%	23.4%	100.0%
	有	11.8%	18.2%	26.4%	29.1%	14.5%	100.0%
列总计		11.8%	18.5%	26.1%	24.4%	19.3%	100.0%

11.6.2　相关测量

以上的双变量交叉表是对两个变量数据的交互频数进行描述，根据交叉表，我们可以做一些可能的推断，但是对于变量间是否存在相关关系，还需要进一步进行相关测量，用一个统计值来表示变量和变量间的关系，这个值通常称为相关系数。

相关系数的测量方法比较多，主要的选择准则包括：一是考虑变量数据的测量类型，根据数据的数学特性来确定变量类型。二是考虑两个变量的影响方向，当两个变量是纯粹的独立变量，不分自变量和因变量时，那么这两个变量之间是对称关系；当两个变量划分自变量和因变量时，那么这两个变量之间是不对称关系。三是考虑统计值的意义。

根据定类、定序和定距数据的特点，主要考虑以下几种统计量（见表 11.11）[①]：

表 11.11　双变量的数据类型与统计量

变量的数据类型		统计量	
		对称关系变量	非对称关系变量
1	定类变量与定类变量	Lambda，φ 系数，V 系数，C 系数	Lambda，tau-y
2	定序变量与定序变量	Gamma 系数，tau 系数，rho 系数	d_y 系数
3	定距变量与定距变量	皮尔逊积矩相关系数 r	简单线性回归分析
4	定类变量与定序变量	Lambda	Θ 系数，Lambda，tau-y
5	定类变量与定距变量		eta 系数，非线性相关

消费者新能源汽车的购买意愿是定类变量，对气候变化的关注度是定序变量。如果按照相关统计量的构建，我们假定两个变量之间是非对称关系，那么可以测量两个变量之间的非对称关系。

下面利用 tau-y 统计量[②]进行不对称相关测量。

计算 tau-y 值的步骤为：

首先，求出全部误差 E_1。E_1 是指“不知 X 而预测 Y 时的误差”。其计算公式为：

$$E_1 = \sum_{i=1}^{r} \frac{(n - F_{Yi})F_{Yi}}{n}$$

其中，n 是指全部频数；F_{Yi} 是指 Y 变量的第 i 行边缘频数；$i=1, 2, \cdots, r$。

在本案例中，全部误差 E_1 是指在不知消费者对气候变化的关注度（X）条件下预测消费者新能源汽车的购买意愿（Y）变量的误差。

$$E_1 = \frac{(238-128)\times 128}{238} + \frac{(238-110)\times 110}{238} = 118.3$$

其次，求出误差 E_2。E_2 是指“知道 X 而预测 Y 时的误差”。其计算公式为：

$$E_2 = \sum_{h=1}^{c}\sum_{i=1}^{r} \frac{(F_{Xh} - f_{Xhi})f_{Xhi}}{F_{Xh}}$$

其中，F_{Xh} 是指 X 变量的第 h 列边缘频数；$h=1, 2, \cdots, c$；f_{Xhi} 是指 X 变量的第 h 列中的第 i 个条件频数；$i=1, 2, \cdots, r$。

在本案例中，误差 E_2 是指在知道消费者对气候变化的关注度（X）条件下预测消费者新能源汽车的购买意愿（Y）变量的误差。

$$\begin{aligned} E_2 = & \frac{(28-15)\times 15+(28-13)\times 13}{28} + \frac{(44-24)\times 24+(44-20)\times 20}{44} \\ & + \frac{(62-33)\times 33+(62-29)\times 29}{62} + \frac{(58-26)\times 26+(58-32)\times 32}{58} \\ & + \frac{(46-30)\times 30+(46-16)\times 16}{46} = 116.2 \end{aligned}$$

最后，求出 tau-y 统计量。其值也是指削减误差的比例。其计算公式为：

---

① 李沛良．社会研究的统计应用．2 版．北京：社会科学文献出版社，2001：84－86.

② tau-y 统计量属于不对称相关测量法，要求两个定类变量中有一个是自变量 X，另一个是因变量 Y。其统计值在 0 和 1 之间，具有削减误差比例的意义。

$$\text{tau-y}=\frac{E_1-E_2}{E_1}$$

根据本案例计算可得：

$$\text{tau-y}=\frac{118.3-116.2}{118.3}\approx 0.018$$

计算出的 tau-y 值 0.018 不仅可以说明对气候变化的关注度变量与消费者新能源汽车的购买意愿变量之间的相关程度比较弱，还可以解释以对气候变化的关注度变量来预测或估计消费者新能源汽车的购买意愿的话，能够削减 1.8%的预测或估计误差。

根据公式计算统计值比较复杂，现在很多统计分析软件（SPSS、Stata 等）都可以提供不同统计量的计算结果。大家在对变量数据的类型有所了解的基础上，只要构建了合理的双变量相关关系的统计量，那么采用软件来获得统计值是非常简便易行的。

仍以表 11.7 中的数据为例，利用 SPSS 26 可以输出两个变量消费者新能源汽车的购买意愿（will）与对气候变化的关注度（cc）的不同相关系数统计量的结果（见表 11.12）。结果展示了 Lambda、古德曼和克鲁斯卡尔 tau、不确定性系数的估计值，其中，古德曼和克鲁斯卡尔 tau 估计值的结果为 0.018，与我们在上面利用公式计算出来的结果是一致的。

表 11.12　定向测量

			值	渐近标准误差[a]	近似 T^b	渐进显著性
名义到名义	Lambda	对称	0.031	0.047	0.666	0.505
		will 因变量	0.055	0.067	0.789	0.430
		cc 因变量	0.017	0.044	0.384	0.701
	古德曼和克鲁斯卡尔 tau	will 因变量	**0.018**	0.017		0.368[c]
		cc 因变量	0.005	0.005		0.320[c]
	不确定性系数	对称	0.008	0.008	1.053	0.360[d]
		will 因变量	0.013	0.013	1.053	0.360[d]
		cc 因变量	0.006	0.006	1.053	0.360[d]

a. 未假定原假设。

b. 在假定原假设的情况下使用渐近标准误差。

c. 基于卡方近似值。

d. 似然比卡方概率。

在懂得了描述统计方法基本原理的基础上，利用软件对数据进行描述和分析，可以使纷繁复杂的调研数据为认识现象、解决问题提供参考和依据，这是市场调研人员要掌握的基本技能。

思考题

1. 简述众数、中位数和均值之间的关系。
2. 简述数据类型与集中趋势度量指标的选择。
3. 简述数据类型和离散程度度量指标的选择。
4. 数据描述练习：从人大社网站上下载文件名为“ch11 practice data”的 Excel 文件，

进行以下练习：

（1）对“gender”变量进行频数、众数的描述。

（2）对“age”变量的数据进行等距分组和不等距分组。

（3）对“will”变量和“gender”变量编制交叉表，并计算二者之间的相关系数。

（4）对“will”变量和“edu”变量编制交叉类表，并计算二者之间的相关系数。

第 12 章

统计推断方法

本章内容

统计推断是利用样本统计量来推断总体参数的方法。本章介绍了一个总体参数和两个总体参数点估计和区间估计的方法；介绍了一个总体参数和两个总体参数假设检验的方法；介绍了单因素和双因素方差分析方法。

学习目标

掌握一个总体参数和两个总体参数区间估计和假设检验的方法；掌握单因素和双因素方差分析方法。

描述统计主要反映样本数据的基本情况，统计推断则是利用样本数据来推断总体结论。统计推断的结果通常是“或然”的，不能说是“必然”的。统计推断主要包括两个方面：参数估计和假设检验。参数估计和假设检验在逻辑上有所不同：参数估计是先看样本情况，然后再对总体进行推断；假设检验是先对总体情况做出假设，然后再以一个随机样本的统计值来检验这个假设是否正确。

12.1 参数估计的一般问题

参数估计是用样本统计量去估计总体参数。例如，用样本均值$\bar{x}$去估计总体均值μ，用样本方差s^2去估计总体方差σ^2，用样本比例p去估计总体比例P。如果将总体参数笼统地用一个符号θ来表示，用来估计总体参数的样本统计量也称作估计量，可用符号$\hat{\theta}$来表示。样本均值、样本方差、样本比例等都是估计量，根据样本数据计算出来的估计量的具体数值被称作估计值。

参数估计分为两类：点估计和区间估计。

点估计（point estimator）是用样本估计量$\hat{\theta}$的值直接作为总体参数θ的估计值。

点估计的结果是一个点值。点估计一般是用样本均值作为总体均值的点估计值，用样本方差作为总体方差的点估计值，用样本标准差作为总体标准差的点估计值。点估计的方法主要有矩估计法、顺序统计量法、最大似然法、最小二乘法等。

区间估计（interval estimator）是在点估计的基础上，给出总体参数 θ 估计的一个范围。估计结果是一个区间范围。对于总体被估计参数 θ，找出样本的两个估计量$\hat{\theta}_1$和$\hat{\theta}_2$（假定$\hat{\theta}_1<\hat{\theta}_2$），使总体被估计的参数落在区间（$\hat{\theta}_1$，$\hat{\theta}_2$）内的概率为 $1-\alpha$，其中显著性水平 α 是介于 0～1 之间的数，则有：

$$\text{Prob}(\hat{\theta}_1 \leqslant \theta \leqslant \hat{\theta}_2) = 1-\alpha$$

其中，$\hat{\theta}_1$为置信区间的下限，$\hat{\theta}_2$为置信区间的上限，（$\hat{\theta}_1$，$\hat{\theta}_2$）为总体参数的置信区间。

置信区间的大小说明了总体参数估计的精确度，置信水平的大小说明了估计的可靠度。在样本规模一定的情况下，置信水平提高，则估计区间必然加大，此时，可靠度提高，精确度降低；若置信水平降低，则估计区间必然缩小，此时，可靠度降低，精确度提高。可见，二者之间是此消彼长的关系。要同时提高精确度和可靠度，唯一的办法是增加样本规模。

12.2　一个总体参数的区间估计

研究一个总体时所关心的参数主要有总体均值 μ、总体比例 P 和总体方差 σ^2。

12.2.1　总体均值的区间估计

（1）假设条件：总体服从正态分布且 σ^2已知；或者总体不服从正态分布但是大样本。

样本均值$\bar{x}$的抽样分布均为正态分布，样本均值的数学期望等于总体均值 μ，样本均值方差为$\frac{\sigma}{\sqrt{n}}$。大样本是指 $n\geqslant 30$。样本均值经过标准化处理后的随机变量 z 服从标准正态分布，则：

$$z = \frac{\bar{x}-\mu}{\sigma/\sqrt{n}} \sim N(0,1)$$

根据正态分布的性质，对于给定的置信水平 $1-\alpha$，查正态分布双侧临界值表可得相应的临界值$z_{\alpha/2}$，使得：

$$\text{Prob}\left(-z_{\alpha/2} < \frac{\bar{x}-\mu}{\sigma/\sqrt{n}} < z_{\alpha/2}\right) = 1-\alpha$$

利用不等式变形可得：

$$\text{Prob}\left(\bar{x} - z_{\alpha/2}\frac{\sigma}{\sqrt{n}} < \mu < \bar{x} + z_{\alpha/2}\frac{\sigma}{\sqrt{n}}\right) = 1-\alpha$$

得出总体均值 μ 在置信水平 $1-\alpha$ 下的置信区间为：

$$\left(\bar{x}-z_{\alpha/2}\frac{\sigma}{\sqrt{n}},\bar{x}+z_{\alpha/2}\frac{\sigma}{\sqrt{n}}\right)$$

也可表示为：

$$\bar{x}\pm z_{\alpha/2}\frac{\sigma}{\sqrt{n}}$$

（2）假设条件：总体服从正态分布且σ^2未知。

总体方差σ^2可用样本方差s^2代替，样本均值方差为s^2/n。这时总体均值μ在置信水平$1-\alpha$下的置信区间为：

$$\bar{x}\pm z_{\alpha/2}\frac{s}{\sqrt{n}}$$

（3）假设条件：总体服从正态分布且σ^2未知，样本为小样本。

可用样本方差s^2代替总体方差σ^2，样本均值经过标准化处理后服从自由度为$n-1$的t分布。小大样本是指$n<30$。根据t分布建立的总体均值μ在$1-\alpha$置信水平下的置信区间为：

$$\bar{x}\pm t_{\alpha/2}\frac{s}{\sqrt{n}}$$

其中，$t_{\alpha/2}$为自由度是$n-1$、t分布中上侧面积为$\alpha/2$时的t值。该值可通过查t分布表获得。

12.2.2 总体比例的区间估计

在大样本情况下，根据正态分布的性质，对于给定的置信水平$1-\alpha$，查正态分布双侧临界值表可得相应的临界值$z_{\alpha/2}$，由此可得总体比例的区间估计为：

$$p\pm z_{\alpha/2}\sqrt{\frac{p(1-p)}{n}}$$

总体比例估计的置信区间的下限值和上限值都是由两部分组成，一部分是点估计值p，另一部分是允许误差$z_{\alpha/2}\sqrt{\frac{p(1-p)}{n}}$。

12.2.3 总体方差的区间估计

假设总体方差服从正态分布。样本方差则服从自由度为$n-1$的χ^2分布。构建χ^2统计量为：

$$\frac{(n-1)s^2}{\sigma^2}\sim\chi^2(n-1)$$

总体方差σ^2在$1-\alpha$置信水平下的置信区间为：

$$\chi^2_{1-\alpha/2}\leqslant\frac{(n-1)s^2}{\sigma^2}\leqslant\chi^2_{\alpha/2}$$

进一步简化为：

$$\frac{(n-1)s^2}{\chi^2_{\alpha/2}}\leqslant\sigma^2\leqslant\frac{(n-1)s^2}{\chi^2_{1-\alpha/2}}$$

小结：综上来看，总体参数不同、假设条件不同，采用的总体参数区间估计方法也不同（如表 12.1 所示）。①

表 12.1　一个总体参数的点估计和区间估计的假设条件和方法

总体参数	假设条件	点估计值	区间估计
总体均值（μ）	总体正态分布，σ^2已知，大样本和小样本；总体不是正态分布，大样本	$\overline{x}$	$\overline{x}\pm z_{\alpha/2}\frac{\sigma}{\sqrt{n}}$
	总体正态分布，σ^2未知，大样本	$\overline{x}$	$\overline{x}\pm z_{\alpha/2}\frac{s}{\sqrt{n}}$
	总体正态分布，σ^2未知，小样本	$\overline{x}$	$\overline{x}\pm t_{\alpha/2}\frac{s}{\sqrt{n}}$
总体比例（P）	二项分布，大样本	p	$p\pm z_{\alpha/2}\sqrt{\frac{p(1-p)}{n}}$
总体方差（σ^2）	总体正态分布	s^2	$\left(\frac{(n-1)s^2}{\chi^2_{\alpha/2}},\frac{(n-1)s^2}{\chi^2_{1-\alpha/2}}\right)$

资料来源：卢冶飞，孙忠宝．应用统计学．4 版．北京：清华大学出版社，2019：129.

12.3　两个总体参数的区间估计

市场调研经常需要比较两个样本的数据，为有效开展市场经营管理决策提供参考。研究者主要会关注两个总体的均值之差$\mu_1-\mu_2$，两个总体的比例之差p_1-p_2、两个总体的方差比 σ_1^2/σ_2^2等总体参数。

12.3.1　两个总体均值之差的区间估计：独立大样本

假设两个总体的均值分别为μ_1和μ_2，从两个总体中分别抽取规模为n_1和n_2的两个随机样本，样本均值则分别为$\overline{x}_1$和$\overline{x}_2$。两个总体的均值之差$\mu_1-\mu_2$的样本估计量是两个样本的均值之差$\overline{x}_1-\overline{x}_2$。

独立样本是指两个样本是从两个总体中独立抽取的，那么一个样本中的元素与另一个样本中的元素是相互独立的。独立大样本是指$n_1\geqslant 30$，$n_2\geqslant 30$。

如果两个总体都服从正态分布，或两个总体不服从正态分布但两个样本均为大样本，那么两个样本均值之差$\overline{x}_1-\overline{x}_2$的抽样分布服从期望值为$\mu_1-\mu_2$、方差为$\frac{\sigma_1^2}{n_1}+\frac{\sigma_2^2}{n_2}$的正态分布。

两个样本均值之差经过标准化后服从标准正态分布，则：

$$z=\frac{(\overline{x}_1-\overline{x}_2)-(\mu_1-\mu_2)}{\sqrt{\frac{\sigma_1^2}{n_1}+\frac{\sigma_2^2}{n_2}}}\sim N(0,1)$$

（1）当两个总体的方差 σ_1^2和 σ_2^2都已知时，两个总体均值之差$\mu_1-\mu_2$在 $1-\alpha$ 置信水平

① 卢冶飞，孙忠宝．应用统计学．4 版．北京：清华大学出版社，2019：129.

下的置信区间为：

$$(\overline{x}_1-\overline{x}_2)\pm z_{\alpha/2}\sqrt{\frac{\sigma_1^2}{n_1}+\frac{\sigma_2^2}{n_2}}$$

（2）当两个总体的方差 σ_1^2 和 σ_2^2 都未知时，可用两个样本方差 s_1^2 和 s_2^2 来代替，此时两个总体均值之差 $\mu_1-\mu_2$ 在 $1-\alpha$ 置信水平下的置信区间为：

$$(\overline{x}_1-\overline{x}_2)\pm z_{\alpha/2}\sqrt{\frac{s_1^2}{n_1}+\frac{s_2^2}{n_2}}$$

12.3.2 两个总体均值之差的估计：独立小样本

独立小样本是指 $n_1<30$，$n_2<30$。

（1）如果两个总体都服从正态分布，两个总体的方差 σ_1^2 和 σ_2^2 已知，那么用两个独立小样本均值之差 $\overline{x}_1-\overline{x}_2$ 推断的两个总体均值之差 $\mu_1-\mu_2$ 在 $1-\alpha$ 置信水平下的置信区间为：

$$(\overline{x}_1-\overline{x}_2)\pm z_{\alpha/2}\sqrt{\frac{\sigma_1^2}{n_1}+\frac{\sigma_2^2}{n_2}}$$

（2）如果两个总体都服从正态分布，两个总体的方差 σ_1^2 和 σ_2^2 未知且 $\sigma_1^2=\sigma_2^2$，那么用两个独立小样本的方差 s_1^2 和 s_2^2 来估计 σ_1^2 和 σ_2^2；这时将两个独立小样本的数据组合在一起，得到一个新的样本。同时假设存在一个新总体的方差为 σ^2。由于 $\sigma_1^2=\sigma_2^2$ 且未知，则可以设定 $\sigma_1^2=\sigma_2^2=\sigma^2$，$\sigma^2$ 也是未知的。为了估计 σ^2，构建新总体方差的合并样本估计量 s_p^2，该 s_p^2 联合利用了两个独立小样本中的方差信息，表达式为：

$$s_p^2=\frac{(n_1-1)s_1^2+(n_2-1)s_2^2}{n_1+n_2-2}$$

此时，两个总体均值之差 $\mu_1-\mu_2$ 的标准误差由 $\sqrt{\frac{\sigma_1^2}{n_1}+\frac{\sigma_2^2}{n_2}}$ 转化为：

$$\sqrt{\frac{s_p^2}{n_1}+\frac{s_p^2}{n_2}}=\sqrt{s_p^2\left(\frac{1}{n_1}+\frac{1}{n_2}\right)}$$

此时两个样本均值之差 $\overline{x}_1-\overline{x}_2$ 经过标准化后服从自由度为 n_1+n_2-2 的 t 分布，则：

$$t=\frac{(\overline{x}_1-\overline{x}_2)-(\mu_1-\mu_2)}{s_p\sqrt{\frac{1}{n_1}+\frac{1}{n_2}}}\sim t(n_1+n_2-2)$$

由此，推断出两个总体均值之差 $\mu_1-\mu_2$ 在 $1-\alpha$ 置信水平下的置信区间为：

$$(\overline{x}_1-\overline{x}_2)\pm t_{\alpha/2}(n_1+n_2-2)\sqrt{s_p^2\left(\frac{1}{n_1}+\frac{1}{n_2}\right)}$$

（3）如果两个总体都服从正态分布，两个总体的方差 σ_1^2 和 σ_2^2 未知且 $\sigma_1^2\neq\sigma_2^2$，两个独立小样本的规模相等，即 $n_1=n_2$，那么，两个总体均值之差 $\mu_1-\mu_2$ 在 $1-\alpha$ 置信水平下的置信区间为：

$$(\overline{x}_1-\overline{x}_2)\pm t_{\alpha/2}(n_1+n_2-2)\sqrt{\frac{s_1^2}{n_1}+\frac{s_2^2}{n_2}}$$

（4）如果两个总体都服从正态分布，两个总体的方差 σ_1^2 和 σ_2^2 未知且 $\sigma_1^2\neq\sigma_2^2$，两个小样本的规模不相等，即 $n_1\neq n_2$，此时，两个独立小样本均值之差 $\overline{x}_1-\overline{x}_2$ 经过标准化后不再服从自由度为 n_1+n_2-2 的 t 分布，而是近似服从自由度为 f 的 t 分布，自由度 f 的计算公式为：

$$f=\frac{\left(\frac{s_1^2}{n_1}+\frac{s_2^2}{n_2}\right)^2}{\frac{(s_1^2/n_1)^2}{n_1-1}+\frac{(s_2^2/n_2)^2}{n_2-1}}$$

那么，两个总体均值之差$\mu_1-\mu_2$在 $1-\alpha$ 置信水平下的置信区间为：

$$(\overline{x}_1-\overline{x}_2)\pm t_{\alpha/2}(f)\sqrt{\frac{s_1^2}{n_1}+\frac{s_2^2}{n_2}}$$

12.3.3　两个总体均值之差的估计：匹配大样本

匹配样本是指一个样本中的数据与另一个样本中的数据相对应。匹配样本的目的是消除样本确定不合理所造成的误差。

假设两个总体均值之差为$\mu_d=\mu_1-\mu_2$。

当使用匹配大样本数据进行估计时，两个总体均值之差在 $1-\alpha$ 置信水平下的置信区间为：

$$\overline{x}_d\pm z_{\alpha/2}\frac{\sigma_d}{\sqrt{n}}$$

其中，$\overline{x}_d$为配对样本数据差值的平均值，计算公式为：

$$\overline{x}_d=\frac{\sum_{i=1}^{n}d_i}{n}$$

式中的$d_i=x_{1i}-x_{2i}$，为第 i 个配对样本数据的差值，$i=1$，2，…，n；σ_d为差值的标准差。

如果总体的 σ_d未知，则可用样本配对数据差值的标准差s_d来代替。计算公式为：

$$s_d=\sqrt{\frac{\sum_{i=1}^{n}(d_i-\overline{x}_d)^2}{n-1}}$$

12.3.4　两个总体均值之差的估计：匹配小样本

当使用匹配小样本数据进行估计时，假定两个总体各个观测值的配对差服从正态分布，那么两个总体均值之差$\mu_d=\mu_1-\mu_2$在 $1-\alpha$ 置信水平下的置信区间为：

$$\overline{x}_d\pm t_{\alpha/2}(n-1)\frac{s_d}{\sqrt{n}}$$

12.3.5　两个总体比例之差的区间估计

从两个二项总体中抽出两个独立的大样本n_1和n_2。两个总体的比例分别是P_1和P_2，两个样本比例之差p_1-p_2的抽样分布服从正态分布。

当两个总体比例P_1和P_2未知时，可用样本比例p_1和p_2来代替。因此，两个总体比例之差P_1-P_2在 $1-\alpha$ 置信水平下的置信区间为：

$$(p_1-p_2)\pm z_{\alpha/2}\sqrt{\frac{p_1(1-p_1)}{n_1}+\frac{p_2(1-p_2)}{n_2}}$$

12.3.6 两个总体方差比的区间估计

由于两个样本方差比s_1^2/s_2^2的抽样分布服从$F(n_1-1,\ n_2-1)$分布，所以可以构建F分布统计量来估计两个总体方差比σ_1^2/σ_2^2的置信区间，使F满足：

$$F_{1-\alpha/2}\leqslant F\leqslant F_{\alpha/2}$$

当两个总体均为正态分布时，构建统计量$\frac{s_1^2}{s_2^2}\cdot\frac{\sigma_2^2}{\sigma_1^2}$，并知：

$$\frac{s_1^2}{s_2^2}\cdot\frac{\sigma_2^2}{\sigma_1^2}\sim F(n_1-1,\ n_2-1)$$

于是有，

$$F_{1-\alpha/2}\leqslant\frac{s_1^2}{s_2^2}\cdot\frac{\sigma_2^2}{\sigma_1^2}\leqslant F_{\alpha/2}$$

从上述公式推导出两个总体方差比σ_1^2/σ_2^2在$1-\alpha$置信水平下的置信区间为：

$$\left(\frac{s_1^2/s_2^2}{F_{\alpha/2}},\ \frac{s_1^2/s_2^2}{F_{1-\alpha/2}}\right)$$

小结：综上来看，两个总体参数的区间估计因为假设条件不同而采用的估计方法也不同。总结如表12.2。[①]

表12.2 两个总体参数的点估计和区间估计的假设条件和方法

总体参数	假设条件	点估计值	区间估计
两个总体均值之差（$\mu_1-\mu_2$）	σ_1^2和σ_2^2已知，独立大样本	$\bar{x}_1-\bar{x}_2$	$(\bar{x}_1-\bar{x}_2)\pm z_{\alpha/2}\sqrt{\frac{\sigma_1^2}{n_1}+\frac{\sigma_2^2}{n_2}}$
	σ_1^2和σ_2^2未知，独立大样本	$\bar{x}_1-\bar{x}_2$	$(\bar{x}_1-\bar{x}_2)\pm z_{\alpha/2}\sqrt{\frac{s_1^2}{n_1}+\frac{s_2^2}{n_2}}$
	两个总体均服从正态分布，σ_1^2和σ_2^2已知，独立小样本	$\bar{x}_1-\bar{x}_2$	$(\bar{x}_1-\bar{x}_2)\pm z_{\alpha/2}\sqrt{\frac{\sigma_1^2}{n_1}+\frac{\sigma_2^2}{n_2}}$
	两个总体都服从正态分布，σ_1^2和σ_2^2未知，$\sigma_1^2=\sigma_2^2$，独立小样本	$\bar{x}_1-\bar{x}_2$	$(\bar{x}_1-\bar{x}_2)\pm t_{\alpha/2}(n_1+n_2-2)\sqrt{s_p^2\left(\frac{1}{n_1}+\frac{1}{n_2}\right)}$
	两个总体都服从正态分布，σ_1^2和σ_2^2未知，$\sigma_1^2\neq\sigma_2^2$，$n_1=n_2$，独立小样本	$\bar{x}_1-\bar{x}_2$	$(\bar{x}_1-\bar{x}_2)\pm t_{\alpha/2}(n_1+n_2-2)\sqrt{\frac{s_1^2}{n_1}+\frac{s_2^2}{n_2}}$
	两个总体都服从正态分布，σ_1^2和σ_2^2未知，$\sigma_1^2\neq\sigma_2^2$，$n_1\neq n_2$，独立小样本	$\bar{x}_1-\bar{x}_2$	$(\bar{x}_1-\bar{x}_2)\pm t_{\alpha/2}(f)\sqrt{\frac{s_1^2}{n_1}+\frac{s_2^2}{n_2}}$

① 卢冶飞，孙忠宝．应用统计学．4版．北京：清华大学出版社，2019：129－130.

续表

总体参数	假设条件	点估计值	区间估计
两个总体均值之差（$\mu_1-\mu_2$）	匹配大样本，σ_d已知	$\overline{x}_d$	$\overline{x}_d \pm z_{\alpha/2}\dfrac{\sigma_d}{\sqrt{n}}$
	匹配大样本，σ_d未知	$\overline{x}_d$	$\overline{x}_d \pm z_{\alpha/2}\dfrac{s_d}{\sqrt{n}}$
	两个总体都服从正态分布，σ_d未知，匹配小样本	$\overline{x}_d$	$\overline{x}_d \pm t_{\alpha/2}(n-1)\dfrac{s_d}{\sqrt{n}}$
两个总体比例之差（p_1-p_2）	两个二项总体，大样本	p_1-p_2	$(p_1-p_2)\pm z_{\alpha/2}\sqrt{\dfrac{p_1(1-p_1)}{n_1}+\dfrac{p_2(1-p_2)}{n_2}}$
两个总体方差比（σ_1^2/σ_2^2）	两个正态总体	s_1^2/s_2^2	$\left(\dfrac{s_1^2/s_2^2}{F_{\alpha/2}},\dfrac{s_1^2/s_2^2}{F_{1-\alpha/2}}\right)$

12.4　假设检验

市场调研人员根据调研经验对总体参数做出的预期判断被称为假设（假说）。一个假设的提出虽然有一定的理由，但是这些理由往往是不完全充分的，因此产生了“检验”的需求。

从抽样分布上看，假设检验主要有双侧检验、左侧检验和右侧检验 3 种基本形式。

假设检验通常分为 5 个基本步骤：

第 1 步：提出原假设H_0和备择假设H_1；

第 2 步：选择适当的检验统计量；

第 3 步：规定显著性水平 α；

第 4 步：计算检验统计量的值；

第 5 步：总结检验结果。

12.4.1　一个总体均值的假设检验

一个总体均值的假设检验有 3 种形式。

双侧检验：

$$H_0: \mu=\mu_0,\ H_1: \mu\neq\mu_0$$

左侧检验：

$$H_0: \mu\geqslant\mu_0,\ H_1: \mu<\mu_0$$

右侧检验：

$$H_0: \mu\leqslant\mu_0,\ H_1: \mu>\mu_0$$

例如，假定某城市平均家庭年总收入的普查数据为 200 000 元。总体方差 σ^2未知。用样本方差s^2代替总体方差。为了验证这一数据是否正确，调研人员在某城市抽取了一个样本对普查数据进行检验。该样本数据仍以消费者新能源汽车购买意愿的调查数据中的“家庭年总收入”数据为例。样本规模 $n=238$ 人，家庭年总收入的样本均值 $\overline{x}=193\ 030$（元），样本方差 $s=97\ 017$（元）。[①]

假设检验过程如下：

（1）提出研究假设。

H_0：$\mu=200\ 000$（元），调查数据是准确的。

H_1：$\mu\neq200\ 000$（元），调查数据是不准确的。

（2）构建 z 检验统计量。

$$z=\frac{\overline{x}-\mu}{\frac{s}{\sqrt{n}}}$$

（3）确定显著性水平。

当 H_0 正确时，研究者希望错误地拒绝它的概率仅为5%（$\alpha=0.05$）。本次检验的显著性水平为0.05。查表可得临界值为：

$$z_{\alpha/2}=\pm1.96$$

（4）计算检验统计量的值。

计算样本中关于家庭年总收入变量的样本 z 统计量的值：

$$z=\frac{193\ 030-200\ 000}{\frac{97\ 017}{\sqrt{238}}}=-1.10$$

（5）检验结果。

因为计算出的 z 值 -1.10 落在接受域（-1.96，1.96）（见图12.1），所以假设检验结果是接受 H_0，拒绝 H_1。这意味着抽样获得的样本数据的家庭年总收入均值与城市普查数据没有显著差别，接受调查数据为200 000元的结果。

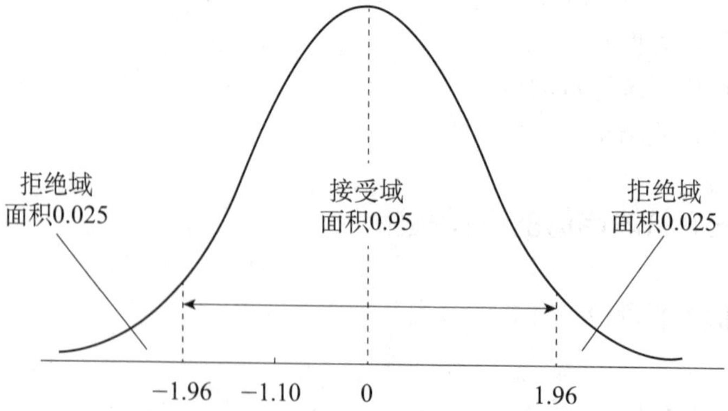

图12.1 双侧假设检验的决策示意图

上面关于总体平均数的推断使用的样本是大样本，因此采取的是 z 检验的方法。如果使用的样本是小样本，那么通常采用的是自由度为 $n-1$（n 为样本数）的 t 检验。

---

① 此处的数据来自第11章11.5.3节中的样本均值和样本方差的计算结果。

12.4.2　两个总体均值之差的假设检验

两个总体均值之差的假设检验也有 3 种形式。

双侧检验：

H_0：$\mu_1-\mu_2=0$，H_1：$\mu_1-\mu_2\neq 0$

左侧检验：

H_0：$\mu_1-\mu_2\geqslant 0$，H_1：$\mu_1-\mu_2<0$

右侧检验：

H_0：$\mu_1-\mu_2\leqslant 0$，H_1：$\mu_1-\mu_2>0$

例如，根据经验，我们认为城市中男性和女性的受教育程度是一样的。受教育程度用受教育年限来测量。总体方差 σ^2 未知。为了验证这一论断，在某城市抽取男性 $n_m=132$ 人、女性 $n_f=106$ 人进行调查。计算可得：男性受教育年限的均值 $\overline{x}_m=13.88$（年），方差为 $s_m^2=8.35$；女性受教育年限的均值 $\overline{x}_f=12.82$（年），方差为 $s_f^2=12.07$。

假设检验过程如下：

（1）提出研究假设。

H_0：$\mu_m-\mu_f=0$，男性和女性受教育程度没有显著差别。

H_1：$\mu_m-\mu_f\neq 0$，男性和女性受教育程度有显著差别。

（2）构建 z 检验统计量。

$$z=\frac{(\overline{x}_m-\overline{x}_f)-(\mu_m-\mu_f)}{\sqrt{\dfrac{s_m^2}{n_m}+\dfrac{s_f^2}{n_f}}}$$

（3）确定显著性水平。

确定检验的显著性水平为 0.05。临界值 $z_{\alpha/2}=\pm 1.96$。

（4）计算 z 检验统计量的值。

$$z=\frac{(13.88-12.82)-0}{\sqrt{\dfrac{8.35}{132}+\dfrac{12.07}{106}}}=2.52$$

（5）检验结果。

因为 $z>z_{\alpha/2}$，所以计算出的 z 值 2.52 落在拒绝域，假设检验结果是拒绝 H_0，接受 H_1。这意味着抽样获得的样本数据说明男性和女性的受教育程度有显著差异。

12.4.3　一个总体比例的假设检验

总体比例的假设检验与总体均值的假设检验基本上是相同的。

总体比例的假设检验有 3 种形式。

双侧检验：

H_0：$P=P_0$，H_1：$P\neq P_0$

左侧检验：

H_0：$P\geqslant P_0$，H_1：$P<P_0$

右侧检验：

H_0：$P \leqslant P_0$，H_1：$P > P_0$

不同之处在于总体参数和检验统计量不同。

构建总体比例 P 的检验统计量为：

$$z = \frac{p - P_0}{\sqrt{\dfrac{P_0(1-P_0)}{n}}}$$

例如，一种汽车杂志认为消费者中愿意购买新能源汽车的男性消费者占比超过 50%。为验证这一说法是否属实，某市场营销机构随机抽取了一个由 238 人组成的样本，发现有购买意愿的男性消费者为 87 人。在显著性水平 $\alpha=0.05$ 下，检验消费者中愿意购买新能源汽车的男性占比（P）是否超过 50%（P_0）。检验过程如下：

（1）提出研究假设。

H_0：$P \geqslant 50\%$

H_1：$P < 50\%$

（2）构建检验统计量。

在 P 未知的情况下，用样本 p 代替 P。

$$p = \frac{87}{238} = 37\%$$

（3）确定显著性水平 $\alpha=0.05$。

（4）计算 z 检验统计量。

$$z = \frac{37\% - 50\%}{\sqrt{\dfrac{50\% \times (1-50\%)}{238}}} = -4.01$$

（5）检验结果。

根据给定的显著性水平 $\alpha=0.05$，查标准正态分布表可得 $z_\alpha = z_{0.05} = 1.645$。由于这是一个左侧检验的问题，所以 $-z_\alpha = -1.645$，此时 $z < -z_\alpha$，结果是拒绝 H_0，接受 H_1。结果说明消费者中愿意购买新能源汽车的男性消费者占比低于 50%。

12.4.4 两个总体比例之差的假设检验

在市场调研中，研究人员有时候对不同细分市场中具有某种行为或特征的人所占比例的差别比较感兴趣。

假设两个总体服从二项分布，这两个总体中具有某种特征的单位数的比例分别为 P_1 和 P_2，但两个总体的比例 P_1 和 P_2 未知，可用两个样本的比例 p_1 和 p_2 代替。

两个总体比例之差假设检验的 3 种形式如下。

双侧检验：

H_0：$P_1 - P_2 = 0$，H_1：$P_1 - P_2 \neq 0$

左侧检验：

H_0：$P_1 - P_2 \geqslant 0$，H_1：$P_1 - P_2 < 0$

右侧检验：

H_0：$P_1-P_2\leqslant 0$，H_1：$P_1-P_2>0$

构建两个总体比例之差的假设检验统计量：

$$z=\frac{p_1-p_2}{\sqrt{p(1-p)\left(\frac{1}{n_1}+\frac{1}{n_2}\right)}}$$

其中，p_1 和 p_2 分别为两个样本的比例；n_1 和n_2 分别为两个样本的规模；p 为两个样本合并之后的比例。

例如，在新能源汽车的购买意愿上，基于经验，我们认为男性消费者中有购买意愿的比例与女性消费者中有购买意愿的比例是一致的。为此，我们分别选取了女性消费者和男性消费者两个独立样本进行调查，利用数据对假设进行检验。男性$n_m=200$ 人、女性$n_f=200$ 人。调查数据显示，在男性样本中，有购买意愿的消费者为 98 人；在女性样本中，有购买意愿的消费者为 105 人。

（1）提出研究假设。

H_0：$P_m-P_f=0$

H_1：$P_m-P_f\neq 0$

（2）构建假设检验统计量。

因为男性和女性两个总体中人们购买新能源汽车的比例是未知的，所以用男性和女性两个样本中的消费者购买意愿的比例来构建统计量如下：

$$z=\frac{p_m-p_f}{\sqrt{p(1-p)\left(\frac{1}{n_m}+\frac{1}{n_f}\right)}}$$

根据案例资料，男性消费者中有购买新能源汽车意愿的人数占比为：

$$p_m=\frac{98}{200}=49\%$$

女性消费者中有购买新能源汽车意愿的人数占比为：

$$p_f=\frac{105}{200}=52.5\%$$

两个样本的合并比例 p 为：

$$p=\frac{98+105}{200+200}=50.75\%$$

（3）确定显著性水平。

确定检验的显著性水平为 0.05。临界值$z_{\alpha/2}=\pm 1.96$。

（4）计算 z 检验统计量。

$$z=\frac{(49\%-52.5\%)-0}{\sqrt{50.75\%\times(1-50.75\%)\times\left(\frac{1}{200}+\frac{1}{200}\right)}}=-0.7$$

（5）检验结果。

因为 $z=-0.7>z_{\alpha/2}=-1.96$，$z$ 值落在接受域，检验结果是接受H_0，拒绝H_1。这意味着我们有 95%的把握认为男性消费者中有购买新能源汽车意愿的比例与女性消费者中有购买新能源汽车意愿的比例没有显著差别。

12.5 方差分析

方差分析（analysis of variance，ANOVA）是适用于对多个总体均值μ_1，μ_2，…，μ_r是否相等这一假设进行检验的方法。方差分析的因素被称作变量，是方差分析研究的对象；因素中的内容被称作水平。当方差分析只针对一个因素时，称作单因素方差分析；当方差分析的是多个因素时，称作多因素方差分析。

观察值之间差异产生的主要原因有：一方面是因素中的不同水平造成的差异，称作水平间方差（组间方差），产生这种方差的原因包括系统性原因和随机性原因；另一方面是同一水平内部的方差（组内方差），产生这种方差的原因主要是随机性原因。

方差分析的逻辑是：如果因素的不同水平对结果没有影响，那么水平间方差不受系统性因素影响，只受随机因素的影响，此时水平间方差与水平内方差就比较接近，两个方差之比就接近于1；如果因素的不同水平对结果产生影响，那么水平间方差就受到了系统性原因和随机性原因的影响，水平间方差就大于水平内方差，两个方差的比值就会大于1。当这两个方差的比值达到某一程度时，我们就可以推断：不同因素水平之间存在统计上的显著性差异。方差分析就是通过不同方差之间的比较，做出是否接受原假设的判断。因此，方差分析构建的检验统计量是“水平间方差与水平内方差之比”，称作F统计量。

在市场调研中，我们经常需要对多个细分市场的指标进行调查和比较分析，方差分析就是比较有效的方法。

12.5.1 单因素方差分析

单因素方差分析的步骤是：

（1）提出假设。

H_0：$\mu_1=\mu_2=\cdots=\mu_r$，自变量对因变量没有显著影响。

H_1：μ_1，μ_2，…，μ_r不全相等，自变量对因变量有显著影响。

（2）计算均值。

单因素方差分析的数据结构如表12.3所示。

表12.3 单因素方差分析的数据结构

观察值 i	因素（X）			
	水平 $j=1$	水平 $j=2$	…	水平 $j=r$
1	x_{11}	x_{12}	…	x_{1r}
2	x_{21}	x_{22}	…	x_{2r}
⋮	⋮	⋮	⋮	⋮
n_j	x_{n1}	x_{n2}	…	x_{nr}
因素 X 的各水平的平均数	$\overline{x}_1$	$\overline{x}_2$	…	$\overline{x}_r$

① 因素 X 的各个水平的样本均值。

$$\bar{x}_j = \frac{\sum_{i=1}^{n_j} x_{ij}}{n_j}(j = 1,2,\cdots,r)$$

其中，n_j 为因素的第 j 个水平下的样本观察值个数。各个水平下的样本观察值个数可以是相等的，也可以是不等的。

② 因素 X 的总均值。

$$\bar{\bar{x}} = \frac{\sum_{j=1}^{r}\sum_{i=1}^{n_j} x_{ij}}{\sum_{j=1}^{r} n_j} = \frac{\sum_{j=1}^{r} \bar{x}_j n_j}{\sum_{j=1}^{r} n_j}$$

（3）计算误差平方和。

① 总误差平方和（SST）。它是全部观察值与总平均值的差值的平方和，反映全部观察值的离散程度。

$$SST = \sum_{j=1}^{r}\sum_{i=1}^{n_j} (x_{ij} - \bar{\bar{x}})^2$$

② 组间离差平方和（SSA）。它是因素各水平下观察值的平均值与总平均值的差值的平方和，反映各水平下样本均值之间的差异程度。

$$SSA = \sum_{j=1}^{r}\sum_{i=1}^{n_j} (\bar{x}_j - \bar{\bar{x}})^2$$

③ 组内离差平方和（SSE）。它是因素各水平下的样本数据与其所在水平组的平均值的差值平方和，它反映的是各水平下样本观察值的离散程度。

$$SSE = \sum_{j=1}^{r}\sum_{i=1}^{n_j} (x_{ij} - \bar{x}_j)^2$$

上述三个平方和的关系是

$$SST = SSA + SSE$$

（4）计算统计量。

统计量表达为：

$$F = \frac{MSA}{MSE} \sim F(r-1, n-r)$$

其中，MSA 为组间均方，计算公式为：

$$MSA = \frac{SSA}{r-1}$$

MSE 为组内均方，计算公式为：

$$MSE = \frac{SSE}{n-r}$$

（5）做出决策统计。

在给定显著性水平 α 下，在 F 分布表中查找分子自由度为 $r-1$、分母自由度为 $n-r$ 的相应临界值F_α。如果$F > F_\alpha$，则拒绝原假设H_0；如果$F < F_\alpha$，则接受原假设H_0。

例如，某休闲食品的营销团队打算评估三种促销活动对促销食品销售的影响是否存在差异。营销团队分别在三个城市的 15 家门店进行了实验（每个城市选择了 5 家店），三种促销活动分别是：买三件赠一件、买三件打八折、买二件打九折。在三种促销方式下同时都采用了食品可试吃的方式。实验期间其他服务和宣传等方面维持不变。实验时间为 10 天。不同促销方式下的销售数据见表 12.4。

表 12.4 不同促销方式下的食品销售数据 单位：万元

观察值 i	促销方式（X）		
	买三件赠一件	买三件打八折	买两件打九折
1	52	48	42
2	60	51	43
3	64	54	45
4	63	53	44
5	65	56	45

问题：不同促销方式对食品销售量的影响是否有显著差异？

检验过程如下：

（1）提出假设。

H_0：$x_1=x_2=x_3$，各促销方式对销售量的影响没有显著差异。

H_1：x_1，x_2，x_3不全相等，各促销方式对销售量的影响有显著差异。

（2）计算每一种促销方式下的销售量均值。

$\overline{x}_1=60.8$

$\overline{x}_2=52.4$

$\overline{x}_3=43.8$

三种促销方式下销售量的总均值为：

$$\overline{\overline{x}}=\frac{5\times60.8+5\times52.4+5\times43.8}{15}\approx52.3333$$

（3）计算误差平方和。

总误差平方和：

$SST=877.3333$

组间离差平方和：

$SSA=722.5333$

组内离差平方和：

$SSE=154.8$

（4）计算统计量。

计算组间均方：

$$MSA=\frac{722.5333}{3-1}=361.2667$$

计算组内均方：

$$MSE=\frac{154.8}{15-3}=12.9$$

计算 F 统计量：

$$F=\frac{361.2667}{12.9}=28.0052$$

（5）做出决策统计。

在给定显著性水平 0.05 的条件下，在 F 分布表中查找分子自由度为 2、分母自由度为 12 的相应临界值$F_{0.05}(2，12)=3.89$。因为$F=28.0052>F_{0.05}=3.89$，所以拒绝原假设H_0，这说明不同的促销方式对食品销售量有显著影响。

方差分析的结果通常以表 12.5 的表格形式展示出来：

表 12.5 单因素方差分析表

方差来源	离差平方和	自由度	均方	F 值
组间	SSA	$r-1$	MSA	MSA/MSE
组内	SSE	$n-r$	MSE	
总差异	SST	$n-1$		

12.5.2 双因素方差分析

在实际的市场调查中，我们经常会发现不止一个因素会对因变量产生影响，可能还存在另一个因素也会对因变量产生影响。双因素方差分析就是检验究竟是一个因素对因变量产生影响，还是两个因素都对因变量产生影响，或是两个因素都对因变量没有影响。

双因素方差分析的数据结构如表 12.6 所示。

表 12.6 双因素方差分析的数据结构

		因素（A）				$\bar{x}_{i.}$
		水平 $j=1$	水平 $j=2$	…	水平 $j=r$	
因素（B）	水平 $i=1$	x_{11}	x_{12}	…	x_{1r}	$\bar{x}_{1.}$
	水平 $i=2$	x_{21}	x_{22}	…	x_{2r}	$\bar{x}_{2.}$
	⋮	⋮	⋮	⋮	⋮	⋮
	水平 $i=k$	x_{k1}	x_{k2}	…	x_{kr}	$\bar{x}_{k.}$
$\bar{x}_{.j}$		$\bar{x}_{.1}$	$\bar{x}_{.2}$	…	$\bar{x}_{.r}$	$\bar{\bar{x}}$

在表 12.6 中，因素 A 共有 r 个水平，$\bar{x}_{.j}$代表因素 A 的第 j 种水平下的样本均值；因素 B 共有 k 种水平，$\bar{x}_{i.}$ 代表因素 B 的第 i 种水平下的样本均值。$\bar{\bar{x}}$为样本的总均值，样本规模 $n=r\times k$。每一个观察值x_{ij}（$i=1，2，…，k$；$j=1，2，…，r$）可以看做是从规模为$r\times k$ 的总体中抽取出来的样本容量为 1 的独立随机样本。

在双因素方差分析中，离差平方和（SST）可以分解为三部分：因素 A 的组间差异（SSA）、因素 B 的组间差异（SSB）和随机误差（SSE）。它们的计算公式为：

$$SST=\sum_{j=1}^{r}\sum_{i=1}^{k}(x_{ij}-\bar{\bar{x}})^2$$

$$SSA=\sum_{j=1}^{r}k(\bar{x}_{.j}-\bar{\bar{x}})^2$$

$$SSB=\sum_{i=1}^{k}r(\bar{x}_{i.}-\bar{\bar{x}})^2$$

$$SSE = SST - SSA - SSB$$

由离差平方和与自由度可以计算出均方，对于因素 A，

$$MSA=\frac{SSA}{r-1}$$

对于因素 B，

$$MSB=\frac{SSB}{k-1}$$

对于随机误差项：

$$MSE=\frac{SSE}{n-r-k+1}$$

计算 F 统计量的表达式为：

$$F_A = \frac{MSA}{MSE} \sim F(r-1, n-r-k+1)$$

$$F_B = \frac{MSB}{MSE} \sim F(k-1, n-r-k+1)$$

可编制出的双因素方差分析表，见 12.7。

表 12.7 双因素方差分析表

方差来源	离差平方和	自由度	均方	F 值
因素 A 组间	SSA	$r-1$	MSA	$F_A=MSA/MSE$
因素 B 组间	SSB	$k-1$	MSB	$F_B=MSB/MSE$
随机误差	SSE	$(r-1)(k-1)$	MSE	
总差异	SST	$n-1$		

例如，某种食品有三种包装，在三个地区的月销售额数据如表 12.8 所示。

表 12.8 三种不同包装的某种食品在三个地区的月销售额 单位：万元

		包装（A）		
		包装 $j=1$	包装 $j=2$	包装 $j=3$
销售地区（B）	地区 $i=1$	50	48	40
	地区 $i=2$	52	50	45
	地区 $i=3$	54	47	42

问题：包装方式和销售地区对销售额是否有显著性影响？

检验步骤如下：

（1）提出假设。

对因素 A：

H_{0A}：$\bar{x}_{.1}=\bar{x}_{.2}=\bar{x}_{.3}$，包装方式对销售量没有显著性影响。

H_{1A}：$\bar{x}_{.1}$，$\bar{x}_{.2}$，$\bar{x}_{.3}$不全相等，包装方式对销售量有显著性影响。

对因素 B：

H_{0B}：$\bar{x}_{1.}=\bar{x}_{2.}=\bar{x}_{3.}$，地区对销售量没有显著性影响。

H_{1B}：$\bar{x}_{1.}$，$\bar{x}_{2.}$，$\bar{x}_{3.}$不全相等，地区对销售量有显著性影响。

（2）计算均值。

$$\bar{x}_{.1} = 52，\bar{x}_{.2} = 48.3，\bar{x}_{.3} = 42.3$$

$\bar{x}_{1.}=46$，$\bar{x}_{2.}=49$，$\bar{x}_{3.}=47.7$

$\bar{\bar{x}}=47.6$

（3）计算误差平方和。

$SST=168.22$，$SSA=142.89$，$SSB=13.56$，$SSE=11.78$

（4）计算统计量。

计算因素 A 组间均方：

$$MSA=\frac{142.89}{3-1}=71.44$$

计算因素 B 组间均方：

$$MSB=\frac{13.56}{3-1}=6.78$$

计算随机误差：

$$MSE=\frac{11.78}{9-3-3+1}=2.945$$

计算 F 统计量：

$$F_A=\frac{71.44}{2.945}=24.26$$

$$F_B=\frac{6.78}{2.945}=2.30$$

（5）做出决策统计。

在给定显著性水平 0.05 的条件下，在 F 分布表中查找分子自由度为 2、分母自由度为 4 的相应临界值 $F_{0.05}(2,4)=6.94$。因为 $F_A=24.26>F_{0.05}=6.94$，所以拒绝原假设 H_{0A}，这说明不同的包装对产品销售量有显著性影响。因为 $F_B=2.30<F_{0.05}=6.94$，所以接受原假设 H_{0B}，这说明不同地区对产品销售没有显著性影响。

思考题

1. 什么是参数估计？什么是假设检验？

2. 简述一个总体均值的区间估计方法。

3. 简述一个总体方差的区间估计方法。

4. 简述两个总体均值之差的区间估计方法。

5. 简述两个总体方差之比的区间估计方法。

6. 一家咨询公司调查了 850 个消费者，了解他们的信用卡负债水平。数据为 SPSS 自带数据，文件名为“bankloan”。已知 $n=850$，总体方差未知。

在给定 0.05 显著性水平下，

（1）确定消费者信用卡负债水平的置信区间；

（2）确定消费者信用卡负债水平方差的置信区间。

7. 当前，互联网直播非常流行，其中有一类关于“吃”的直播节目，简称“吃播”。为了了解居民对“吃播”的关注度，我们在农村地区调查了 500 人，有 125 人收看过此类直播；在城市地区调查了 800 人，有 320 人收看过此类直播。给定 95%的置信水平：

(1) 请估计城市居民和农村居民收看此类节目比例差别的置信区间。

(2) 调查者认为，城市地区居民收看“吃播”节目的比例显著高于农村地区居民，请问样本提供的证据是否支持调查者的看法?

8. 某品牌盒装牛奶的净含量服从正态分布 $N(250, 5^2)$。从某批次盒装牛奶中随机抽取 16 瓶，平均每盒牛奶的净含量为 250.5 毫升。请问：在 0.05 的显著性水平下，该批次盒装牛奶的净含量是否符合产品质量要求?

9. 某广告宣称某款手机充满电后的待机时间为 200 小时。假定电池待机时间服从正态分布。现检测了 10 个广告手机的足电待机时间（小时）分别为：190，195，202，198，204，189，210，208，190，200。请问：在 0.05 的显著性水平下，该广告宣传是否可信?

10. 某啤酒经销商采用了 4 种营销方式推广一种新口味啤酒。为了了解 4 种营销方式的效果，随机抽取了一个周内 5 个工作日的啤酒营销额记录（万元）。请利用表 12.9 的数据检验 4 种营销方式下的啤酒营销额是否有显著差异。

表 12.9 4 种营销方式下的营销额 单位：万元

方式 1	方式 2	方式 3	方式 4
86	95	78	85
78	90	80	80
82	88	82	79
85	91	79	75
80	92	75	80

11. 某企业的市场营销部门为了研究不同的广告媒介和广告文案对产品销售量的影响，对 3 种广告媒介和 2 种广告文案的组合进行了为期一周的实验，获得了如表 12.10 所示的销售量数据。请分析广告媒介和广告文案是否对产品销售量有显著影响。

表 12.10 3 种广告媒介和 2 种广告文案下的销售量 单位：万元

		广告媒介 B		
		App	商场滚动电子屏	纸质宣传海报
广告文案 A	A_1	28	38	20
	A_2	25	32	15

第 13 章

回归分析预测方法

本章内容

回归分析在管理科学和社会经济研究领域应用广泛。本章主要介绍了一元线性回归模型的基本原理；阐释了多元线性回归模型的理论和应用；介绍了二分类、无序多分类和有序多分类的逻辑回归模型在市场调研实践中的应用。

学习目标

掌握一元线性回归模型分析的基本原理；掌握利用多元回归模型分析变量间因果关系和预测的方法；掌握利用逻辑回归模型分析定性因变量和自变量之间关系的方法；理解和掌握各个模型的解释和说明的技巧。

回归分析是一种研究变量间因果关系的方法，不仅可以揭示自变量对因变量是否有影响以及影响的大小，而且还可以用回归方程进行预测。回归分析中的因变量是随机变量，处在被解释的地位；自变量是用于解释因变量的，通常假定是非随机变量。回归分析与研究变量间的相关关系不同，相关关系中的变量地位是平等的，没有解释和被解释的关系要求，且变量都是随机变量。因此，回归分析中具有因果关系的变量一定具有相关关系，但是具有相关关系的变量不一定具有因果关系。

13.1 一元线性回归模型分析

回归模型是描述因变量如何依赖于自变量和随机误差项的方程。线性回归分析是调研人员经常使用的研究变量间关系和预测建模的方法。在市场调研中，线性回归模型可以被广泛用于分析影响市场占有率、销售量、利润额的因素，并对其发展进行预测。

一元线性回归模型分析的主要步骤：

(1) 根据研究需要选择自变量和因变量，绘制散点图；

（2）根据变量数据类型选择适当的回归模型；
（3）进行回归模型的参数估计；
（4）进行回归模型的检验；
（5）进行市场预测。

13.1.1 构建一元线性回归模型

一元线性回归模型是只涉及一个自变量 x 和因变量 y 之间关系的模型。一元线性回归在一定的精确度下估计因变量和自变量之间的相关关系，并依据回归模型对因变量进行预测。

一元线性理论回归模型的表达形式为：

$$y=\beta_0+\beta_1 x+\varepsilon$$

模型显示，变量 y 和 x 之间的关系由两个部分来描述：一是确定性函数关系，由回归函数$\beta_0+\beta_1 x$ 给出，解释由 x 的变化而引起的 y 的变化的部分；二是随机误差项 ε，恰恰是随机误差项的引入，才使变量间的关系可以被描述为一个随机方程。

一元线性总体回归模型的表达形式为：

$$y_i=\beta_0+\beta_1 x_i+\varepsilon_i$$

对上述模型两边求数学期望，可得总体回归方程：

$$E(y \mid x=x_i)=\beta_0+\beta_1 x_i$$

该方程反映了总体的平均变化规律，即在给定 x 的条件下 y 分布的均值，ε 是随机误差项。在方程中，β_0和β_1称为总体回归参数，也叫回归系数。β_0是截距项，是 $x=0$ 时 y 的（条件）均值；β_1是斜率，斜率系数表明 x 每变动一单位，y（条件）均值的变化率为β_1，平均变化值为$\beta_1 x$。

在实际研究中，我们很难获得总体的数据，因此通常会通过抽样调查获得样本数据，并用样本观测值来估计参数。假设从总体中抽取了 n 对观察值，分别为（x_1，y_1），（x_2，y_2），…，（x_n，y_n），对于第 i 个 x 值，我们可以针对样本数据拟合一个回归方程，这个方程被称作样本回归方程，也称作经验回归方程。

一元线性样本回归方程的表达形式为：

$$\hat{y}_i=\hat{\beta}_0+\hat{\beta}_1 x_i$$

该方程中的$\hat{y}_i$ 为总体条件均值 $E(y \mid x=x_i)$ 的估计量；$\hat{\beta}_0$，$\hat{\beta}_1$分别为总体回归参数β_0，β_1的估计量。如果估计误差较小，$\hat{\beta}_0$，$\hat{\beta}_1$的估计值与总体回归参数β_0，β_1的真值比较接近，可以用样本回归方程近似代替总体回归方程，也就是说，可以利用样本回归方程近似地描述总体的平均变化规律。

根据总体回归方程和样本回归方程，可以计算实际观察值y_i 与样本估计值$\hat{y}_i$ 的残差e_i 为：

$$e_i=y_i-\hat{y}_i=y_i-(\hat{\beta}_0+\hat{\beta}_1 x_i)$$

对于 x 和 y 的 n 对观察值之间的关系可以有多条直线来描述，研究者关心的是：如何从多条直线中选择一条最佳拟合的直线。判断的标准可以确定为：使模型拟合的总误差

（也称作总离差）达到最小。达到这个目标的方法有多种，最常用的方法是普通最小二乘法（OLS）。

13.1.2　估计回归系数及误差

（1）估计回归系数。

所谓最小二乘法，就是估计回归系数，寻找参数β_0，β_1的估计值$\hat{\beta}_0$，$\hat{\beta}_1$，通过回归模型拟合一条最好的趋势线，以满足所有数据的观察值与估计值的残差平方和最小，即

$$\sum e_i^2=\sum (y_i-\hat{y}_i)^2=\sum [y_i-(\hat{\beta}_0+\hat{\beta}_1 x_i)]^2=\min$$

根据微积分求导数的极值定理，可以得出一元线性回归方程的估计系数为：

$$\hat{\beta}_1=\frac{n\sum x_i y_i-\sum x_i\sum y_i}{n\sum x_i^2-(\sum x_i)^2}$$

$$\hat{\beta}_0=\bar{y}-\hat{\beta}_1\bar{x}$$

其中，$\bar{y}=\frac{\sum y_i}{n}$；$\bar{x}=\frac{\sum x_i}{n}$。

当然估计回归系数的方法不只有最小二乘法，还有最大似然估计等方法，此处不做赘述。

（2）参数估计误差。

参数估计误差是指估计值$\hat{\beta}_1$与真值β_1的偏差$\hat{\beta}_1-\beta_1$。样本不同，估计的误差大小也不同，因此误差是一个随机变量，需要考虑其平均误差。参数估计量的平均误差为：

$$\sqrt{E(\hat{\beta}_1-\beta_1)^2}=\sqrt{\sigma^2/\sum (x_i-\bar{x})^2}$$

式中，σ^2是误差项 ε 的方差，通常是未知的。σ^2的无偏估计量为：

$$\hat{\sigma}^2=\sum e_i^2/(n-2)$$

用$\hat{\sigma}^2$估计 σ^2，用 $S(\hat{\beta}_1)$ 表示$\hat{\beta}_1$的估计误差，表达式为：

$$S(\hat{\beta}_1)=\sqrt{\frac{\hat{\sigma}^2}{\sum (x_i-\bar{x})^2}}=\sqrt{\frac{\sum e_i^2}{(n-2)\sum (x_i-\bar{x})^2}}$$

同理，用 $S(\hat{\beta}_0)$ 表示$\hat{\beta}_0$的平均误差，表达式为：

$$S(\hat{\beta}_0)=\sqrt{\frac{(\sum e_i^2)(\sum x_i^2)}{n(n-2)\sum (x_i-\bar{x})^2}}$$

$S(\hat{\beta}_0)$ 和 $S(\hat{\beta}_1)$ 也称作样本回归方程估计系数的标准误差或标准差，反映了估计量与真值的相对偏离程度。$S(\hat{\beta}_1)$ 越小，则估计值$\hat{\beta}_1$与真值β_1的近似误差越小。

（3）置信区间。

按照给定的可靠程度确定估计系数的取值范围。构建 t 统计量为：

$$t=\frac{\hat{\beta}_1-\beta_1}{S(\hat{\beta}_1)}\sim t(n-2)$$

在一定的置信水平 $1-\alpha$ 下，根据 t 分布表查得$t_{\alpha/2}(n-2)$ 的临界值，使得

$$P[\hat{\beta}_1-t_{\alpha/2}(n-2)S(\hat{\beta}_1)<\beta_1<\hat{\beta}_1+t_{\alpha/2}(n-2)S(\hat{\beta}_1)]=1-\alpha$$

进而推出参数β_1的置信区间为：

$$(\hat{\beta}_1-t_{\alpha/2}(n-2)S(\hat{\beta}_1),\ \hat{\beta}_1+t_{\alpha/2}(n-2)S(\hat{\beta}_1))$$

同理。可得参数β_0在置信水平为 $1-\alpha$ 时的置信区间为：

$$(\hat{\beta}_0-t_{\alpha/2}(n-2)S(\hat{\beta}_0),\ \hat{\beta}_0+t_{\alpha/2}(n-2)S(\hat{\beta}_0))$$

在构建了回归方程，估计了回归系数后，必须对构建的回归方程进行检验和诊断。一般利用判定系数R^2 检验拟合优度；利用相关系数 r 检验自变量和因变量之间的相关程度；利用 F 检验法检验回归方程的显著性；利用 t 检验法检验回归系数的显著性。

13.1.3 回归方程的拟合优度检验

拟合优度是指回归方程对样本数据的近似程度。

(1) 判定系数R^2。

拟合优度检验通常可以用判定系数R^2 来测量，它是建立在对总离差平方和进行分析的基础之上的。

在一元线性回归模型中，观察值y_i 的取值是上下波动的，这种波动被称作变差。变差的大小可以通过观察值y_i 与其算数平均数 $\bar{y}$ 的离差 $y_i-\bar{y}$ 来表示。全部 n 次观察值的总变差可以用总离差的平方和来表达：$\sum(y_i-\bar{y})^2$。

总离差平方和反映了因变量 y 关于均值$\bar{y}$的总体变化情况。

$$\begin{aligned}SST&=\sum(y_i-\bar{y})^2=\sum[(y_i-\hat{y}_i)+(\hat{y}_i-\bar{y})]^2\\&=\sum(y_i-\hat{y}_i)^2+\sum(\hat{y}_i-\bar{y})^2+2\sum(y_i-\hat{y}_i)(\hat{y}_i-\bar{y})\end{aligned}$$

式中的交叉项 $2\sum(y_i-\hat{y}_i)(\hat{y}_i-\bar{y})$ 为零。因此，总变差分解后可以分成两部分：

$$\sum(y_i-\bar{y})^2=\sum(\hat{y}_i-\bar{y})^2+\sum(y_i-\hat{y}_i)^2$$

式中，$\sum(\hat{y}_i-\bar{y})^2$ 称为回归平方和，记作 SSR，反映了变量 y 变化中可以用回归模型来解释的部分；$\sum(y_i-\hat{y}_i)^2$ 称为残差平方和，记作 SSE，反映了变量 y 变化中不能用回归模型来解释的部分。上面的关系式可以简化为：

$$\text{总离差平方和}(SST)=\text{回归平方和}(SSR)+\text{残差平方和}(SSE)$$

在 y 的总体变化中，能够被回归模型解释的部分越多，那么模型的拟合误差相对就越小。我们可以用回归平方和占总离差平方和的比重作为检验样本拟合优度的指标，称作判定系数，记作R^2，表达式为：

$$R^2=\frac{SSR}{SST}=1-\frac{\sum e_i^2}{\sum(y_i-\bar{y})^2}$$

显然 $0\leqslant R^2\leqslant 1$。当$R^2$ 趋向于 1 时，$\sum e_i^2$ 趋向于 0，因此，R^2 越接近于 1，说明回归方程对样本数据的拟合越好。

（2）相关系数 r。

相关系数 r 是一元线性回归方程中用来衡量自变量和因变量之间相关程度的重要指标，其值是判定系数的平方根。

根据总变差定义计算的相关系数 r 为：

$$r=\sqrt{\frac{\sum(\hat{y}_i-\overline{y})^2}{\sum(y_i-\overline{y})^2}}=\sqrt{1-\frac{\sum(y_i-\hat{y}_i)^2}{\sum(y_i-\overline{y})^2}}$$

根据积差法定义的相关系数 r 为：

$$r=\frac{\sum(x_i-\overline{x})(y_i-\overline{y})}{\sqrt{\sum(x_i-\overline{x})^2}\sqrt{\sum(y_i-\overline{y})^2}}$$

积差法定义的相关系数不需要事先求出回归模型的剩余变差，可以直接从样本数据中计算而得，因此在实际研究中应用广泛。为了方便计算，还可进一步简化公式为：

$$r=\frac{n\sum x_i y_i-\sum x_i\sum y_i}{\sqrt{n\sum x_i^2-\left(\sum x_i\right)^2}\sqrt{n\sum y_i^2-\left(\sum y_i\right)^2}}$$

相关系数 r 的取值范围为 $-1\leqslant r\leqslant 1$。

当 $r=0$ 时，说明自变量的变动对总变差没有任何影响，称作零相关。

当 $r=\pm 1$ 时，说明总变差的变化完全是由自变量的变化引起的，称作完全相关。

当 $-1<r<1$ 时，说明自变量的变动对总变差有部分影响，称作普通相关。r 值越大，表明相关程度越高。

一般情况下，当 $|r|\geqslant 0.7$，也就是 $R^2\geqslant 0.49$ 时，说明自变量的变动对总变差的影响占一半以上，称作高度相关；当 $|r|<0.3$，也就是 $R^2<0.09$ 时，说明自变量的变动对总变差的影响小于 9%，称作低度相关；当 $0.3\leqslant|r|<0.7$，也就是 $0.09\leqslant R^2<0.49$ 时，说明自变量的变动对总变差的影响在 9%～50%之间，称作中等相关。

13.1.4　回归方程的显著性检验

回归方程的显著性检验用于检验因变量和自变量之间的线性关系是否显著。通常使用 F 统计量对回归方程的显著性进行检验。

通过构建 F 统计量进行检验的步骤：

（1）提出假设。

H_0：$\beta_1=0$，自变量对因变量无影响。

H_1：$\beta_1\neq 0$，自变量对因变量有影响。

（2）构建 F 统计量。

$$F=\frac{MSR}{MSE}=\frac{SSR/k}{SSE/(n-k-1)}\sim F(k,n-k-1)$$

（3）确定临界值。

给定显著性水平 α、分子自由度 k 和分母自由度 $n-k-1$，查 F 分布表，可得临界值 $F_\alpha(k,n-k-1)$。一元线性回归方程中的 $k=1$。

(4) 进行统计决策。

将计算出的统计量 F 与$F_\alpha(k, n-k-1)$ 进行比较。如果 $F>F_\alpha(k, n-k-1)$，则拒绝H_0，接受H_1，说明自变量对因变量有显著影响，模型的线性关系是显著的。如果$F<F_\alpha(k, n-k-1)$，则不能拒绝H_0，说明模型的线性关系不显著，方程估计不可靠。

如果模型通过了 F 检验，则表明模型中的自变量对因变量的总影响是显著的，但是这并不代表模型中的每一个自变量对因变量的影响都是显著的。当然，如果是一元线性回归方程，F 检验的结果就是 t 检验的结果，二者是一致的。但是对于多元线性回归方程，就需要在 F 检验的基础上，对模型中的每一个自变量对因变量的影响是否显著进行 t 检验，此部分内容在多元线性回归模型一节中进行介绍。

13.1.5 案例：便利店广告费用对销售额的影响分析

按照经济理论和实践经验，我们认为企业广告费用支出可能影响销售额。以某连锁便利店为调查对象，获得 30 家便利店的广告费用 x（万元）和销售额 y（万元）的数据（见表 13.1）。利用调查数据分析广告费用对销售额的影响。

表 13.1 便利店广告费用和销售额的数据样表

便利店编码	销售额（万元，y）	广告费用（万元，x）	xy	y^2	x^2
1	12.23	4.69	57.358 7	149.572 9	21.996 1
2	11.84	6.41	75.894 4	140.185 6	41.088 1
3	12.25	5.47	67.007 5	150.062 5	29.920 9
⋮	⋮	⋮	⋮	⋮	⋮
28	9.05	1.98	17.919 0	81.902 5	3.920 4
29	13.10	6.10	79.910 0	171.610 0	37.210 0
30	11.80	3.80	44.840 0	139.240 0	14.440 0
合计	322.29	115.31	1 311.486 0	3 553.693 0	511.317 9

注：该表中数据可从人大社网站下载，文件名为 "ch13 advert simple reg"。

(1) 绘制广告费用 x 和销售额 y 之间的散点图（见图 13.1）。

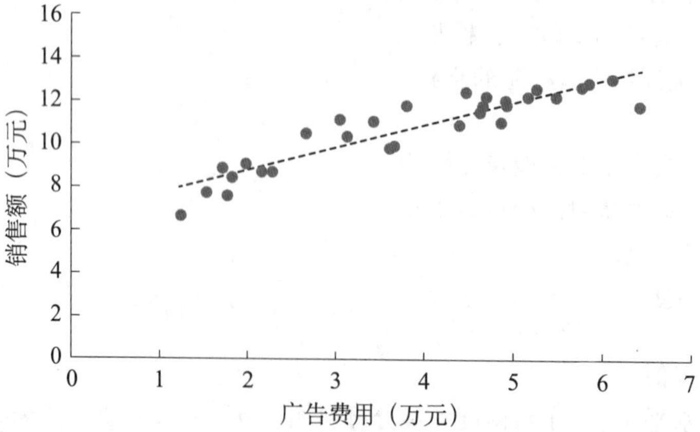

图 13.1 便利店广告费用和销售额之间的散点图

（2）建立一元线性回归模型。

$$\hat{y}=\hat{\beta}_0+\hat{\beta}_1 x$$

计算回归系数：

$$\hat{\beta}_1=\frac{n\sum x_i y_i-\sum x_i\sum y_i}{n\sum x_i^2-\left(\sum x_i\right)^2}=\frac{30\times 1\ 311.486-115.31\times 322.29}{30\times 511.317\ 9-13\ 296.4}=1.067\ 6$$

$$\hat{\beta}_0=\bar{y}-\hat{\beta}_1\bar{x}=10.743-1.067\ 6\times 3.843\ 7=6.639\ 4$$

所求回归模型为：

$$\hat{y}=6.639\ 4+1.067\ 6x$$

（3）检验变量间的相关性。

$$r=\frac{n\sum x_i y_i-\sum x_i\sum y_i}{\sqrt{n\sum x_i^2-\left(\sum x_i\right)^2}\sqrt{n\sum y_i^2-\left(\sum y_i\right)^2}}$$

$$=\frac{30\times 1\ 311.486-115.31\times 322.29}{\sqrt{30\times 511.317\ 9-13\ 296.4}\times\sqrt{30\times 3\ 553.693-103\ 870.8}}=0.921\ 9$$

这个结果说明两变量高度相关。

（4）估计回归系数的平均误差和置信区间。

计算残差平方和：

$$\sum e_i^2=\sum(y_i-\hat{y}_i)^2=13.703\ 3$$

$$\hat{\sigma}^2=\sum e_i^2/(n-2)=\frac{13.703\ 3}{30-2}=0.489\ 4$$

计算回归系数的平均误差：

$$S(\hat{\beta}_1)=\sqrt{\frac{\hat{\sigma}^2}{\sum(x_i-\bar{x})^2}}=\sqrt{\frac{0.489\ 4}{68.104\ 7}}=0.084\ 8$$

$$S(\hat{\beta}_0)=\sqrt{\frac{\hat{\sigma}^2\left(\sum x_i^2\right)}{n\sum(x_i-\bar{x})^2}}=\sqrt{\frac{0.489\ 4\times 551.317\ 9}{30\times 68.104\ 7}}=0.349\ 9$$

估计回归系数的置信区间。

当显著性水平 $\alpha=0.05$ 时，自由度为 30－2＝28，查 t 分布表可得$t_{\alpha/2}(28)=2.048\ 4$。

参数β_1的置信区间：

$$\hat{\beta}_1\pm t_{\alpha/2}(n-2)S(\hat{\beta}_1)=1.067\ 6\pm 2.048\ 4\times 0.084\ 8$$

即　　$(0.893\ 9,\ 1.241\ 3)$

参数β_0的置信区间：

$$\hat{\beta}_0\pm t_{\alpha/2}(n-2)S(\hat{\beta}_0)=6.639\ 4\pm 2.048\ 4\times 0.349\ 9$$

即　　$(5.922\ 7,\ 7.356\ 1)$

（5）回归模型的显著性检验。

提出假设：

H_0：$\beta_1=0$

H_1：$\beta_1\neq 0$

构建 F 检验统计量：

$$F=\frac{MSR}{MSE}=\frac{\sum(\hat{y}_i-\bar{y})^2/k}{\sum(y_i-\hat{y}_i)^2/(n-k-1)}=\frac{77.6237/1}{13.7033/(30-1-1)}=158.6086$$

给定显著性水平 $\alpha=0.05$，分子自由度为1，分母自由度为28（$=30-1-1$），查 F 分布表，可得临界值 $F_{0.05}(1,28)=4.20$。

因为 $F=158.6086>F_{0.05}(1,28)=4.20$，所以拒绝 H_0，说明广告费用对销售额的影响是显著的。

（6）自变量系数的显著性检验。

提出假设：

H_0：$\beta_1=0$，H_1：$\beta_1\neq0$

构建 t 统计量：

$$t=\frac{\hat{\beta}_1}{S(\hat{\beta}_1)}=\frac{1.0676}{0.0848}=12.5896$$

因为 $t=12.5896>t_{\alpha/2}(28)=2.0484$，所以拒绝 H_0，β_1 显著不等于零，可以认为，广告费用对销售额有显著影响。

实际上，在一元线性回归分析中，自变量系数的显著性检验和回归模型的显著性检验效果是一样的。上述第（5）步和第（6）步的结果也证明了这点。

（7）进行回归预测。

① 点估计。

对于给定的自变量 x_f，对应回归模型的点估计为：

$\hat{y}_f=\hat{\beta}_0+\hat{\beta}_1x_f$

假定 $x_f=3.5$（万元），那么便利店销售额的点估计值为：

$$\hat{y}_f=6.6394+1.0676\times3.5=10.376\text{（万元）}$$

② 预测区间估计。

因为点估计值 $\hat{y}_f$ 不一定等于真实值 y_f，因此需要对真实值 y_f 可能的置信区间做出预测。在 $1-\alpha$ 置信水平下，真实值 y_f 的置信区间预测可以表达为：

$$\hat{y}_f\pm t_{\alpha/2}(n-2)\sqrt{\hat{\sigma}^2\left[1+\frac{1}{n}+\frac{(x_f-\bar{x})^2}{\sum(x_i-\bar{x})^2}\right]}$$

$\hat{\sigma}^2=0.4894$，取置信水平95%，$t_{0.025}(30-2)=2.0484$，当 $x_f=3.5$（万元）时，便利店销售额 y_f 的预测区间为：

$$10.376\pm2.0484\times\sqrt{\left(1+\frac{1}{30}+\frac{(3.5-3.8437)^2}{68.1047}\right)\times0.4894}=10.376\pm1.4579$$

即 $8.9181\text{（万元）}\leqslant y_f\leqslant11.8339\text{（万元）}$

也就是说，当便利店的广告费用是3.5万元时，预测的企业销售额在8.9181万～11.8339万元之间。

综上可以看出，一元线性回归模型分析具有如下作用：

（1）判定自变量是否能够影响因变量，以识别二者之间是否存在关系；

（2）判定自变量能够在多大程度上解释因变量，以识别二者之间的关系强度；

（3）构建自变量和因变量之间的数学表达模型，可以用来预测因变量。

给出以上复杂的计算过程是为了让大家更好地掌握线性回归分析的基本原理和应用。在实际分析中，计算的工作量是很大的，使用统计分析软件和计算机成为解决复杂工作的主要手段。因此，在大家对理论有所了解之后，在多元线性回归分析中，我们就使用软件给出回归分析的结果。

13.2　多元线性回归模型分析

多元线性回归模型是研究一个因变量和两个或两个以上自变量之间线性关系的模型。一元线性回归模型是回归分析中的一个特例。

在市场调研中，多元线性回归模型可以用于分析：销售是否受广告支出、促销方式、产品价格等因素的影响；消费者绿色食品支出是否受性别、年龄、家庭收入、职业等因素的影响；企业利润是否受企业所有制性质、技术创新投入、劳动力数量等因素的影响；消费者满意度、客户忠诚度等变量受哪些因素的影响；等等。

多元线性回归分析的主要步骤是：

(1) 根据理论、经验和研究需要选择自变量和因变量；

(2) 绘制散点图（散点矩阵）；

(3) 根据变量数据类型建立回归模型；

(4) 进行回归模型的参数估计；

(5) 进行回归参数和模型的检验；

(6) 利用回归方程进行市场预测。

13.2.1　多元线性回归模型的表达和估计

多元线性理论回归模型的表达形式为：

$$y=\beta_0+\beta_1x_1+\beta_2x_2+\cdots+\beta_kx_k+\varepsilon$$

其中，β_0，β_1，β_2，…，β_k是未知参数；β_0是回归常数项；β_1，β_2，…，β_k是 k 个回归系数；y 称作因变量，也叫被解释变量；x_1，x_2，…，x_k是 k 个可以精确测量并控制的自变量，也称作解释变量。

多元线性总体回归模型的表达形式为：

$$y_i=\beta_0+\beta_1x_{1i}+\beta_2x_{2i}+\cdots+\beta_kx_{ki}+\varepsilon_i$$

对上述模型两边求数学期望，可得多元线性样本回归方程：

$$E(y_i)=\beta_0+\beta_1x_{1i}+\beta_2x_{2i}+\cdots+\beta_kx_{ki}$$

式中的 i 表示观察值的个数，$i=1$，2，…，n。

如果利用最小二乘法估计模型的参数，那么与一元线性回归方程一样，也要求残差平方和达到最小。

多元线性样本回归模型的估计方程为：

$$\hat{y}_i=\hat{\beta}_0+\hat{\beta}_1x_{1i}+\hat{\beta}_2x_{2i}+\cdots+\hat{\beta}_kx_{ki}$$

与一元线性回归方程不同，多元线性回归方程的参数估计是对偏回归系数进行的估计，用来表达各个自变量对因变量的影响。偏回归系数$\hat{\beta}_1$的含义是：当控制 x_2，x_3，…，x_k变量保持不变时，自变量 x_1 每变化一个单位所引起的 y 的预期平均变化幅度。同理，可以分别解释$\hat{\beta}_2$，$\hat{\beta}_3$，…，$\hat{\beta}_k$的含义。

在多元回归分析中，所有自变量共同变动对因变量的影响，称为复相关，用判定系数 R^2 来表示，可以用来解释总变差中由自变量解释的比例。如果一个多元回归分析中R^2 的值为 0.92，这说明因变量变差的 92%可由自变量来解释。

对于多元线性回归方程的常数项和偏回归系数，我们可以通过解联立方程组得到它们的估计值。在多元回归方程的求解中，计算量很大，我们一般会采用统计软件 SPSS、Stata 等进行求解，此处不再从理论上详述求解过程。

与一元线性回归分析一样，多元线性回归分析也需要进行模型检验、系数检验。

一是利用样本决定系数R^2 的大小来衡量模型的拟合优度。R^2 越大，说明回归方程拟合原始数据观察值的效果越好。

二是利用 F 统计量对回归方程的显著性进行检验，判断原假设H_0：$\beta_1=\beta_2=\cdots=\beta_k=0$ 是否成立。给定显著性水平 α，若 $F>F_\alpha(k，n-k-1)$，则拒绝原假设H_0；反之，则接受原假设。

三是利用 t 统计量来检验回归模型中各个自变量对因变量的显著性，即回归系数显著性检验。x_j对因变量 y 的影响是否显著，等价于检验假设H_{0j}：$\beta_j=0$（$j=1，2，\cdots，k$）是否成立。给定显著性水平 α，查出双侧检验的临界值$t_{\alpha/2}$。若$|t_j|\geqslant t_{\alpha/2}$，则拒绝原假设$H_{0j}$：$\beta_j=0$，可以认为$\beta_j$显著不为零，自变量 x_j对因变量 y 的线性效果显著。若$|t_j|<t_{\alpha/2}$，则接受原假设H_{0j}：$\beta_j=0$，可以认为β_j为零，自变量 x_j对因变量 y 的线性效果不显著。

13.2.2 多元回归模型设定要注意的问题

（1）变量选择要合逻辑。

模型设定是在确定了因变量的基础上，研究人员考虑将合适的自变量纳入模型中的过程。所谓合适，是指模型选择的自变量对因变量的影响有经济学逻辑和经验事实的支撑。在选择解释因变量的自变量时，要认真阅读理论和经验研究的文献，考虑变量的选择和变量之间的关系是否符合逻辑。

影响因变量的因素比较多，我们不可能也没有必要将每一个影响因素都纳入模型中，重要的是研究人员要基于理论和经验，在哪些因素能够纳入模型、哪些因素可以舍弃之间做出选择，以使模型的拟合优度最好。

如果模型设置时遗漏了必要的解释变量，那么估计值的无偏性和一致性将不再成立。如果模型设置时加入了不必要的解释变量，出现了解释变量“过多”的情况，则模型参数的估计量仍为无偏估计量，但参数估计量不满足最小方差性，估计效率会受到损失。

（2）避免高共线性问题。

多元回归分析的一个重要假设是自变量之间不是彼此相关的。然而，多元线性回归分析中出现共线性是不可避免的。一点儿共线性对研究结果的影响不大，而高共线性则会导致斜率估计的标准误比较大，带来参数估计结果不稳定和不确定的问题，使回归模型的显著性检验受到影响。因此，在选择自变量时，要注意对自变量间存在的共线性水平进行甄别和处理。

解决高共线性的方法之一是增加样本量。但是通常情况下我们是在样本量一定的情况下进行回归分析，所以增加样本量往往不现实。方法之二是展示两个估计模型的结果，一个是展示包括所有选择变量的模型结果，另一个是展示剔除了引发共线性的自变量之后的模型结果。

（3）非线性模型设置。

客观现象中的变量之间的关系是复杂的，经常会遇到变量之间的关系呈曲线形，而不是直接表现为线性关系的情况。在决定某模型是线性还是非线性关系时，理论应起指导作用。但是在理论并不是绝对明确的情况下，有的研究者可能认为非线性模型比较好，而有的研究者则认为线性模型也可以，那么在这种情况下我们的处理方式是对相关模型都进行估计，然后对估计结果进行比较分析，以判断更适合采纳哪一类模型。当然，也存在一种线性和非线性回归模型统计结果差异不大的情况，此时应该选择更契合理论和经验解释的模型。非线性模型一般是通过转化为线性模型进行分析的。

（4）当自变量为虚拟变量时的处理。

回归分析中的变量除了有数学特性比较强的定距和定比数据，还有数学特性比较弱的定类数据，这类数学特性比较弱的变量统称为定性变量。在进行回归分析时，为了使定类数据能够满足回归分析的需要，一般会对这类数据采用虚拟变量的形式进行处理。

在设置虚拟变量之前，通常的做法是选定一个基准类别，也称作对照组。从纯数理角度看，选择哪个分类类别作为对照组没有区别，但是从经济解释的角度看，一般我们应该选择有利于更清楚、更直观地解释回归结果的对照组。如果变量是一个拥有 M 个类别的定性变量，则需要将其转化成 $M-1$ 个虚拟变量。

在市场调查中，对于影响因变量的自变量，既要考虑将数量变量纳入模型，也要考虑将定性变量纳入模型，例如，产品销量的影响因素包括促销广告发布前和发布后、政府政策改革前和改革后、消费者性别、不同地区等定性变量。此时，研究人员就要考虑定性变量的数量化处理问题。

（5）标准化系数。

标准化系数是用来描述多变量回归模型中自变量的相对重要性的。因为自变量具有不同的计量单位和不同的方差，因此，回归模型的系数不能被直接比较，而标准化变量是比值变量，消除了计量单位，标准化系数是利用标准化变量估计出来的，从而使回归后各变量的标准化系数具有可比性。

13.2.3　案例：便利店销售额的多因素影响分析

某咨询公司调查了某品牌 20 家便利店的年销售额 y（万元）、平均每天经过店铺的车流量 x_1（辆）、两公里范围内的居民数量 x_2（人）和月平均家庭收入 x_3（元）的数据（见表 13.2）。

表 13.2 便利店销售额、车流量、居民数量和家庭收入的调查数据样表

编号	年销售额（万元）	平均每天经过店铺的车流量（辆）	两公里范围内的居民数量（人）	月平均家庭收入（元）
1	112.1	6 166	17 880	28 991
2	76.6	3 524	13 742	14 731
3	59.5	3 540	19 741	8 114
⋮	⋮	⋮	⋮	⋮
18	99.7	5 484	18 096	22 659
19	84.4	3 292	16 458	12 660
20	88.3	2 914	16 609	11 618

注：该数据可以从人大社网站下载，文件名为“ch13 multiple reg”。

基于理论和经验认知，研究者认为“平均每天经过店铺的车流量 x_1”“两公里范围内的居民数量 x_2”“月平均家庭收入 x_3”三个变量对“年销售额 y”有显著影响。下面利用多元回归分析方法对数据进行分析。①

（1）分析结果及解释。

利用 SPSS 26 软件进行回归，输出回归分析的结果如下：

①表 13.3 显示模型将三个候选自变量全部纳入其中。

表 13.3 输入/除去的变量[a]

模型	输入的变量	除去的变量	方法
1	月平均家庭收入（元），两公里范围内的居民数量（人），平均每天经过店铺的车流量（辆）[b]		输入

a. 因变量：年销售额（万元）。

b. 已输入所请求的所有变量。

②表 13.4 显示所拟合模型的决定系数 R^2 为 0.836，模型拟合得较好。

表 13.4 模型摘要[b]

模型	R	R^2	调整后 R^2	标准估算的错误	德宾-沃森
1	0.915[a]	0.836	0.806	8.160 0	2.297

a. 预测变量：（常量），月平均家庭收入（元），两公里范围内的居民数量（人），平均每天经过店铺的车流量（辆）。

b. 因变量：年销售额（万元）。

③表 13.5 显示了模型的方差分析结果，F 统计量的值为 27.258，显示模型整体上具有统计学意义。

表 13.5 ANOVA[a]

模型		平方和	自由度	均方	F	显著性
1	回归	5 445.087	3	1 815.029	27.258	0.000[b]
	残差	1 065.382	16	66.586		
	总计	6 510.469	19			

a. 因变量：年销售额（万元）。

b. 预测变量：（常量），月平均家庭收入（元），两公里范围内的居民数量（人），平均每天经过店铺的车流量（辆）。

① 分析中绘制变量间关系散点图的方法与一元线性回归分析一样，故省略其内容。

④表 13.6 显示了模型的估计系数。结果显示“平均每天经过店铺的车流量”“两公里范围内的居民数量”“月平均家庭收入”变量对便利店年销售额在统计上有显著影响。t 检验值显示，x_1、x_2、x_3 的回归系数通过检验，三个自变量对 y 具有统计上的显著影响。

表 13.6　系数[a]

模型		未标准化系数		标准化系数	t	显著性
		B	标准错误	$Beta$		
1	(常量)	6.006	9.175		0.655	0.522
	平均每天经过店铺的车流量（辆）	−0.017	0.006	−1.034	−2.682	0.016
	两公里范围内的居民数量（人）	0.004	0.001	1.139	4.401	0.000
	月平均家庭收入（元）	0.005	0.001	1.608	4.899	0.000

a. 因变量：年销售额（万元）。

根据数据分析的结果可得回归方程的表达式为：

$$\hat{y}=6.006-0.017x_1+0.004x_2+0.005x_3$$

回归方程通过了 t 检验和 F 检验，这表明变量 x_1、x_2、x_3 与 y 之间的线性关系显著，或者说线性回归方程是有效的。但这并不能保证数据拟合得很好，不能排除因为数据异常值、周期性因素干扰或其他意外原因而导致的数据不完全可靠。因此，分析工作到此并没有结束，我们还应该对数据是否满足线性回归模型的适用条件做进一步的分析。

线性回归模型的适用条件均可以通过对残差进行分析来判断。模型的残差有非标准化残差、标准化残差、学生化残差、剔除残差和学生化剔除残差 5 种。当模型中的残差项符合独立性、正态性和方差齐性假定时，则可以应用回归方程进行点预测。对于本案例回归方程，给定自变量值，可以估计销售额的大小。

（2）利用残差考察模型适用条件。

①残差的独立性检验。

残差是否相互独立，可以利用德宾-沃森（Durbin-Watson）检验法进行判断。该检验法构建的 DW 统计量取值在 0～4 之间。若残差正自相关，$DW\to 0$；若残差负自相关，$DW\to 4$；若残差不存在自相关或相关程度很小，$DW\to 2$。表 13.7 是 DW 检验判别表，用来判别检验结论。[①]

表 13.7　*DW* 检验判别表

DW	检验结果
$4-d_L<DW<4$	否定假设，出现负自相关
$0<DW<d_L$	否定假设，出现正自相关
$d_U<DW<4-d_U$	接受假设，不存在自相关

① 林根祥．市场调查与预测．4 版．北京：人民邮电出版社，2014：246.

续表

DW	检验结果
$d_L<DW<d_U$	检验无结论
$4-d_U<DW<4-d_L$	检验无结论

前文的表 13.4 显示，SPSS 输出的德宾-沃森 DW 统计量的值为 2.297。给定 5%的显著性水平，根据案例中变量个数 3 和样本单位个数 20，查 DW 检验表，可得 DW 统计量相应临界值下限$d_L=0.998$，临界值上限$d_U=1.676$。

利用表 13.7 判别检验结论，可知$d_U=1.676<DW=2.297<4-d_U=2.324$，因此，接受假设，残差不存在自相关，相互独立。

如果对回归方程要求不高，从经验上来讲，该统计量在 1～3 之间取值时，自相关的问题都不大。①

②残差的正态性检验。

考察残差是否服从正态分布，可以通过绘制标准化残差的直方图、正态概率分布图（P－P 图）来直观判断。利用 SPSS 软件可以直接生成这些图形。图 13.2 展示了案例所拟合回归模型的残差直方图和 P－P 图。可以看出，回归模型的残差比较好地服从正态分布，基本上没有严重偏离正态性假设。但是由于样本数据比较少，对正态性分布有可能存在影响。

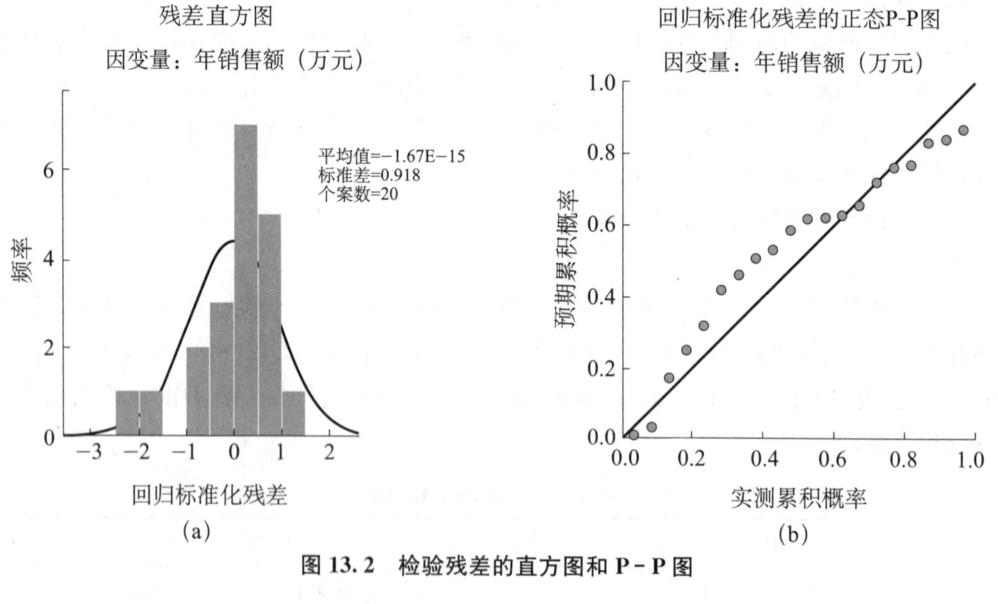

图 13.2　检验残差的直方图和 P－P 图

③方差齐性检验。

考察残差的方差齐性可以通过绘制因变量与各种残差的散点图进行观察。图 13.3 是 SPSS 软件输出的案例数据的回归标准化预测值和回归标准化残差的散点图，从中可以看

① 张文彤，董伟．SPSS 统计分析高级教程．3 版．北京：高等教育出版社，2018：114.

出残差基本上在参考线的上下范围内波动，且波动幅度较小，没有残差绝对值大于3的情况，符合回归分析方差齐性的要求。

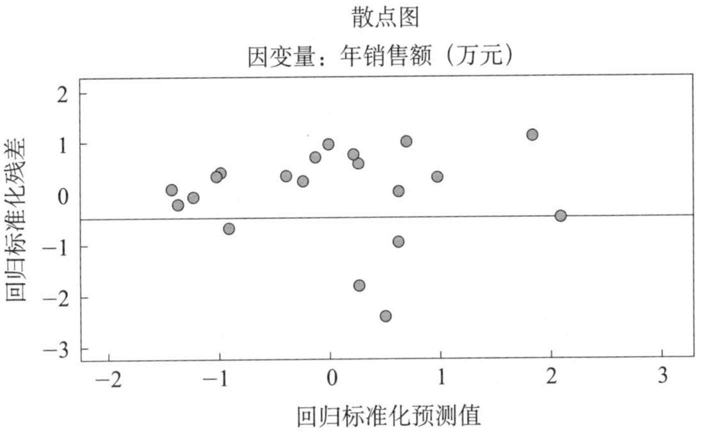

图13.3　标准化预测值和标准化残差的散点图

13.3　逻辑回归模型分析

逻辑回归模型是当因变量是定性变量时的一类回归模型。在市场调研中经常会遇到因变量是定性变量的情况。例如，调查消费者是否购买过进口奶粉，消费者的购买行为就经常被分为“购买过”和“未购买过”两类。在把“消费者的购买行为”作为因变量时，因变量就是一个二分定性变量，取值只有两个。当然，除了二分类的定性变量，三分类、五分类等多分类的定性变量也都可以作为因变量。基于定性因变量的分类特点，逻辑回归模型也有多种形式。

13.3.1　从线性回归到逻辑回归的理论解释

假设线性回归方程为$y_i=\beta_0+\beta_1x_{1i}+\beta_2x_{2i}+\cdots+\beta_kx_{ki}+\varepsilon_i$。如果因变量$y$为定量数据，那么与前面介绍的多元线性回归方程一样，采用最小二乘法估计β_1，β_2，…，β_k的值。

当因变量y_i的取值为0、1两个值时，因变量均值为：

$$E(y_i)=\beta_0+\beta_1x_{1i}+\beta_2x_{2i}+\cdots+\beta_kx_{ki}$$

因为y是0－1型贝努利随机变量，所以当$y_i=1$时概率分布为：

$$P(y_i=1)=\pi_i$$

当$y_i=0$时概率分布为：

$$P(y_i=0)=1-\pi_i$$

根据二分类离散型随机变量的期望值定义，计算可得：

$$E(y_i)=1\times\pi_i+0\times(1-\pi_i)=\pi_i$$

通过上述推导，可得：

$$E(y_i)=\beta_0+\beta_1x_{1i}+\beta_2x_{2i}+\cdots+\beta_kx_{ki}=\pi_i$$

这说明，当因变量只取值为 0 和 1 时，因变量均值总是代表给定自变量时 $y=1$ 的概率。同时，当因变量是二分类变量时，模型估计违背了一般线性回归方程的假设条件。

（1）违背了误差正态分布的假设。

当因变量取值为 0 和 1 时，误差项也只能取两个值。

当$y_i=1$ 时，

$$\varepsilon_i=1-(\beta_0+\beta_1x_{1i}+\beta_2x_{2i}+\cdots+\beta_kx_{ki})=1-\pi_i$$

当$y_i=0$ 时，

$$\varepsilon_i=-(\beta_0+\beta_1x_{1i}+\beta_2x_{2i}+\cdots+\beta_kx_{ki})=-\pi_i$$

这说明误差项是两点分布，不满足线性回归方程误差正态分布的假设条件。

（2）违背了误差同方差的假设。

当因变量取值为 0 和 1 时，误差项ε_i 保持零均值，但是ε_i 的方差不相等。0－1 型随机变量ε_i 的方差为：

$$D(\varepsilon_i)=\pi_i(1-\pi_i)=(\beta_0+\beta_1x_{1i}+\beta_2x_{2i}+\cdots+\beta_kx_{ki})(1-\beta_0-\beta_1x_{1i}-\beta_2x_{2i}-\cdots-\beta_kx_{ki})$$

可见，误差项ε_i 的方差随着 x 的变化而变化，因此当误差项ε_i 是异方差的，不满足线性回归方程同方差的假设条件时，用最小二乘法进行模型估计的效果就不好。

（3）回归方程受到因变量取值的限制。

在普通线性回归方程中，右侧自变量的取值不受限制，左侧因变量的取值也不受限制；当回归方程左侧因变量的取值只为 0 和 1 时，方程右侧的自变量取值仍然不受限制，但是左侧因变量的取值则只有两个，致使自变量和因变量之间的对应关系与普通线性回归方程不同，因变量均值 $0\leqslant E(y_i)\leqslant 1$。

基于以上因变量是定性变量的特点，为了能够继续使用线性回归的估计理念，统计学家就使用一个变换的方法，选择了 Logistic 函数（也称作逻辑函数）进行分析。

13.3.2 二元逻辑回归模型的应用

当因变量是二分类变量时，通常应用二元逻辑回归（binary logistic regression）模型进行分析。根据逻辑函数的表达式，将线性回归方程改写为如下形式。

事件发生的概率：

$$P(y_i=1)=\pi_i=\frac{e^z}{1+e^z}$$

事件不发生的概率：

$$P(y_i=0)=1-\pi_i=1-\frac{e^z}{1+e^z}=\frac{1}{1+e^z}$$

令 $odds=\dfrac{P(y_i=1)}{1-P(y_i=1)}$，表示事件发生的概率与事件不发生的概率之比。因此，$odds$ 被称作比值、几率。

令 $OR=\dfrac{odds_1}{odds_2}$表示实验组事件发生的几率 $odds_1$ 与对照组事件发生的几率 $odds_2$ 的比值，因此，OR（$odds\ ratio$）被称作比值比。

进一步进行 Logit 变换，可得：

$$\ln\left[\frac{P(y_i=1)}{1-P(y_i=1)}\right]=\ln(odds)=\ln\left(\frac{\frac{e^z}{1+e^z}}{\frac{1}{1+e^z}}\right)=\ln e^z=z$$

令

$$z=\beta_0+\beta_1x_{1i}+\beta_2x_{2i}+\cdots+\beta_kx_{ki}$$

其中，$i=1, 2, \cdots, n$ 表示 n 组观测数据；x_{1i}，x_{2i}，…，x_{ki}是方程的 k 个自变量；β_1，β_2，…，β_k是自变量的系数。

根据变换后的回归模型可以估计参数值。逻辑回归模型的估计一般采用最大似然法。似然比检验就是通过比较包含、未包含某个或某几个参数的两个模型的似然比值来判断模型拟合的情况。

例如，以消费者新能源汽车购买意愿的数据为例。“消费者购买意愿”（will）为二分类因变量，令“有购买意愿”＝1，“无购买意愿”＝0。“消费者的年龄”（age）和“消费者家庭年收入”（income）为定量自变量，数据类型是定距数据。“消费者对购买新能源汽车政府补贴政策的认知情况”（subsidy）为定类自变量，数据类型是定类数据；令“了解补贴政策”＝1，“不了解补贴政策”＝0。数据见表 13.8。

表 13.8　消费者新能源汽车购买意愿的数据样表

序号 id	购买意愿 will	年龄 age（岁）	补贴政策认知 subsidy	收入 income（万元）
1	0	55	0	15
2	0	59	0	18
3	1	48	0	10
⋮	⋮	⋮	⋮	⋮
236	1	39	1	30
237	0	53	0	9
238	0	50	0	26

注：该表中的数据可从人大社网站下载，文件名为“ch13 binary logistic reg”。

利用 SPSS 26 版本进行二元逻辑回归分析，可得如表 13.9 所示结果：

表 13.9　方程中的变量

		B	标准误差	瓦尔德	自由度	显著性	Exp(B)
步骤 1[a]	age	−0.310	0.044	48.698	1	0.000	0.734
	income	−0.005	0.004	1.230	1	0.267	0.995
	subsidy	2.752	0.523	27.674	1	0.000	15.681
	常量	11.900	1.877	40.206	1	0.000	147 232.435

a. 在步骤 1 输入的变量：age，income，subsidy。

在表 13.9 显示的输出结果中，B 是回归系数估计量，Exp(B) 是回归系数估计量的指数形式；标准误差是回归系数估计量的标准差；瓦尔德是回归系数检验的统计量值（Wald 统计量值）；显著性是瓦尔德检验的显著性概率。

逻辑回归模型的作用主要有两个：一是对经济现象中研究人员关注的可能影响因变量的因素进行分析，二是预测。

在上述分析结果中，针对 income 变量对因变量的影响统计上不显著的情况，如果研究人员是为了分析影响因变量的因素，而且有理论和经验支持收入可能影响人们购买意愿的研究假说，那么尽管 income 变量不是统计上显著的，该变量也应该保留在模型中，以显示研究假说检验的结果。

逻辑回归方程可以表示为：

$$\ln\left[\frac{P(\text{will}=1)}{1-P(\text{will}=1)}\right]=11.9-0.310\text{age}-0.005\text{income}+2.752\text{subsidy}$$

回归结果解释：

（1）age 变量：输出结果显示该变量的瓦尔德统计量的值为 48.698，数值比较大，且显著性为 0.000，说明该自变量对因变量具有统计上的显著影响。在 income 和 subsidy 不变的情况下，age 每增加 1 岁，odds（消费者对新能源汽车有购买意愿的几率）的对数减少了 0.310，折算对数形式，就表现为输出结果中的 exp(−0.310)=0.734，这意味着新能源汽车购买意愿的几率降低了 26.6%（0.734−1=−0.266）；也就是说，随着年龄的增长，消费者购买新能源汽车的意愿下降。

（2）income 变量：输出结果显示该变量的瓦尔德统计量的值为 1.230。数值比较小，且显著性为 0.267，说明 income 对因变量的影响不显著。

（3）subsidy 变量：输出结果显示该变量的瓦尔德统计量的值为 27.674，数值比较大，且显著性为 0.000，说明该自变量对因变量具有统计上的显著影响。在 age 和 income 不变的情况下，subsidy 每增加 1 单位，odds（消费者有新能源汽车购买意愿的几率）的对数增加 2.752，折算对数形式，就表现为输出结果中的 exp(2.752)=15.681，这意味着消费者新能源汽车购买意愿的几率提高了 14.681 倍（15.681−1=14.681）；也就是说，随着消费者对政府支持购买新能源汽车政策认知的提升，其购买新能源汽车的意愿会大幅度提升。

如果逻辑回归的目的是用于预测，那么研究者可以根据研究需要，剔除统计上不显著的变量，重新运算回归结果，以建立回归预测模型（见表 13.10）。

表 13.10 方程中的变量

		B	标准误差	瓦尔德	自由度	显著性	Exp(B)
步骤 1[a]	age	−0.306	0.043	49.350	1	0.000	0.737
	subsidy	2.685	0.511	27.594	1	0.000	14.661
	常量	11.471	1.801	40.578	1	0.000	95 930.476

a. 在步骤 1 输入的变量：age，subsidy。

可得样本经验回归方程为：

$$\ln\left[\frac{P(\text{will}=1)}{1-P(\text{will}=1)}\right]=11.471-0.306\text{age}+2.685\text{subsidy}$$

也可以将经验回归方程写成逻辑回归方程形式：

$$P(\text{will}=1)=\frac{\exp(11.471-0.306\text{age}+2.685\text{subsidy})}{1+\exp(11.471-0.306\text{age}+2.685\text{subsidy})}$$

利用逻辑回归方程，可以对消费者新能源汽车购买意愿做出预测。

例如，对 age=40，subsidy=0 进行计算，可得：

$$\hat{P}(\text{will}=1)=\frac{\exp(11.471-0.306\times 40+2.685\times 0)}{1+\exp(11.471-0.306\times 40+2.685\times 0)}=0.32$$

该结果表明，年龄为 40 岁、对新能源汽车的政府支持政策不了解的消费者，预期有新能源汽车购买意愿的概率为 32%。

13.3.3　无序多分类逻辑回归模型的应用

无序多分类逻辑回归（unordered multinomial logistic regression）模型是指定性因变量 y 是超过两个分类的多分类变量，且各分类没有在顺序上排列的模型。一般来讲，因变量 y 的分类选项个数在 3～8 个之间。无序多分类逻辑回归模型是一种非常实用的市场研究技术，适用于对市场决策进行分析。

假设定性因变量 y 有 m 个类别，每个类别给予的数字符号记为 1，2，…，m；一组个数为 k 的自变量为 x_1，x_2，…，x_k；样本数据为 x_{1i}，x_{2i}，…，x_{ki}，$i=1$，2，…，n 表示有 n 组观察者。

假定因变量的每个类别可能出现的概率为：

$$P_1 = P(y_i = 1);\ P_2 = P(y_i = 2);\ \cdots;\ P_m = P(y_i = m)$$

将二分类逻辑回归模型的基本原理推广到多分类逻辑回归模型，以P_1为对照组，可得：

$$\ln\left(\frac{P_2}{P_1}\right)=\beta_{20}+\beta_{21}x_{1i}+\beta_{22}x_{2i}+\cdots+\beta_{2k}x_{ki}$$

$$\ln\left(\frac{P_3}{P_1}\right)=\beta_{30}+\beta_{31}x_{1i}+\beta_{32}x_{2i}+\cdots+\beta_{3k}x_{ki}$$

……

$$\ln\left(\frac{P_m}{P_1}\right)=\beta_{m0}+\beta_{m1}x_{1i}+\beta_{m2}x_{2i}+\cdots+\beta_{mk}x_{ki}$$

对于 m 个分类的因变量，可以通过运行 $m-1$ 个独立二分类逻辑回归模型进行分析。在上述表达式中，我们选择了编号为 1 的分类作为对照组。

例如，以消费者愿意购买新能源汽车类型的调查数据为例。假定新能源汽车的类型为因变量，数据类型为三分类的定类数据。令“消费者愿意购买纯电动汽车”=1，“消费者愿意购买混动汽车”=2，“消费者愿意购买新型燃料汽车”=3。数据见表 13.11。

表 13.11　消费者愿意购买新能源汽车类型的数据

序号 id	愿意购买的新能源汽车类型 carchoice	年龄 age（岁）	补贴政策认知 subsidy	收入 income（万元）
1	1	48	0	10
2	2	45	1	180
3	3	37	1	240
⋮	⋮	⋮	⋮	⋮
108	2	22	1	10
109	2	34	1	22
110	1	39	1	30

注：该表数据可从人大社网站下载，文件名为“ch13 unordered logistic reg”。

利用 SPSS 26 版本进行无序多分类逻辑回归分析，可得结果如下：

表 13.12 是软件运行结果中首先输出的因变量和离散型自变量不同取值水平的边际频数分布。

表 13.12 个案处理摘要

		个案数	边际百分比（%）
carchoice	1	37	33.6
	2	33	30.0
	3	40	36.4
subsidy	0	25	22.7
	1	85	77.3
有效		110	100.0
缺失		0	
总计		110	
子群体		110	

表 13.13 是对模型中是否所有自变量偏回归系数全为 0 进行的似然比检验。模型中只有截距项，没有引入自变量时的－2 对数似然（$-2\ln L$）为 241.018，引入自变量后减少至 154.975，二者之差为 86.042，即为卡方检验值，自由度为 6，显著性水平小于 0.001。结果表明该模型中至少有一个自变量的偏回归系数不为 0。

表 13.13 模型拟合信息

模型	模型拟合条件	似然比检验		
	－2 对数似然	卡方	自由度	显著性
仅截距	241.018			
最终	154.975	86.042	6	0.000

表 13.14 中的伪 R^2 值反映了当前模型中自变量解释的因变量的变异占因变量总变异的比例。通常对于逻辑回归而言，模型伪决定系数的大小不会像线性回归模型的决定系数那么大，这主要是因为分类自变量中所能容纳的数据信息是有限的。对于分类数据的统计分析，可以不必太在意伪决定系数的高低。

表 13.14 伪 R^2

考克斯-斯奈尔	0.543
内戈尔科	0.611
麦克法登	0.357

表 13.15 显示模型中的定量自变量 income 具有统计上的显著性，而 age 和 subsidy 则表现为统计上不显著。

表 13.15 似然比检验

效应	模型拟合条件	似然比检验		
	简化模型的－2 对数似然	卡方	自由度	显著性
截距	154.975[a]	0.000	0	
income	239.032	84.057	2	0.000
age	156.019	1.044	2	0.593
subsidy	157.148	2.172	2	0.337

卡方统计量是最终模型与简化模型之间的 －2 对数似然之差。简化模型是通过在最终模型中省略某个效应而形成的。原假设是，该效应的所有参数均为 0。

a. 因为省略此效应并不会增加自由度，所以此简化模型相当于最终模型。

表 13.16 给出了具体拟合的两个模型中的参数估计结果。模型参考类别为 3，即以"消费者愿意购买新型燃料汽车"为对照组，可以拟合出两个逻辑回归模型。具体可以写为：

$$\ln\left(\frac{P_1}{P_3}\right)=3.424-0.049\text{income}-0.003\text{age}-0.826\text{subsidy}$$

$$\ln\left(\frac{P_2}{P_3}\right)=5.752-0.093\text{income}-0.034\text{age}-1.203\text{subsidy}$$

在回归结果中，只有 income 是统计上显著的，在其他因素不变的情况下，相对于"消费者愿意购买新燃料汽车"，消费者家庭收入每增长 1 万元，"消费者愿意购买纯电动车"的几率下降 4.8%；同理，"消费者愿意购买混动汽车"的几率下降 8.9%。

表 13.16 参数估算值

carchoice[a]		B	标准错误	瓦尔德	自由度	显著性	Exp(B)	Exp(B) 的 95% 置信区间	
								下限	上限
1	截距	3.424	1.702	4.045	1	0.044			
	income	−0.049	0.012	17.286	1	0.000	0.952	0.930	0.974
	age	−0.003	0.040	0.006	1	0.939	0.997	0.921	1.079
	[subsidy=0]	−0.826	0.701	1.387	1	0.239	0.438	0.111	1.731
	[subsidy=1]	0[b]			0				
2	截距	5.752	1.937	8.816	1	0.003			
	income	−0.093	0.018	27.155	1	0.000	0.911	0.880	0.944
	age	−0.034	0.046	0.533	1	0.465	0.967	0.884	1.058
	[subsidy=0]	−1.203	0.839	2.055	1	0.152	0.300	0.058	1.555
	[subsidy=1]	0[b]			0				

a. 参考类别为：3。

b. 此参数冗余，因此设置为零。

13.3.4 有序多分类逻辑回归模型的应用

与无序多分类逻辑回归模型不同的是，有序多分类逻辑回归模型的因变量是分类且有序的定性变量。例如，市场调查中关于产品满意度、工作满意度的划分往往会采用"非常不满意""不满意""一般""比较满意""非常满意"这样的分类方法，对产品满意度从低到高进行五分类的评价，属于有序多分类数据形式的变量，当然也可以是有序三分类、有序四分类的数据形式的变量。

以有序五分类的因变量 y 为例，从低到高的取值分别为 1，2，3，4，5，令因变量相应取值的概率分别为：

$$P_1=P(y_i=1);\ P_2=P(y_i=2);\ P_3=P(y_i=3);\ P_4=P(y_i=4);\ P_5=P(y_i=5)$$

$$P_1+P_2+P_3+P_4+P_5=1$$

对 k 个自变量 x_1，x_2，…，x_k，因变量有序多分类逻辑回归模型的假设前提之一是各自变量对因变量的影响在回归方程中相同，因此各自变量的偏回归系数只有一个。

拟合 4 个模型如下：

$$\ln\left(\frac{P_1}{1-P_1}\right)=-\theta_1+\beta_1x_1+\beta_2x_2+\cdots+\beta_kx_k$$

$$\ln\left[\frac{P_1+P_2}{1-(P_1+P_2)}\right]=-\theta_2+\beta_1x_1+\beta_2x_2+\cdots+\beta_kx_k$$

$$\ln\left[\frac{P_1+P_2+P_3}{1-(P_1+P_2+P_3)}\right]=-\theta_3+\beta_1x_1+\beta_2x_2+\cdots+\beta_kx_k$$

$$\ln\left[\frac{P_1+P_2+P_3+P_4}{1-(P_1+P_2+P_3+P_4)}\right]=-\theta_4+\beta_1x_1+\beta_2x_2+\cdots+\beta_kx_k$$

从上述模型的表达式可以看出，模型实际上依次将因变量按不同的取值水平分割成两个等级，对这两个等级建立因变量为二分类的逻辑回归模型。此时，不管模型中因变量的分割点在什么位置，模型中各自变量的系数保持不变，改变的只有常数项，模型求出的 *OR* 值是自变量每改变一个单位、因变量提高一个及一个以上等级的比值比。

需要注意的是，拟合模型中标识出的常数项前面的符号是负号，原因是此处的常数项表示低级别和高级别相比的结果，与之前的常数项含义不同。但是研究人员往往比较关心的是自变量系数的大小，因此这种差异的影响不大。

例如，以消费者对气候变化关注度的影响因素调查数据为例。分析使用的因变量和自变量的设置见表 13.17。

表 13.17　有序多分类逻辑回归模型分析使用的数据编码表

变量名称	变量代码	赋值	变量类型
因变量：对气候变化的关注度			
完全不关注	cc1	cc1=1	分类变量
比较不关注	cc2	cc2=2	
一般关注	cc3	cc3=3	
比较关注	cc4	cc4=4	
非常关注	cc5	cc5=5	
自变量			
年龄	age	实值	连续变量
性别	gender	男=1，女=0	分类变量
是否关注环保宣传	promo	关注=1，未关注=0	分类变量
受教育水平：以“初中及以下”为对照组			
高中	edulevel2	edulevel2=1，其他=0	虚拟变量
大学	edulevel3	edulevel3=1，其他=0	
研究生	edulevel4	edulevel4=1，其他=0	

注：该部分使用的数据可从人大社网站下载，文件名为“ch13 ordered logistic reg”。

利用 SPSS 26 版本进行的有序多分类变量的分析结果如下：

首先软件输出了因变量与离散型自变量不同取值水平的边际频数分布，此处省略。

接着软件输出了表 13.18 所示的模型拟合信息。似然比检验显示：显著性水平为

0.000，小于 0.001。结果表明该模型中至少有一个自变量的偏回归系数不为 0。也就是说，包含年龄、性别、是否关注环保宣传、受教育水平等自变量的模型的拟合优度好于仅包含常数项的模型。

表 13.18　模型拟合信息

模型	−2 对数似然	卡方	自由度	显著性
仅截距	687.686			
最终	322.959	364.726	6	0.000

注：关联函数为分对数。

随后软件输出的是模型拟合优度检验结果和伪 R^2，这两部分内容与之前的解释是一样的，此处省略。

表 13.19 显示了最重要的参数估计结果。因变量为 5 分类，所以建立 4 个回归方程，有 4 个常数项。

表 13.19　参数估算值

		估算	标准错误	瓦尔德	自由度	显著性	95% 置信区间	
							下限	上限
阈值	[cc=1]	−20.477	1.838	124.147	1	0.000	−24.079	−16.875
	[cc=2]	−18.166	1.740	109.052	1	0.000	−21.575	−14.756
	[cc=3]	−13.449	1.352	98.992	1	0.000	−16.098	−10.799
	[cc=4]	−9.729	1.143	72.473	1	0.000	−11.969	−7.489
位置	age	−0.102	0.017	35.984	1	0.000	−0.136	−0.069
	[gender=0]	0.486	0.341	2.036	1	0.154	−0.182	1.154
	[gender=1]	0[a]			0			
	[promo=0]	−3.598	0.615	34.223	1	0.000	−4.804	−2.393
	[promo=1]	0[a]			0			
	[edulevel2=0]	−1.161	0.393	8.718	1	0.003	−1.931	−0.390
	[edulevel2=1]	0[a]			0			
	[edulevel3=0]	−4.251	0.662	41.261	1	0.000	−5.548	−2.954
	[edulevel3=1]	0[a]			0			
	[edulevel4=0]	−5.837	0.769	57.546	1	0.000	−7.345	−4.329
	[edulevel4=1]	0[a]			0			

根据估计结果，可建立如下模型：

$$\ln\left(\frac{P_{cc1}}{1-P_{cc1}}\right)=-20.477-0.102age+0.486gender-3.598promo$$
$$-1.161edulevel2-4.251edulevel3-5.837edulevel4$$

$$\ln\left[\frac{P_{cc1}+P_{cc2}}{1-(P_{cc1}+P_{cc2})}\right]=-18.166-0.102age+0.486gender-3.598promo$$
$$-1.161edulevel2-4.251edulevel3-5.837edulevel4$$

$$\ln\left[\frac{P_{cc1}+P_{cc2}+P_{cc3}}{1-(P_{cc1}+P_{cc2}+P_{cc3})}\right]=-13.449-0.102age+0.486gender-3.598promo$$
$$-1.161edulevel2-4.251edulevel3-5.837edulevel4$$

$$\ln\left[\frac{P_{cc1}+P_{cc2}+P_{cc3}+P_{cc4}}{1-(P_{cc1}+P_{cc2}+P_{cc3}+P_{cc4})}\right]=-9.729-0.102age+0.486gender-3.598promo-1.161edulevel2-4.251edulevel3-5.837edulevel4$$

模型中的常数项估计值直接就是负值，不需要再添加负号。偏回归系数的解释与二分类逻辑回归模型的解释原理上是一致的。结果表明：随着年龄的增长，消费者对气候变化的关注度会降低；性别对消费者气候变化关注度在统计上没有显著性的影响；相对于关注环保宣传的消费者，不关注环保宣传对消费者对气候变化的关注度有负向影响；教育水平越高的消费者对气候变化的关注度越高。

关于有序多分类逻辑回归模型应用的平行线检验。有序多分类逻辑回归模型使用的一个前提条件是：各个回归方程在多维空间中相互平行，也被称作平行性假定。平行线检验的原假设是：各自变量对因变量的影响在各个回归方程中是相同的。

SPSS 提供了该条件的检验方法，表 13.20 显示了平行线检验的结果是显著性水平为 0.667，大于 0.05，接受原假设，说明每个回归方程是相互平行的，可以应用有序多分类逻辑回归模型进行分析。原假设指出，位置参数（斜率系数）在各个响应类别中相同。

表 13.20　平行线检验[a]

模型	−2 对数似然	卡方	自由度	显著性
原假设	322.959			
常规	308.037[b]	14.922[c]	18	0.667

a. 关联函数：分对数。

b. 达到最大逐步二分次数后，无法进一步增大对数似然值。

c. 卡方统计的计算基于一般模型的最后一次迭代所获得的对数似然值。此检验的有效性不确定。

如果进行有序多分类逻辑回归分析的平行性假设不成立，那么可以考虑是否换一下关联函数的形式，重新进行拟合分析。SPSS 提供了 5 种关联函数，见表 13.21。

表 13.21　关联函数的 5 种类型

适用的因变量数据类型		关联函数类型
分对数	Logit	SPSS 默认选项。因变量各类别的发生概率相近
负双对数	Negative log-log	因变量各类别中低层次的类别发生概率高
互补双对数	Complementary log-log	因变量各类别中高层次的类别发生概率高
概率	Probit	因变量数据服从正态分布
逆柯西	Inverse Cauchy	因变量存在较多的极端值

在进行 SPSS 拟合分析时，一般会使用默认选项。如果各种关联函数形式都不能满足平行性假设条件，那么可以考虑使用无序多分类的逻辑回归模型进行拟合分析，根据系数估计值的结果考虑进行下一步的数据处理。

思考题

1. 简述一元线性回归模型分析的程序。

2. 练习题 1：1981—2018 年国内生产总值（亿元）与全社会固定资产投资额（亿元）的数据如表 13.22 所示。令国内生产总值为 y，固定资产投资额为 x。

表 13.22　1981—2018 年国内生产总值和固定资产投资额的数据

年份	国内生产总值（亿元）	固定资产投资额（亿元）	年份	国内生产总值（亿元）	固定资产投资额（亿元）
1981	4 935.8	961.0	2000	100 280.1	32 917.7
1982	5 373.4	1 230.4	2001	110 863.1	37 213.5
1983	6 020.9	1 430.1	2002	121 717.4	43 499.9
1984	7 278.5	1 832.9	2003	137 422.0	55 566.6
1985	9 098.9	2 543.2	2004	161 840.2	70 477.4
1986	10 376.2	3 120.6	2005	187 318.9	88 773.6
1987	12 174.6	3 791.7	2006	219 438.5	109 998.2
1988	15 180.4	4 753.8	2007	270 092.3	137 323.9
1989	17 179.7	4 410.4	2008	319 244.6	172 828.4
1990	18 872.9	4 517.0	2009	348 517.7	224 598.8
1991	22 005.6	5 594.5	2010	412 119.3	251 683.8
1992	27 194.5	8 080.1	2011	487 940.2	311 485.1
1993	35 673.2	13 072.0	2012	538 580.0	374 694.7
1994	48 637.5	17 042.0	2013	592 963.2	446 294.1
1995	61 339.9	20 019.3	2014	641 280.6	512 020.7
1996	71 813.6	22 913.5	2015	685 992.9	561 999.8
1997	79 715.0	24 941.1	2016	740 060.8	606 465.7
1998	85 195.5	28 406.2	2017	820 754.3	641 238.4
1999	90 564.4	29 854.7	2018	900 309.5	645 675.0

注：此表中数据可从人大社网站下载，文件名为“ch13practice1”。

任务：

(1) 请绘制 x 和 y 之间的散点图，并从散点图观察和分析 x 和 y 之间是不是线性关系。是否可以建立一元线性回归模型？

(2) 建立 x 和 y 之间的一元线性回归方程，计算回归系数估计值，并解释回归系数的含义。

(3) 在 y 的总变差中，拟合出来的回归方程解释了该变差的多少？

(4) 在置信水平 $\alpha=0.05$ 下，分别利用相关系数、F 检验法、t 检验法对线性关系的显著性进行检验，并对解释结果进行比较和分析。

(5) 若 2019 年固定资产投资额为 66 100 亿元，在置信水平 $\alpha=0.05$ 下，预测 2019 年国内生产总值的置信区间。

3. 简述构建多元线性回归模型的步骤。

4. 练习题 2：利用 SPSS 自带的数据文件“bankloan.sav”中的数据进行多元线性回归内容的练习。

关于“bankloan.sav”中数据的说明：数据总计有 850 条记录，前 700 条记录是过去客户的资料，里面包含了客户是否曾经拖欠贷款的违约情况调查数据，后 150 条是金融机构针对潜在客户基本情况的调查，希望对可能出现的违约情况进行估计预测。具体的调查指标和数据的描述见表 13.23。

表 13.23 客户银行贷款的相关信息样表

客户编码	年龄	教育	工龄	居住年限	收入	负债率	信用卡负债额	其他负债额	违约
1	41	3	17	12	176.00	9.30	11.36	5.01	1
2	27	1	10	6	31.00	17.30	1.36	4.00	0
⋮	⋮	⋮	⋮	⋮	⋮	⋮	⋮	⋮	⋮
699	45	1	19	22	77.00	8.40	2.30	4.17	0
700	37	1	12	14	44.00	14.70	2.99	3.47	0
701	36	1	16	13	32.00	10.90	0.54	2.94	#NULL!
702	50	1	6	27	21.00	12.90	1.32	1.39	#NULL!
⋮	⋮	⋮	⋮	⋮	⋮	⋮	⋮	⋮	⋮
849	35	2	1	11	24.00	7.80	0.42	1.45	#NULL!
850	37	1	20	13	41.00	12.90	0.90	4.39	#NULL!

关于表中变量的说明见表 13.24。

表 13.24 变量说明

变量	代码	标签	值
年龄	age	年龄	岁，实际值
教育	education	教育水平	1=“未完成高中”；2=“高中”；3=“大专”；4=“本科”；5=“研究生”
工龄	wyear	当前雇方工作年限	年，实际值
居住年限	ryear	当前地址居住年限	年，实际值
收入	income	家庭收入	千元，实际值
负债率	debtio	负债收入比率	%，实际值
信用卡负债额	credebt	信用卡负债金额	千元，实际值
其他负债额	othdebt	其他负债金额	千元，实际值
违约	break	是否曾经违约拖欠贷款	0=“否”；1=“是”
#NULL!	空值，待预测的违约情况		

任务：利用数据中的 850 条记录进行多元回归分析。

(1) 将 education 变量设置成虚拟变量。

(2) 以负债率 debtio 为因变量，按照你的理论和经验，从其他变量中选择你认为可能影响负债率的变量作为自变量，绘制散点图；通过对散点图的分析，选择可以纳入多元线性回归模型的变量，尝试进行多元线性回归分析。

(3) 以负债率 debtio 为因变量，以 income、credebt、othdebt 为自变量，建立多元线性回归模型。

(4) 在置信水平 $\alpha=0.05$ 下，对回归方程进行 R 检验、F 检验、t 检验和 DW (Durbin-Watson) 检验。使用统计量对线性关系的显著性进行检验，并对结果进行比较和分析。

(5) 进行残差的独立性、正态性和齐性的检验。

(6) 假定人们的收入增加 2 000 元，信用卡负债额增加 500 元，其他负债额增加 1 500

元，请对负债率做区间估计（$\alpha=0.05$）。

5. 简述三个类型的逻辑回归模型的特点和分析方法上的差异性。

6. 练习题3：仍然利用SPSS自带的数据文件“bankloan.sav”中的数据进行二元逻辑回归内容的练习。

任务：

（1）利用数据中的前700条建立二分类逻辑回归模型。以“违约”（break）作为二分类定性因变量。从其他变量中选择可能影响客户违约情况的自变量，进行二分类逻辑分析，建立二分类逻辑回归模型。

（2）对模型分析的结果进行解释和说明。

（3）在建立的二分类逻辑回归模型的基础上，预测数据中后150个客户的拖欠贷款违约的倾向。

7. 练习题4：利用SPSS自带的数据文件“cereal.sav”中的数据进行无序多分类逻辑回归分析。

关于“cereal.sav”数据的说明：某公司推出了“早餐吧”（breakfast bar）、“燕麦”（oatmeal）和“谷类”（cereal）3种早餐套餐。为了了解客户的喜好，该公司抽选了880位顾客进行品尝，顾客从中选出自己最喜欢的套餐。同时，该公司也记录下顾客的性别、婚姻状况、健身运动状况等。具体的调查指标和数据描述见表13.25。

表13.25 关于早餐品类偏好的调查数据样本表

顾客编码	agecat	gender	marital	active	bfast
1	1	0	1	1	3
2	3	0	1	0	1
⋮	⋮	⋮	⋮	⋮	⋮
879	2	1	1	1	3
880	4	1	0	0	2

关于表中变量的说明如表13.26所示。

表13.26 变量说明

变量代码	标签	值
agecat	年龄分段	1=“小于31岁”；2=“31～45岁”；3=“46～60岁”；4=“大于60岁”
gender	性别	0=“男”；1=“女”
marital	婚姻状态	0=“未婚”；1=“已婚”
active	生活方式	0=“不积极的”；1=“积极的”
bfast	首选的早餐类型	1=“早餐吧”；2=“燕麦”；3=“谷类”

任务：

（1）以“首选的早餐类型”为三分类定性因变量，利用所给出的其他变量，拟合无序多分类逻辑回归模型。

（2）对模型回归结果进行解释和说明。

8. 练习题5：利用SPSS自带的数据文件“satisf.sav”中的数据进行有序多分类逻辑回归分析。

关于“satisf.sav”数据的说明：该数据出自某零售公司在4个商店对582位客户进行

的满意度调查。这里不列出数据样表，只对18个变量进行说明，见表13.27。

表13.27 变量说明

变量代码	标签	值
gender	gender 性别	0=“male”男性；1=“female”女性
agecat	age category 年龄分类	1=“8～24”；2=“25～34”；3=“35～49”；4=“50～64”；5=“64+”
regular	shopping frequency 购物频率	0=“first time”首次；1=“<1/month”每月小于1次；2=“1/month”每月1次；3=“1/week”每星期1次；4=“>1/week”每星期多于1次
reason1	first time reason 首次原因	1=“disliked other stores”不喜欢其他店；2=“promotional”促销；3=“friend”朋友；4=“other”其他
reason2	regular reason 一般原因	1=“prices”价格；2=“convenience”便利；3=“service”服务；4=“other”其他
dept	primary department 主要部门	1=“automotive”汽车；2=“sporting”运动；3=“clothing”衣服；4=“appliances”电器；5=“electronics”电子；6=“tools”工具；7=“other”其他
purchase	made purchase 购买	0=“no”否；1=“yes”是
payment	method of payment 支付方式	1=“cash”现金；2=“check”支票；3=“credit card”信用卡；4=“debit card”借记卡；5=“store card”店铺专用卡
followup	follow-up via 后续通过	1=“mail”邮寄；2=“phone”电话；3=“email”电子邮件；4=“in-store”店内；5=“not at all”以上都不是
distance	distance from home 离家距离	1=“<1 mile”小于1英里；2=“1—5 mile”1～5英里；3=“5—10 mile”5～10英里；4=“10—30 mile”10～30英里；5=“>30 mile”30英里以上
store	store 商店	1=“store 1”商店1；2=“store 2”商店2；3=“store 3”商店3；4=“store 4”商店4；5=“store 5”商店5
contact	contact with employee 与职员是否联系	0=“no”否；1=“yes”是
price	price satisfaction 价格满意度	1=“strongly negative”非常不满意；2=“somewhat negative”有点儿不满意；3=“neutral”中立；4=“somewhat positive”有点儿满意；5=“strongly positive”非常满意
numitems	variety satisfaction 品种满意度	1=“strongly negative”非常不满意；2=“somewhat negative”有点儿不满意；3=“neutral”中立；4=“somewhat positive”有点儿满意；5=“strongly positive”非常满意
org	organization satisfaction 组织满意度	1=“strongly negative”非常不满意；2=“somewhat negative”有点儿不满意；3=“neutral”中立；4=“somewhat positive”有点儿满意；5=“strongly positive”非常满意
service	service satisfaction 服务满意度	1=“strongly negative”非常不满意；2=“somewhat negative”有点儿不满意；3=“neutral”中立；4=“somewhat positive”有点儿满意；5=“strongly positive”非常满意
quality	item quality satisfaction 物品质量满意度	1=“strongly negative”非常不满意；2=“somewhat negative”有点儿不满意；3=“neutral”中立；4=“somewhat positive”有点儿满意；5=“strongly positive”非常满意

续表

变量代码	标签	值
overall	overall satisfaction 总体满意度	1＝"strongly negative" 非常不满意；2＝"somewhat negative" 有点儿不满意；3＝"neutral" 中立；4＝"somewhat positive" 有点儿满意；5＝"strongly positive" 非常满意

任务：

(1) 以客户"总体满意度"（overall satisfaction）为五分类有序定性因变量。请你按照理论和经验逻辑，从其他变量中选择自变量，作为分析影响客户总体满意度的因素。

(2) 估计逻辑回归模型的参数，建立有序多分类回归方程。

(3) 对回归方程的显著性、估计系数进行解释说明。

(4) 对模型进行平行线检验。

参考文献

[1] 阿尔文·伯恩斯，罗纳德·布什．营销调研．7 版．于洪彦，金钰，译．北京：中国人民大学出版社，2015.

[2] 阿琳·芬克．调查研究实操指导：细节与示例．齐心，译．重庆：重庆大学出版社，2016.

[3] 风笑天．社会调查原理与方法．4 版．北京：首都经济贸易大学出版社，2019.

[4] 冯丽云．现代市场调查与预测．北京：经济管理出版社，2008.

[5] 何晓群，刘文卿．应用回归分析．4 版．北京：中国人民大学出版社，2015.

[6] 贾俊平，何晓群，金勇进．统计学．5 版．北京：中国人民大学出版社，2000.

[7] 贾俊平，何晓群，金勇进．统计学．7 版．北京：中国人民大学出版社，2018.

[8] 简明，金勇进，蒋妍，王维敏．市场调查方法与技术．4 版．北京：中国人民大学出版社，2018.

[9] 金浩．社会经济定量研究方法与应用．天津：南开大学出版社，2013.

[10] 李国强，苗杰．市场调查与市场分析．3 版．北京：中国人民大学出版社，2017.

[11] 李沛良．社会研究的统计应用．北京：社会科学文献出版社，2001.

[12] 林根祥．市场调查与预测．北京：人民邮电出版社，2014.

[13] 林聚任．社会科学研究方法．3 版．济南：山东人民出版社，2017.

[14] 刘常宝．市场调查与预测．北京：机械工业出版社，2019.

[15] 刘红霞．市场调查与预测．4 版．北京：科学出版社，2017.

[16] 卢冶飞，孙忠宝．应用统计学．4 版．北京：清华大学出版社，2019.

[17] 吕亚荣．农村社会经济调查方法．2 版．北京：中国人民大学出版社，2018.

[18] 马连福，张慧敏．现代市场调查与预测．5 版．北京：首都经济贸易大学出版社，2016.

[19] 平狄克，鲁宾费尔德．计量经济模型与经济预测．4 版．钱小军，等译．北京：机械工业出版社，1999.

[20] 乔纳森·格里斯．研究方法的第一本书．孙冰洁，王亮，译．大连：东北财经大学出版社，2011.

[21] 小卡尔·麦克丹尼尔，罗杰·盖茨．当代市场调研．10 版．李桂华，等译．北京：机械工业出版社，2017.

[22] 徐井岗．市场调研与预测．北京：科学出版社，2004.

[23] 徐云杰．社会调查设计与数据分析：从立题到发表．重庆：重庆大学出版社，2011.

[24] 伊冯娜·麦吉温．市场调研实务．4 版．李桂华，等译．北京：机械工业出版社，2017.

[25] 张灿鹏，郭砚常．市场调查与分析预测．2 版．北京：北京交通大学出版社，2013.

[26] 张梦霞．市场调研方法与应用．北京：经济管理出版社，2014.

[27] 张文彤，董伟．SPSS 统计分析高级教程．3 版．北京：高等教育出版社，2018.

教学支持说明

1. 教辅资源获取方式

为秉承中国人民大学出版社对教材类产品一贯的教学支持，我们将向采纳本书作为教材的教师免费提供丰富的教辅资源。您可直接到中国人民大学出版社官网的教师服务中心注册下载——http：//www. crup. com. cn/Teacher。

如遇到注册、搜索等技术问题，可咨询网页右下角在线 QQ 客服，周一到周五工作时间有专人负责处理。

注册成为我社教师会员后，您可长期根据您所属的课程类别申请纸质样书、电子样书和教辅资源，自行完成免费下载。您也可登录我社官网的“教师服务中心”，我们经常举办赠送纸质样书、赠送电子样书、线上直播、资源下载、全国各专业培训及会议信息共享等网上教材进校园活动，期待您的积极参与！

2. 赠送“经管之家”论坛币

经管之家（http：//www. jg. com. cn）于 2003 年成立，致力于推动经济学科的进步，传播优秀教育资源，做最好的经管教育。目前已经发展成国内最大的经济、管理、金融、统计类在线教育平台，也是国内最活跃和最具影响力的经济类网站。

为了更好地服务于教学一线的任课教师，凡使用中国人民大学出版社经济分社教材的教师，注册成为我社教师会员后，可填写以下信息调查表，发送电子邮件或者邮寄或者传真给我们，我们将会向您赠送经管之家论坛币 200 个。

教师信息表
姓名：
学校：
论坛 ID：
教授课程：
使用教材：
论坛识别码：pinggu_com_1501511_8899768

3. 高校教师可加入下述学科教师 QQ 交流群，获取更多教学服务

经济类教师交流群：一群：140105952（已满），或二群：809471792

财政金融教师交流群：一群：182073309（已满），或二群：766895628

国际贸易教师交流群：一群：162921240（已满），或二群：611026561

税收教师交流群：119667851

4. 购书联系方式

网上书店咨询电话：010－82501766

邮购咨询电话：010－62515351

团购咨询电话：010－62513136

中国人民大学出版社经济分社

地址：北京市海淀区中关村大街甲 59 号文化大厦 1506 室　100872

电话：010－62513572　010－62515803

传真：010－62514775

E-mail：jjfs@ crup. com. cn